カント 未成熟な人間のための思想

想像力の哲学

永守伸年

慶應義塾大学出版会

カント　未成熟な人間のための思想　目次

凡　例

1　カントからの引用ページの表記は、アカデミー版の巻数を記したのちに頁数を示す。ただし『純粋理性批判』からの引用は一版をA、二版をBとして頁数を示す。

2　引用における〔　〕は引用者による補足、〔…〕は引用者による省略を示す。

3　二次文献の指示は、本書末尾の参考文献表にしたがって著者名と刊行年を記した上で、頁数を示す。

4　カントの著作の略号の表記方法は以下のとおりである。

『形而上学の夢によって解明された視霊者の夢』［TG］　Träume eines Geistersehers, erläutert durch Träume der Metaphysik（1766）

『純粋理性批判』［KrV］　Kritik der reinen Vernunft（1781）

『世界市民的見地における普遍史の理念』［ID］　Idee zu einer allgemeinen Geschichte in weltbürgerlicher Absicht（1784）

『啓蒙とは何か』［WA］　Beantwortung der Frage: Was ist Aufklärung?（1784）

『道徳形而上学の基礎づけ』［G］　Grundlegung zur Metaphysik der Sitten（1785）

『人間の歴史の憶測的始元』［MA］　Mutmaßlicher Anfang der Menschengeschichte（1786）

『思考の方位を定めるとはいかなることか』［O］　Was heißt: Sich im Denken orientiren?（1786）

『自然科学の形而上学的原理』［MN］　Metaphysische Anfangsgründe der Naturwissenschaft（1786）

『実践理性批判』［KpV］　Kritik der praktischen Vernunft（1788）

『判断力批判における第一序論』［EE］　Erste Einleitung in die Kritik der Urteilskraft（1790）

『判断力批判』［KU］　Kritik der Urteilskraft（1790）

『たんなる理性の限界内の宗教』［R］　Die Religion innerhalb der Grenzen der blossen Vernunft（1793）

『道徳形而上学』［MS］　Die Metaphysik der Sitten（1797）

『実用的見地における人間学』［VA］　Anthropologie in pragmatischer Hinsicht（1798）

『イェッシェ論理学』［JL］　Jäsche Logik（1800）

カント　未成熟な人間のための思想

——想像力の哲学

序論

啓蒙と想像力

本書はイマヌエル・カントの批判哲学について二つの問題を考察する。一つは「啓蒙の循環」と呼ばれるカントの啓蒙思想の根本問題、もう一つは「想像力」という能力の全体像をめぐる問題である。序論では、これら二つが探究に値する哲学の問いであると言えるのはどうしてかを述べ、後者の問題を考えることによって前者の問題が解決される見通しを示す。

啓蒙の循環

今日まで、カントの批判哲学はさまざまな学問領域に影響を与え、またさまざまな関心にそくして論じられてきた。カントの書いたものの多様さのために、そしてその影響の広さのために、哲学者カントの実像を把握することは容易ではない。カントの理論哲学、実践哲学、あるいは美学について語ることはできても、それらの全貌を視野におさめることは難しそうに見える。

だが、カント自身はこのように広範な批判哲学の目指すものをはっきりと自覚しており、いくつかの著作ではそれを明示してもいる。たとえば『純粋理性批判』では、(1) わたしは何を知りうるか、(2) わたしは何をなすべきか、(3) わたしは何を望むことが許されるか、という三つの問いが示される（A805/B833）。さらに後年では、それぞれを形而上学、道徳、宗教に関する問いとして整理した上で、いずれも(4)人間とは何か、という最後の問いに「関係する」と主張する(JL9: 25, 11: 429)。つまり批判哲学とは、わたしたちが(1)認識し、(2)行為し、(3)望むことを、(4)人間に固有のありようにそくして探究するものなのである。神聖な理性的存在者でも、理性を持たない動物でもない、それらのあいだの「理性的動物(animal rationale)」として人間は捉えられる。「カントとはどのような哲学者か」と問われれば、「つねに人間の中間的な性格に立ち戻りながら、さまざまな領域において理性批判を遂行した哲学者である」と答えられる。

この中間的な性格は人間を一種の緊張状態のなかに置く。人間は神聖な理性的存在者と動物のいずれからも区別されながら、同時に、理性と感性を兼ねそなえた存在者でもある。そのため人間には理性的なものとそうでないものとの葛藤、つまり秩序づける力と秩序をばらばらにしようとする力の緊張が生じることになる。たとえば認識の局面において、それは感性的に与えられる感覚内容の多様性と、それを統一しようとする理性の働きとして現れる。どこまでも多様化してゆく自然の偶然性と、それを体系的に理解しようとする心の働きも同様の関係にあると言えるだろう。このように多様性を統一しようとする人間のありようを探究する動機を、カントはときにカオスに対する恐怖として表明している。ばらばらなものに抗うことができなければ、「わたしたちの自然はもはや合法則的ではなく、目的なしに活動する自然となり、絶望的な偶然が理性の導きの糸に取ってかわるだろう」(ID8: 18)。「絶望的な偶然」とは夢にも劣る表象の戯れ(A112)、あるいはむきだしの自然の、カオティックな寄せ集めである(EE20: 209)。

こうした緊張が生じるのは認識だけではない。相反するものの相克が、おそらくもっともドラマティックに経験されるのは行為の局面である。カントによれば、わたしたち人間は孤立を望み、ばらばらに行為して社会の規範を引き裂こうとする傾向性を持っている。それは自分と他人を比べ、自己愛から自分の幸福のために他人を支配しようとする「非社交性」の傾向である。だが、他方ではわたしたちはお互いの思考のありようを伝えあい、共感によって他人の幸福を配慮することもできる。これはむしろ、ばらばらになりそうな社会をつなぎとめ、法や道徳にかなった共同体をつくりあげようとする人間の「社交性」と言えるだろう。この二面性を、カントは非社交的社交性（ungesellige Geselligkeit）という奇妙な言葉で表現する。わたしたちは非社交的社交性を発揮することで「一緒にいるのは嫌だけれど、放ってもおけない仲間」と小競りあいを重ねながら生きていくことになる（ID8: 21）。

ただし、人間の二面性が指摘されるだけではない。カントは意見の交換、あるいは共感といった社会的相互作用を通じて「あらゆる才能が少しずつ伸ばされ、趣味が形成され、たえざる啓蒙によって思考様式の構築が始まる」と考える。そして「この思考様式が〔…〕生理的心理的に強制された社会との合致を、最終的には道徳的全体に変えうる」という（ID8: 21）。つまり、カントは社交性によって非社交性が克服され、道徳的に理想的な共同体が実現されうると主張するのである。

だが、この主張はあまりにも楽観的ではないだろうか。たしかに、認識の局面では実際にわたしたちの知覚はばらばらではなく、それなりのまとまりをもって成立していると言えるかもしれない。それではわたしたちの実際の社会のありよう、その道徳のありようはどうだろうか。カント自身、いつも楽観的であったわけではない。たとえば『人間の歴史の憶測的始元』では次のように書いている。「思考する人は悲しみを感じる。その悲しみは道徳の頽廃となりかねないものだが、思考することのない人はこの悲しみについて何も知ることはない。災悪は人類に重くのしかかっており、そこに改善の見込みはない（ように見える）。こうした災悪を見積るとき、思考する人は世界の進行の全体を統御している摂理に不満を覚える」（MA8: 120–121）。読者によっては、ここにペシミストの本音が漏れていると考える人もいるだろう。そしてこんな疑念もわいてくるかもしれない。カントが道徳について語るとき、この哲学者は自分ではまるで信じていないことを、あたかも信じているかのように偽っていたのだろうか。非社交的社交性は、そしてこの洞察を含むカントの実践哲学は「悲しみ」を知る「思考する人間」の方便に過ぎないのだろうか。

見落としてはならないのは、非社交的社交性が「たえざる啓蒙」のプロセスにおいて論じられていることである。一瞬にして、理性が魔法のようにすべてを解決すると主張するわけではない。啓蒙の思想は時間軸を有する。カントは啓蒙のプロセスに訴えることによって、ばらばらなものをまとめようとする心の働きを無時間的な理性の立法ではなく、時間をかけた理性の行使に見出そうとする。ユルゲン・ハーバーマスの表現を借りるならば、それは人間が集団的かつ歴史的にくわだてる「啓蒙のプロジェクト」である。特定の時代の特定の出来事、あるいはそこに生きる特定の誰かをとりあげるなら、その個人は理性を未成熟な仕方で行使することしかできず、しばしば非社交性に動かされているように思われる。だが個人としての、あるいは一世代としての人間の成長は限られているとしても、類としての人間は世代を超えて自分たちの理性を自分たちの力で発展させることができる。このような発展のプロセスは「訓練」や「教化」によって段階的に進められてゆくだろう（VA7: 321–322）。これらの訓練や教化は他律的なものではない。カントの批判哲学は、啓蒙のプロジェクトをあくまで理性による理性の自己訓練、自己教化として提示する。事実、批判哲学の始まりを告げる『純粋理性批判』の「超越論的方法論」では、「理性の現存（Existenz der Vernunft）」が複数の、そして自由な人間たちのあいだに交わされるコミュニケーションに基づくことが主張されている。

> 理性はそのくわだてのいっさいにおいて批判に服しなければならず、また、この批判の自由を何らかの禁止措置によって損ねることはできない。損ねることがあれば、理性は自分自身を傷つけ、自分にとって不利な疑念を招来することになるだろう。ところで有益であるということについて、個人の威信に関わりなく、調査し吟味する探究から逃れることが許されるほどに重要なもの、それほどに神聖なものはありえない。それどころか理性の現存すらこの〔批判の〕自由に基づいており、理性はいかなる独裁的な威信を持たず、その発言はつねに自由な市民の一致した意見にほかならない〔…〕。（A738–739/B766–767）

しかし、このように啓蒙の思想に訴えるとき、カントの批判哲学が一種の循環の構造を示していることに気がつくだろう。循環は啓蒙するのも、啓蒙されるのもわたしたち人間の理性であることに由来している。啓蒙の出発点に立って考えてみよう。カントによれば、わたしたちは自分たちの理性によって自分たちの理性を啓蒙する。だが、わたしたちが啓蒙されるべき未成熟な状態にあるならば、そもそも啓蒙する理性そのものをいまだに持ちあわせていないはずではないか。

底抜けのオプティミズムでも、またペシミズムの裏返しでもない啓蒙の思想をカントに見出そうとするなら、この循環の構造は深刻な問題となる。たとえばハーバーマスは、この問題を啓蒙の主体としての「公衆」の直面する「ジレンマ」に見出している。「この公衆の地位は両義的である。それは一方では未成年で、まだ啓蒙を必要とするものでありながら、他方では、すでに啓蒙能力のある成年状態という自己主張をもって公衆として構成される」(Habermas 1962: 119(邦訳:146))。この「ジレンマ」の所在を、水谷雅彦は「啓蒙のパラドックス」として表現する。すなわち「コミュニケーションを通じて啓蒙を受け入れるためには、あらかじめそのための能力が涵養されていなければならないというパラドックス」である(水谷 2008: 4)。また、オノラ・オニールは、このような「パラドックス」が「理性の発展史」のプロセスにおいて仕組まれていたと考える。「理性の発展史は、長い進展のプロセスを前提する。〔だが〕理性能力はその始元において(部分的にせよ)公的な討議に依拠することができない。なぜなら、いかなる討議も最小限の理性能力を前提とするからである」(O'Neill 1989: 39)。

とはいえ、わたしたちはこの難問をもって啓蒙のプロジェクトを諦めることはない。すでにオニールの指摘は、批判哲学の構想において循環の構造を破る手がかりがあることを示唆している。たしかに啓蒙のプロセスは「理性能力を前提とする」が、それは必ずしも神聖な理性的存在者の行使する完全な能力でなくてもよい。成熟しきっていなくてもよい。わたしたち人間はその歴史の「始元」において「最小限の理性能力」をそなえてさえいれば、「理性の発展史」にそくしてこの能力を向上させてゆくことができる。この点についてイルミヤフ・ヨーベルは、中間的な存在者だからこそ、人間の理性はダイナミックなものになることを指摘していた(Yovel 1989: 14–19)。理性とはスタティックな概念ではない。たえざる自己拡張の運動によって自分自身を発展させてゆく人間の「自然素質（Naturanlage）」なのである。

想像力の研究史

このような問題背景において、中間的な存在者としての人間の、やはり中間的な能力としての想像力（Einbildungskraft）に照明があてられる。

想像力という能力はなかなか捉えどころがない。パンタシアー（φαντασία）、イマギナティオー（imaginatio）、イマジネーション（imagination）と呼ばれる能力の内容は多様であり、とりとめがない。日本語で想像力、と言われても、わたしたちはこの言葉に連想、空想、妄想、幻想、構想、創造といったさまざまな意味を重ねあわせており、何らかの共通項を取りだすことは不可能である。それでも、あえて古代から現在に至るパンタシアーの伝統をつらぬくものを挙げようとするならば、少なからぬ哲学史家はこの能力の中間的な性格を指摘するだろう。ベネデット・クローチェによれば、「古代の心理学は想像力が感覚と知性との中間的な能力であることを知っていた」（Croce 1922: 170）。また、アルフレート・ボイムラーの指摘するように、この中間性はカントに影響を与えたヴォルフ学派の表象理論においても例外ではない（Baeumler 1967: 141–166）。そこでは明晰・判明の度合いに基づき、想像力の表象は「知性（Verstand）」と「感能（Sinn）」の表象のあいだに論じられていた。『純粋理性批判』において悟性と感性のあいだに想像力が位置づけられるとき、カントもまたこうした伝統にしたがっている。わたしたち人間が理性と感性を兼ねそなえた中間的な存在者であるならば、想像力はその中間的な性格をもって「人間らしい」能力として特徴づけられるだろう。

そうすると、カントの循環の思想に関して次のような見通しが得られる。人間がその中間的な性格によって啓蒙の循環に巻きこまれるならば、この循環から脱却するための手がかりはやはり「人間らしい」能力としての想像力にあるのではないだろうか。いまだに啓蒙を必要とする人間が自分自身を啓蒙しようと試みるとき、想像力こそ、啓蒙の前進運動にとって原動力となるのではないだろうか。結論を先取りするならば、こうした見通しこそ本書がカントの批判哲学から抽出しようとする想像力の理論である。そしておそらく、この展望は「構想力の論理はどこまでも人間の立場に止まらねばならぬ」と考え、「およそ歴史的世界の根底には構想力の論理がある」と主張した三木清の思想と通底する（三木 1967: 430, 420）。「理性の発展史」の原動力を、不完全な「人間」の行使する想像力に見出そうとする思想である。

しかし、三木清を例外として、カントの啓蒙の思想の中核に想像力の理論を見出そうとする解釈はこれまで存在しない。それどころか、従来、批判哲学の広い射程から想像力なる能力の全体像を明らかにしようとする研究さえほとんど存在しない。その理由として二点を指摘しよう。第一に、啓蒙のプロセスを論じる歴史哲学、あるいは啓蒙の価値を論じる実践哲学の主要著作において想像力は明確に主題化されていない。この能力がもっとも詳細に論じられているのは『純粋理性批判』の「超越論的分析論」である。第二に、この「超越論的分析論」において想像力の理論は古代哲学以来のパンタシアーの伝統に革新をもたらすとみなされる。そこでは、想像力はたんなる中間的な能力にとどまらない。カントは中間的な能力としての想像力が感性と悟性という異なる二つの能力を自発的に媒介することによって、根本的な秩序、世界を世界として成り立たせる秩序を綜合的にもたらすと主張する。この「綜合（Synthesis）」の作用の革新性をヘーゲルは『信仰と知』において次のように描き出す。『純粋理性批判』において達成されたのは「想像力を現存する絶対的主観と絶対的な現存する世界とのあいだにはじめて導入される中間項（Mittelglied）としてではなく、むしろ第一のもの、そして根源的なもの（das Erste und Ursprüngliche）として認識すること」にほかならない（Hegel 1802: 241）。

ヘーゲル以降も、カントの想像力研究は「第一のもの、そして根源的なもの」としての想像力の綜合に焦点をしぼることによって進められてきた。古典的な研究として挙げられるのはヘルマン・メルヒェンの概念史研究と（Mörchen 1930）、マルティン・ハイデガーの存在論的解釈である（Heidegger 1929）。このうちハイデガーの『カントと形而上学の問題』は新カント派の心理主義批判において周縁化されていた想像力を「根源的なもの」として、すなわち感性と悟性がそこから「発源する（entspringen）」ところの「共通の根」として考察することによって以後の研究に決定的な影響を与えることになった。他方、ハイデガーによって批判された新カント派のアプローチは、少なくともその反心理主義において分析的なカント研究の伝統に引き継がれる。代表的な研究が、『純粋理性批判』における客観性と自己意識の関係を導出するため、あえて想像力の綜合を素通りするピーター・フレデリック・ストローソンの『意味の限界』だろう（Strawson 1966）。それ以降、カントの綜合の理論はハイデガーとストローソンの研究をいわば両極として研究されてゆく。一つの方向は、ストローソン自身が後年の論文「想像力と知覚」で示したように、綜合の作用を現代哲学における心の哲学、あるいは知覚の哲学の文脈から再評価するものである（Strawson 1982）。綜合を認知科学における機能主義の一種として理解しようとするポール・ガイヤーとパトリシア・キッチャーの研究がその典型として挙げられるだろう（Guyer 1989; Kitcher 1990）。もう一つの方向は、感性の形式が綜合によって「発源する」というハイデガー解釈のインパクトを「超越論的分析論」の論証にそくして再検討しようとする解釈に認められる。これは ens imaginarium としての空間・時間論としてウェイン・ワックスマン、ベアトリス・ロングネス、ヘンリー・アリソンらによって論じられており、二十世紀後半以降、現在に至る『純粋理性批判』の想像力研究において最大のトピックとなっている（Waxman 1991; Longuenesse 1998; Allison 2004）。

ただし、これらの解釈は綜合の作用を論じているに過ぎず、カントの想像力そのものを対象とするわけではない。そのほとんどは『純粋理性批判』以外の著作に注意を払っていない。対して、綜合以外の作用に考察を加えてきたのがゲーテ、シェリング、ディルタイらによって端緒をひらかれた『判断力批判』の想像力研究である。とりわけエルンスト・カッシーラーのハイデガー批判は、カントの想像力から人間の存在構造の全体性ではなく、むしろ多面性を取りだそうとする意図において際立っている（Cassirer 1921; Cassirer 1931）。カッシーラーの解釈を継承する研究は必ずしも多くはないが、『判断力批判』における「想像力の自由」を『純粋理性批判』の綜合の理論から明確に区別し、これを解釈学的観点から捉えなおそうとするルドルフ・マックリールの著作『カントにおける想像力と解釈』は想像力研究における一つの達成と言えるだろう（Makkreel 1997）。また、マックリールと同様、『判断力批判』を含む批判後期の歴史哲学的観点から想像力に光をあてた稀少な研究としてサラ・ギボンズの『カントの想像力の理論』を挙げておきたい（Gibbons 1994）。近年、英米系のカント研究では『判断力批判』の「想像力の自由」の主張も一つの係争点となっており、リチャード・アクイラ、ポール・ガイヤー、ハンナ・ギンスボルグらの論争が注目を集めている（Aquila 1982; Guyer 1997; Ginsborg 2015）。日本においては三木清や坂部恵がハイデガー解釈を受容しつつ、それを超克するために『判断力批判』の想像力の理論に注目してきた（坂部恵 1993）。前述したように、三木の『構想力の論理』は「およそ歴史的世界の根底には構想力の論理がある」ことを誰よりもはっきりと主張している点において、今もなお立ち戻るべき古典的研究である。

しかし、想像力をめぐるカッシーラー、マックリール、ギボンズ、ギンスボルグ、三木らの解釈の力点は『判断力批判』の記述に置かれており、いずれの研究も実践哲学を「素通り」している。結果、『道徳形而上学の基礎づけ』、『実践理性批判』、『道徳形而上学』といった実践哲学の著作と『判断力批判』との内在的な関係が断ち切られてしまい、批判哲学の連続的な進展が（少なくとも想像力の理論に照らしては）示されることはない。つまりカントの想像力の、そのもっとも良質な研究史をひもといたとしても、一方では『純粋理性批判』の綜合の理論に限定され、他方では綜合からの脱却としての『判断力批判』研究にゆきあたって、この能力が実践哲学において果たしうる役割が見えてこないのである。実践哲学における想像力研究の現状については、二〇一三年に公刊された論文集『カントの批判哲学における想像力』が参考になるだろう。この論文集でバーナード・フライバーグが嘆息するように、これまでカントの実践哲学の研究史においては想像力がつねに排除されており、そのために感性と実践理性の媒介という論点が看過されてきた（Freydberg 2013: 119）。だが、こうした「媒介」あるいは「移行」のプロジェクトこそ、実践理性と感性を兼ねそなえた人間のくわだてる啓蒙の課題にほかならないのである。

本書について

このようにカントの想像力はさまざまな思想と結びつき、さまざまな批判的検討の対象となりながら、いまだにその全体像が明らかにされたとは言いがたい。簡潔に述べるならば、これまでカントの想像力を理論哲学、実践哲学、さらにそれらの統合としての『判断力批判』の構想を含む全体から問いかけた研究は認められないのである。このことは想像力の概念史研究としての不備を示すだけではない。もし啓蒙の思想が神聖な理性的存在者ではなく、いまだ成熟していない「人間」を主体とするならば、そしてもし啓蒙を進める能力が成熟した理性ではなく、「人間らしい」想像力にあるとするならば、従来の研究は啓蒙の「原動力」を見落としていたことになるだろう。それは、カントの啓蒙の思想を理解する上で致命的な欠落となりかねない。

本書の目的は、これまで看過されてきた想像力の理論をその全体像において示し、カントのテクストにそくして「啓蒙の循環」という問題に対する方策を提示することにある。言い換えれば、本書は中間的な存在者としての人間の、やはり中間的な能力としての想像力に照明をあてることによって、カントの批判哲学を本来のダイナミズムにおいて提示しようとする試みである。この目的を遂行するために、本書は想像力を理論哲学だけでなく、実践哲学や美学にまたがる批判哲学の広い射程から問いなおす。このような検討は想像力を『純粋理性批判』から晩年の著作に至る連続的な、そして発展的な理論として示すものにもなるだろう。

具体的には、本書は以下の三部構成にしたがって議論を進める。各部はそれぞれ二章に分けられ、本書は六章から成る。各章だけを読んでも理解できるような論述を心がけてはいるが、1章から6章にかけて「啓蒙の循環」をめぐる一つのストーリーをなすように配置してある。

第I部の「想像力と理論理性」は『純粋理性批判』を検討する。哲学史に一つの革新を成し遂げたこの著作は、想像力の概念史にとっても決定的に重要である。というのも、想像力はまさにこの著作において何かを再生する、あるいは連想することではなく、「綜合する」こととして理解されたからである。綜合することはわたしたちが経験的におこなったり、おこなわなかったりする働きではない。そうではなく、およそ経験と呼ばれる秩序が成立する限り、理論的に想定されなければならないような心の根源的な機能であるとカントは考える。この意味で、綜合の理論は経験の可能性を問いかける超越論的哲学の構想において問われうるものであり、またこの構想の支点となるべきものと言えるだろう。本書は『純粋理性批判』のテクスト・クリティークを通じて想像力の綜合の機能を「個別的綜合」と「包括的綜合」に区別した上で、二つの問いを立てたい。一つは、これらの綜合はわたしたちの経験する「世界」をいかにつくりあげているのか、という問い（第1章）。もう一つは、そのようにして世界を経験するとき、綜合する「わたし」とはいかなる身分のものでありうるのか、という問いである（第2章）。

これらの問いを考えることによって、わたしたちは批判哲学における想像力の基礎理論を手に入れることができるだろう。それは「世界」の秩序とともに、「わたし」の意識もつくりだすような生産的想像力の理論である。以後、綜合によってもたらされる「世界」と「わたし」のありようを土台として、批判哲学の「啓蒙のプロジェクト」は進められることになる。

第Ⅱ部の「想像力と実践理性」は実践哲学に関するカントの著作を検討する。ただし、このように述べるとき、そもそも批判哲学において「実践哲学」とは何を意味するのかが問われなければならない。あらかじめ方針をかかげておくと、本書はカントの実践哲学が多層的な構造を有しており、その規範的な主張は段階的に実現されるという解釈をとる。たしかに、カントは実践哲学の「基礎づけ」の段階において人間本性をめぐる経験的事実、あるいは人間が置かれた社会的環境を捨象して道徳性のアプリオリな基盤を確立する。だが、このことは実践哲学が不当にも純化されるとか、理想化されるといったことを意味しない。「基礎づけ」に続く段階に目を向けるなら、わたしたちはカントがそのような道徳性が実現されるのはいかにしてか、何をなすべきかを、人間の現実的制約にそくして探究していたことを知るだろう。この見通しに立って、本書はまず実践哲学の「基礎づけ」の構想を明確にし、そこで想像力が主題化されなかった理由を明らかにする（第3章）。その上で、想像力が実践哲学の発展的な段階においていかなる役割を果たすのかを、啓蒙の思想の観点から考察したい（第4章）。

先述のとおり、従来、カントの実践哲学と想像力の関係が論じられたことはほとんど無かった。だが、実践哲学を啓蒙の思想にそくして考察するならば、感性と理性の中間的能力としての想像力が啓蒙にとって不可欠の能力であることが見えてくる。そして啓蒙の原動力に想像力を据えるということは、この能力を基軸としてカントの実践哲学の全貌を捉えることにもなるだろう。

第Ⅲ部の「想像力と『判断力批判』」は、第Ⅰ部、第Ⅱ部の成果を踏まえ、いよいよ「啓蒙の循環」という本書の根本問題に取り組むものである。カントの晩年の著作、『判断力批判』は批判哲学にいくつかの思想上の深化をもたらしたが、それは想像力の理論にとっても例外ではない。一言でいえば、想像力はこの著作においてもはや「綜合する」能力とはみなされていない。カントによれば、わたしたちの想像力は美しいものに働きかけるとき、端的に「自由である」。興味深いのは、こうした「想像力の自由」からは「生命感情」と呼ばれる特殊なタイプの感情が帰結し、しかも、この感情はわたしたちのあいだに普遍的に伝達されうると主張されることである。ここでは想像力と感情の内的な関係が論じられると同時に、感情の普遍的伝達による啓蒙の進展が示唆されている。いわば、啓蒙の思想に対する感情論的アプローチが打ち出されるのである。本書はこのアプローチの内容を明らかにするために、まずは美的経験における想像力の理論を『判断力批判』の議論にしたがって分析する（第5章）。続いて想像力が感情の「普遍的」伝達を可能にすることを論証し、啓蒙の思想における感情の意義を示す（第6章）。

想像力を介して感情が普遍的に共有されうること、共感的な共同体が構想されていることは、「啓蒙」という理性の営みの風景を一変させる。『判断力批判』のきわめて難解な、しかし豊かな記述には、完全な理性的存在者の王国でもなければ不完全な感性的存在者の結合でもない、その中間としての文化的共同体の可能性が潜在している。それは理性と感性だけでなく、想像力と感情をそなえた人間が歴史的に創造する人工物であり、啓蒙の拠点である。

最後に、訳語について補足しておきたい。本書ではドイツ語の Einbildungskraft の訳語として、あえて慣例の

「構想力」ではなく「想像力」という日本語を採用する。たしかに『純粋理性批判』において主張される Einbildungskraft の「綜合」の作用には現象世界を構成する、あるいは構造化する機能が含まれており、「構想」する働きに力点を置いた言葉を訳語として用いるだけの理由はある。だがこの序論を通じて強調してきたように、本書は「綜合」が問われる認識の局面だけでなく、実践哲学における行為の実践、あるいは美学における感情の伝達といった批判哲学のはるかに広範な射程から Einbildungskraft の全体像を捉えなおそうとするものである。そのためには英語の訳語としての imagination と同様、さまざまな文脈において平明に用いられる「想像力」という日本語がふさわしいと判断した。

第Ⅰ部

想像力と理論理性

第1章　綜合とは何か——「世界」の秩序をつくる

カントの批判哲学において、想像力の理論とはいかなるものか。そう問われれば、まずは多元的かつ多層的な理論であると答えたい。多元的であるのは、この能力が思考する、行為する、そして感じるといった人間の多様な活動にまたをかけて行使されることに由来する。わたしたちはカントの理論哲学、実践哲学、美学のいずれにも想像力が機能しているのを見出すことになるだろう。他方、多層的であるのは、それぞれの活動において行使される想像力の働きがいくつかのレベルに区別されることを意味する。想像力の働きはその作用の範囲において（想像力は対象を個別的に捉えることもあれば、包括的に捉えることもある）、あるいは時間軸において（想像力は対象と通時的に関わることもあれば、共時的に関わることもある）区別される。

こう言うと、想像力を一つの能力として論じることにそれほどの意味はなく、結局のところ、とりとめのない心的作用の束を「想像力」という名前にくくっているように思われるかもしれない。だがカントが想像力について論じるとき、そこには明らかな共通点がある。理性的なものと感性的なものの媒介はその一つである。人間を理性的かつ感性的な存在者とみなすならば、この存在者に人間的な統合を与える心の働きとして想像力を理解することもできるだろう。そして想像力を理論的に探究するということは、この能力を基点として「人間」をめぐる多元的な思想、多様な学問領域を関係づけ、架橋することにもなる。本書はこの架橋を試みるものである。

このような見通しのもと、本書の第1章は人間の「思考する」活動に焦点をしぼり、『純粋理性批判』における想像力の多層的構造を明らかにすることを目的とする。これまで、少なからぬ先行研究は想像力をめぐる『純粋理性批判』の記述が曖昧さをとどめており、批判哲学にとって不純物であるはずの心理学的な要素を多分に含んでいるとみなしてきた。そのために「思考する」活動に伴われる想像力の働き、すなわち想像力の「綜合」は『純粋理性批判』にとって不要なものとして排斥されるか、そうでなくても過度に単純化されて解釈される傾向にある。対して、わたしたちは想像力の綜合の理論は多層的ではあるがそれはけっして無用の煩雑さ、晦渋さを意味するものではないこと、そしてこの多層的理論がカントの理論哲学において不可欠の構造をなしていることを示す。

この目的を達成するためには、『純粋理性批判』の記述に腰を据え根気強く解釈を試みなければならない。とりわけ「超越論的演繹」(以下「演繹論」)と呼ばれる『純粋理性批判』の重要箇所の主張を解きほぐし、想像力に関して「理論」と呼べるだけの体系的説明を取り出す必要がある。そこで、1・1節では「演繹論」の基本的戦略を確認した上で想像力の果たす役割を「綜合の原則」として明示する。1・2節では「綜合」作用の解明に集中し、「演繹論」において多層的に展開される「覚知の綜合」、「再生の綜合」、「再認の綜合」の内容を明確にする。これらを踏まえた上で、1・3節では「再認の綜合」の記述から「包括的綜合」と呼ばれる働きを抽出し、カントの想像力の理論における基底層を解明したい。

1・1 超越論的演繹の構造

演繹とは何か

『純粋理性批判』における「演繹論」の内容は、「演繹(Deduktion)」という言葉から現代の読者が思い浮かべることとズレているかもしれない。それは前提から結論を導く三段論法の推論として用いられているわけではない。この著作にあって「演繹」とは法廷の場において問われるような権利問題(quid juris)、つまり法的な正当性の問題に由来する概念である（A84/B116）。ある法的な主張の正当性が法廷で問われるように、カントもまた自身の哲学的な主張の正当性を「理性の法廷」において問いかける。この「理性の法廷」の場所が「演繹論」ということになる。

では、「演繹論」ではどのような主張が開陳され、いかにその正当性が弁明されるのだろうか。このことを考えてゆくにあたって、カントの弁明から明らかになる批判哲学の「世界観」とも言うべきものを把握することから始めたい。それはカントの錯綜する記述に分け入っていくための準備作業となるはずである。

まずは『純粋理性批判』のテクニカル・タームから離れて、「世界」と「心」が向かい合っているという構図を念頭に置いてほしい。ひとまず「世界」をばらばらな事象の寄せ集めではなく、法則的な連関によってまとまった事象の総体として理解しておこう。「心」と呼ばれるものもまた、ばらばらに寸断された感覚の束ではなく、秩序をもって世界を知覚する意識の働きとして捉えておきたい。いずれにせよ、世界と心はまとまりのある「一つ」のものでなければならない。基本的にはカントはそう考えている。そしてこの「一つ」という考え方は「多」に対する「一」、あるいは「多様」に対する「統一」として、いくらか表現を変えながら「演繹論」の弁明を支えてゆくことになる。

これだけではあまりに単純化されているが、この説明の構図、つまり世界と心の一対一の関係にはカントの批判哲学をつらぬく二分法がすでに反映されている。二分法とは世界を認識しようとする心の自発性（Spontaneität）と、認識の素材が世界から心に与えられることの受容性（Rezeptivität）である（A50/B74）。自発性と受容性の二分法を前提として展開される認識論の内容を、カントの言葉づかいを少しずつ導入しながら整理してみよう。たとえば目の前にある対象を机として認識するとき、その対象がどのようなものなのか、わたしたちは特定の形態や色彩を感覚することによって気がついている。この気づきが「直観（Anschauung）」である。カント自身は作用と内容の区別を必ずしも明示していないが、さしあたって気づかれている色彩や形態をその対象の「直観内容」と定義したい。さて、特定の机の直観内容はその机の上に置かれた鉛筆の直観内容と区別されうる仕方で気づかれているが、この段階では、それが別の机の直観内容といくらかの特徴を共有していることは必ずしも意識されていない。言い換えれば、目の前の机はいまだ「概念（Begriff）」として意識されているわけではない。そのためにはさまざまな机の直観内容を比較し、それらに共有される特徴を反省的に抽出しなければならない（JL9: 94）。この意識的な努力によってはじめて「一般的表象」としての概念が得られる（JL9: 91）。こうして、「概念」と「直観」が導入される。

続いて「判断（Urteil）」のレベルに進みたい。重要なのは、先ほど導入された「概念」がつねに「判断」において使用されることである。一例として、「机は四角い」といった平叙文で表現される判断を考えてみよう。アリストテレス以来の論理学の伝統にしたがい、カントは「ある（ist）」のような繋辞（copula）によって主語の概念と述語の概念が関係づけられる論理的形式を有するものとして判断を理解していた（B141–142）。ただし、カントにとって判断はたんなる論理的形式ではない。それは論理的形式にしたがって直観内容を諸概念に包摂する「作用（Aktus）」として、それゆえ「ある対象についての間接的な認識」とみなされる（A68/B93）。作用としての判断が行使されるとき、特定の形態や色彩を含む直観内容は「机」という主語概念に包摂されつつ、「SはPである（S ist P）」といった論理的形式を介して、さらに「四角い」といった述語概念に関係づけられる（二重の包摂の結果として、その直観内容は「机」だけでなく「四角い」という概念によっても「間接的に表象される」）。このように、心の自発性は受容された直観内容に反省を加え、概念を抽出する働きにとどまらない。それが目指すのは、判断の論理的形式を介して諸概念を関係づけ「表象のあいだに統一をもたらす」ことにある（A69/B94）[1]。

したがって、判断を行使することと、連想や再生を働かせることはまったく異なる。ある人は鉛筆をながめて子供のころ通った学校の風景を連想するかもしれないが、別の人は黒鉛採掘の歴史に思いをはせるかもしれない。そこに法則的な連関はない。対して判断は、どのような内容を伴うものであれ、ともかく有限なリストとして列挙される論理的形式のパタンをそなえている（たとえば、判断U1「いくつかの筆記用具は鉛筆である」は特称判断の論理的形式、判断U2「すべての鉛筆は黒鉛を含む」は全称判断の論理的形式にしたがっている）。これらの論理的形式は推論のシステムの部分となり、わたしたちはこのシステムにそくして判断を行使する（判断U1とU2より、判断U3「いくつかの筆記用具は黒鉛を含む」が導出される）。連想と判断の違いは明らかだろう。判断が行使される場合には連想のおもむくまま表象が再生されることはなく、直観内容はあくまで「判断するという論理的機能の一つに関して限定され」る（B128）。そしてカントによれば、このことは個々の判断の成り立ちをわざわざ経験的に観察し、調べてみなくても分かる。つまり、空間と時間が受容性の能力としての感性のアプリオリな形式であるように、「判断するという論理的機能」は自発性の能力としての悟性のアプリオリな形式とみなされる（A111）。これら二つのアプリオリな形式が協同するならば、空間・時間的な性質を有する直観内容が悟性の論理的機能にしたがって「限定」され、原因・結果の因果関係をはじめとする自然の秩序をそなえることになるだろう。ここに科学的探究の対象となる「世界」、すなわち諸部分が法則的に連関する「自然」が現象する（A114）。

さて、これまでわたしたちはある二分法を前提として話を進めてきた。それは何かが心に与えられるという受容性と、その何かに対して心が働きかける自発性である。心に受容されるものは直観内容として与えられ、自発する心の働きは論理的形式をそなえた判断を行使することを目指す。比喩的に述べるならば、これら二つがうまくかみ合ったときにはじめてまとまりのある世界が現象する。「理性の法廷」においてカントの「演繹論」が主張するのはこういった事態である。

しかし、まさにここから「演繹論」は弁明を迫られることになる。「演繹論」は「理性の法廷」で次のような追及を受けるのである。仮に心がそうした二分法にしたがっているとしよう。やはり比喩的に述べるならば、心が自発性と受容性という両岸に分かれているとしよう。だが、これらの両岸はいかにして「かみ合う」のだろうか。この追及のポイントは、それぞれの岸があることの正当性だけでは、両岸が「かみ合う」ことの正当性までを与えられない点にある。「わたしたちは判断のいかなる論理的形式にしたがっているか」という問題、あるいは「わたしたちはいかにして特定の直観内容を受容するか」という問題は、「わたしたちはいかにして直観内容を論理的形式にしたがって概念に包摂するか」という「かみ合わせ」の問題から論理的には独立している。たしかに、たとえ「判断するという論理的機能」を捨象して考えたとしても、直観内容はそのものとして心に受容されるように思われる。つまり、悟性の働きとはさしあたって無関係に、感性の働きだけで対象は現象しうる。

もちろん対象は悟性の機能との必然的な関わりを欠いていたとしても、したがって悟性が対象のアプリオリな条件を含んでいないとしても現象することができる。それゆえ、ここでは感性の分野においては出会わなかったような困難に直面することになる。つまり、思考の主観的な条件はいかにして客観的な妥当性を持つのか、あるいはそれはいかにして対象に関するあらゆる認識の可能性の条件となりうるのか、である。(A89/B122)

カントが指摘するのは、「判断する能力」としての悟性が「直観する能力」としての感性から切り離されたまま空転している可能性である。そしてこの可能性は、わたしたちの科学的探究の底が抜けているという懸念を招きかねない。なぜなら、仮に対象が「判断する能力」から独立して現象しうるならば、「わたしたちの感官に現象するしかないすべてのものが、どうして悟性からアプリオリにだけ生じる法則にしたがわなければならないのか明らかではない」からである(B160)。したがって、「理性の法廷」でなされる追及は次のように表現できる。対象がどうして感性のアプリオリな形式だけでなく、悟性のアプリオリな法則にまでしたがわなければならないと言えるのか、その主張の正当性を明らかにせよ。この追及に応答してはじめて、批判哲学は「現にあるアプリオリな学的認識」を基礎づけることができる(B128)。

では、「演繹論」はいかなる弁明をおこなうのだろうか。詳しい検討は後回しにして議論の道筋だけを示すならば、カントは追及を受けている問題が自発性と受容性の二分法に由来することを認めた上で、この二分法の捉えなおしを試みることになる。そしてこの試みにあって主役を演じるのが、自発性と受容性、悟性と感性、あるいは判断と直観の媒介者としての想像力にほかならない。想像力は分断されたかに見える二分法の両岸に橋を架け、両岸をかみ合わせることによって「理性の法廷」の追及に応える。ここに「演繹論」における想像力の核心がある。

以上の議論を整理しつつ、『純粋理性批判』におけるカントの弁明が「超越論的（transzendental）」演繹と呼ばれるための十分条件を考えてみよう。これまで検討してきたように、「演繹論」の記述からは少なくとも以下の三つの主張を取り出すことができる。

(a) まず、わたしたちの心の働きには、自発性と受容性の要素が含まれている。
(b) また、それぞれの働きはアプリオリな形式をそなえている。
(c) ただし、心の自発性におけるアプリオリな形式、すなわち判断の論理的機能だけでは、諸部分が法則的に連関する「自然」が得られる保証はない。

カントの批判哲学は (a) の二分法によってバークリーのような観念論的な立場から、また (b) のアプリオリズムによってロックをはじめとする経験主義的な立場から区別される。これらを前提とした上で、カントは (c) の疑義をみずから提示することによって弁明の必要を明らかにする。たとえ自発性のアプリオリな形式としての「判断の論理的機能」を認めたとしても、それが受容性のアプリオリな形式を通じて現象する対象と「必然的な関わり」を持つ保証はない（A89/B122）。したがって、この論理的機能の「客観的妥当性」こそが問われなければならない（ebd.）。

ただし、この疑義に対する弁明は、次の条件 (d) を付け加えるだけでは「超越論的」と形容される演繹の特徴を十分に満たすことはない。

(d) 疑義(c)に対する弁明は、経験的な事実に依存することなく達成することができる(学者が肘掛け椅子に座ったまま思考するだけで十分である)。

この点についてリチャード・ローティが指摘するように、(d)のような非経験主義の方法はスピノザ主義やトマス主義にも共有されている(Rorty 1979: 79)。むしろ『純粋理性批判』の超越論的性格を特徴づけるのは次の条件、受容性と自発性を架橋する条件(e)である。

(e) 疑義(c)に対する弁明は、心の自発的な働きが、受容されるものの内容をつくりだすことを説明することによってのみなされうる。

「超越論的」とは、「対象についてのわたしたちの認識の仕方、しかもこの認識の仕方がアプリオリに可能である限りにおいて関わるすべての認識」に関する形容である(B25)。では、認識一般が「アプリオリに可能である」と言えるのはどうしてだろうか。カントによれば、この問いに答えるために次のような「思考法の変革」が要請されている。およそ認識なるものはわたしたちの心の受容性の働きにのみ依存しているのではない。そうではなく、「わたしたちが事物についてアプリオリに認識するのは、わたしたち自身が事物のなかに置き入れたものだけである」という(BXVIII)。すなわち条件(e)は、心の自発的な働きが「事物のなかに置き入れたもの」の認識によってはじめて「自然」の認識一般の可能性が根拠づけられることを弁明するものである。この意味で、「超越論的」演繹の成否は、「架橋の原則」とも呼ばれるべき条件(e)の説得力にかかってくる。

想像力の役割

説明が混み入ってきた。もう一度、「演繹論」の基本構図に立ち戻ろう。それは心と世界がまとまりをもって向かいあっているという説明の構図だった。ここで世界とは、法則的な連関において諸部分がまとまっている「自然」を意味している。ただし、こうした世界の「まとまり」、自然の秩序は心に受容されるものの内にあらかじめ畳みこまれているものではない。条件(e)の「架橋の原則」によれば、まとまりは心の自発的な働きによって世界の側に「置き入れ」られる。置き入れられることによってはじめて、まとまりのある世界が受容される。

では、こうして世界にまとまりを与え、それによって自発性と受容性を架橋する「心の自発的な働き」とは何だろうか。カントは、それこそ「魂の盲目だが欠くことのできない機能である想像力の働き」であると考える（A78/B103）。想像力が、両岸のように隔たった自発性と受容性を架橋する。このことは「演繹論」に続くいわゆる「図式論」において、悟性と感性を「媒介する表象」、すなわち「図式（Schema）」が想像力の所産であることが主張されるときにあらためて強調されることになる（A140/B179）。だが、おそらくはこのアイデアがもっとも明瞭に（そして誇らしげに）述べられているのは「演繹論」の注における次の文章だろう。「どの心理学者もまだ、想像力が知覚自体の必然的な成分であることに思い及ばなかった」（A120）。カントからすると、内省を方法として心的能力の分析を試みてきた従来の「心理学者」は、まとまりのある知覚があらかじめ「感官」にもたらされると前提してきた。なるほど、世界のありようは論理的形式をそなえた判断が行使されるに先立って知覚されるように思われる。しかし、だからといって世界のまとまりを「感官」の働きに帰属させることは、「感官そのものの内では持ちえないような知覚の結びつき」を看過することにほかならない（ebd.）。「そのためには疑いなく、印象の受容のほかにさらにそれ以上のもの、つまり印象の綜合の機能が必要なのである」（ebd.）。

整理しよう。(1) カントによれば、知覚される世界は「まとまり」を有している。(2) このまとまりをつくりだすのが想像力の「綜合（Synthesis）」である。(3) 他方、「綜合の機能」に先立って想定されるもの、すなわち世界としてのまとまりを欠いたばらばらなものは「多様（Mannigfaltigkeit）」と呼ばれる。(4) したがって、想像力は少なくとも「多様の綜合」という機能を含む能力として理解される。「綜合とはそのもっとも一般的な意味において、さまざまな表象を互いに加え合わせ、それらの多様を一つの認識として捉える操作のことである」（A77/

B103)。

こうして、わたしたちは世界に「まとまり」を置き入れる心の自発性なるものの正体を、想像力の「綜合」として特定することができた。この解釈に基づき、前述の条件（e）を次のように書き換えることができる。これを「演繹論」における「綜合の原則」と呼びたい。

> **綜合の原則**　心の自発的な働きとしての想像力は、多様を綜合することによって、受容されるものの内容をつくりだす。

「綜合の原則」の主張と条件（a）の主張（「わたしたちの心の働きには、自発性と受容性の要素が含まれている」）の関係に注意しよう。カントは条件（a）の主張を撤回するわけではない。批判期を通じて、判断する悟性の自発性と直観する感性の受容性の区別は維持されている。ただし「綜合の原則」では、判断する悟性の自発性とは区別される仕方で、綜合する想像力の自発性が導入されている。心に受容される「多様」に対しては想像力の自発性が働きかけ、直観内容の「まとまり」（つまり「感官そのものの内では持ちえないような知覚の結びつき」）をつくりだすと主張されるのである（A120）。この意味で、「綜合の原則」は条件（a）に反することなく自発性と受容性の関係を捉えなおそうとする。

それでは「綜合の原則」を認めるとして、これは（c）の疑念「心の自発性におけるアプリオリな形式、すなわち判断の論理的機能だけでは、諸部分が法則的に連関する「自然」が得られる保証はない」に応答できるものだろうか。（c）の疑念は判断する自発性と直観する受容性のあいだのギャップを突くものであり、それに対して「演繹論」の目的はこのギャップを架橋することにある。そして実のところ、カントはこの目的を達成するための道筋を「演繹論」に先立って示していた。まずはその道筋が示されている記述を素直に読んでみよう。

〔1〕一つの判断においてさまざまな表象に統一を与えるのと同じ機能が、〔2〕一つの直観におけるさまざまな表象のたんなる綜合にも統一を与える。〔3〕一般的に言えば、こうした機能が純粋悟性概念と呼ばれる（A79/B105）。〔番号は引用者による挿入〕

詳しい検討は後に委ねるが（1・3節参照）、これまでの整理から自発性と受容性の「架橋」が引用部において試みられていることが分かるはずである。最初の一文を(1)の判断のレベルと(2)の直観のレベルに分け、それぞれの内容を確認しよう。二つのレベルを「判断」と「綜合」という二つのタイプの自発性の違いにそくしてパラフレーズすると、次のようになる。

(1) 一方では、心は判断を行使することによって、対象を論理的にまとめる機能を持っている。
(2) 他方では、心は想像力を行使することによって、多様を綜合的にまとめる機能を持っている。

(1) たとえば、机として受容される直観内容は「机は四角い」といった判断を介して「四角い」という概念に関係づけられる。判断における「表象の統一」とは、このように論理的形式にしたがってなされる概念間の結びつきである（A69/B94）。(2) 他方、そもそもある直観内容が机として受容されるためには、それが何らかの色彩、形態、奥行きといった知覚の秩序をそなえていなければならない。この秩序を与えるのが想像力の綜合である（A120）。したがって、少なくとも(2)の綜合は(1)の判断に対して論理的に先行する（言い換えれば、(2)の綜合が(1)の判断の必要条件を与える）。ただし、この帰結はそれだけでは条件(c)の疑念、すなわち判断する自発性と直観する受容性のあいだのギャップを埋めるものではない。

そこで、この問題を決着させるために注目されるのが引用(3)の主張である。「同じ機能（dieselbe Funktion）」という言葉に留意して(3)をパラフレーズすると次のようになる。

(3) (1) における論理的な「まとめ」と、(2) における綜合的な「まとめ」は、いずれも「純粋悟性概念」と呼ばれる「同じ機能」を通じてなされている。

「純粋悟性概念 (reine Verstandesbegriffe)」とは「判断表」から導出される「カテゴリー」を意味している。判断表が判断の論理的機能を形式的に列挙したものである一方、それに対応するカテゴリー表は内容をそなえている。カントによれば、直観内容はカテゴリーによって「判断するという論理的機能の一つに関して限定されたものとみなされる」(B128)。つまり、カテゴリーは論理的形式にとどまらず直観内容の受容に関与するのである。このような関与は自発性と受容性のギャップを埋めるように見えるが、しかし、判断と直観という二つのレベルを(不当にも)混同しているようにも思われる。この混同は、「演繹論」をめぐる論点先取の懸念としても表現できるだろう。すなわち、論理的な順序としては判断に先行するはずの綜合において、「判断するという論理的機能の一つに関して」直観内容を限定するカテゴリーの機能をあらかじめ読みこんでしまっているのではないだろうか。

この懸念に対して、ベアトリス・ロングネスは前述の引用(3)に続く文に注意を促す。カントの真意は、続く文の時制に見出されるというのである。

それゆえ同じ悟性が、しかも分析的統一を介することで概念の内に〔i〕判断の論理的形式を生み出したのと同じ働きによって、〔ii〕直観一般の多様の綜合的統一を介してみずからの表象の内に超越論的内容を与える。だからこうした働きは純粋悟性概念と呼ばれ、これらの概念は客観にアプリオリに関わるが、これは一般論理学にはなしえないことなのである。(A79/B105)

(i) 判断の論理的形式を生み出そうとする働きが「生み出した (zustande brachte)」という過去形で表現されるのに

対し、(ii) 直観内容が綜合的に統一される働きは「与える (bringt)」という現在形で表現される。ロングネスはこのような時制の順序が、一種の目的論的な順序を反映するものと解釈する。「判断を帰結としてもたらすような思考の作用は、まさにその目標が判断であるがゆえに、受容性に影響をおよぼし、したがって判断のために感性的所与を結合することになる」(Longuenesse 1998: 203)。もちろん、前述したように、想像力の綜合は判断の行使に対して論理的に先行する。ここで示唆されているのは綜合が論理的形式をそなえた判断の行使を「目標 (goal)」として作用している可能性である。たとえば、目の前の机の表象は「机」として判断されるために、まずは想像力によって綜合的にまとめられる。ただし、そうした「まとめ」の作用は「机は四角い」といった判断に到達することを目指して発揮される。この、いわば前反省的な「綜合」にこそ直観の受容性と判断の自発性の結節点がある。

以上の議論をまとめよう。ここまでわたしたちが試みてきたのは、カントが自発性と受容性という二分法から出発しながら、いかにしてそのギャップを埋めようとしてきたかを「演繹論」の議論構造に照らして明らかにすることであった。その詳細な検討は１・２節以降でおこなうが、本節では「演繹論」でなされる弁明全体の見取り図を示した。「綜合の原則」で述べられるように、自発性と受容性という隔てられた両岸を認識においてかみ合わせるのは、中間的能力としての想像力にほかならない。本節では、想像力の中間的性格が、自発的な作用によって直観内容の受容を可能とする「綜合」にあることを確認した。綜合は、一方では論理的な形式をそなえた判断を行使するために作用し、他方では多様と呼ばれるカオティックな受容に対して働きかける点で、自発性と受容性を架橋する役割を果たすのである。

超越論的綜合

わたしたちは「演繹論」の基本的な議論構造とともに、この構造に組みこまれた想像力の機能を示してきた。もちろん、これだけで「演繹論」の論点が尽くされたわけではない。本章の冒頭にかかげた説明の構図に立ち戻ってみよう。それは「まとまり」をもった世界と心が向かいあうというものだった。ここまでの検討から確認されたのは、綜合によってはじめて「まとまり」のある世界がもたらされること、つまり、自然の秩序ある世界が現象することにとどまる。他方、まだ問われないままに残されているのは、果たして「まとまり」のある心とは何か、そして世界と心が「向かい合う」とはどういうことなのか、という問いである。

「演繹論」の言い回しでは、まとまりのある心は「一つの意識（ein Bewußtsein）」として表現されている（A103）。そのような意識が問われうるとするると、反対に、まとまりを欠いた意識も想定されうるのだろうか。カントの言葉を借りると、それは「表象の盲目の遊び」に喩えられるような、「夢にも劣る」ばらばらな意識のありようである（A112）。もう少し具体的に考えてみよう。ばらばらな意識とはどういうことか。カントは「いま考えていることが一瞬前に考えたこととまったく同じであるという意識がなければ、表象の系列におけるすべての再生は無駄になるだろう」と述べる（A103）。たとえば目の前にある机を知覚するとき、時点 t1 において直観内容 a が、時点 t2 において直観内容 b が、時点 t3 において直観内容 c が受容されるとしよう。通常、わたしたちはこれらの直観内容 a、b、c を異なる時点をまたいで同一の「一つの表象として」、つまりは一つの机の表象として知覚する（ebd.）。こういった知覚によってはじめて、机の表象を鉛筆の表象から区別することもできる。ただし、カントによれば、「一つの表象」の知覚が可能であるためには、異なる時点をまたいで同一であるような意識が不可欠である。仮に時点 t1 から t3 に至る意識の通時的な同一性がなければ、受容された直観内容 a、b、c は各時点で寸断されてしまい、机という「一つの表象」に属するものとはみなされない。

また、たとえ時点 t1 だけに注目しても、直観内容 a には机の色彩、形態、奥行きといった多様な知覚の要素に対する気づきが含まれているはずである。仮にこれらの気づきが結びつけられず、ばらばらに並存しているならば、「わたしは意識している表象があるだけの、多彩でさまざまな自己を持つことになるだろう」（B134）。この場合にもやはり、ある時点において受容された直観内容が「一つの表象」に属するものとはみなされない。このように、少なくとも共時的な同一性を持った意識こそ、カントが「一つの意識」と呼ぶものである。このことを踏まえた上で、以下のように「対象の知覚の条件」を抽出できるだろう。

対象の知覚の条件　「一つの意識」は、受容される直観内容を「一つの表象」として知覚するための必要条件である。

では、この「一つの意識」、すなわち共時的な同一性を持った意識はいかにして可能なのだろうか。いや、この問いそのものが奇妙に思われるかもしれない。だが、先ほどから、まるでまとまりを欠いたばらばらな意識、「多彩でさまざまな自己」のありようが少なくとも理論上は想定可能であることを指摘してきた。ここでカントとともに考えたいのは、わたしたちの実際の意識がそのような「多彩でさまざまな自己」ではなく、「それに関わることで対象のあらゆる表象がはじめて可能となるような意識の統一」を手にしているのはどうしてなのか、である（A107）。この問いに関しては、『純粋理性批判』の自己意識論として現在に至るまで膨大な知見が蓄積されているが（２・３節参照）、本章でなされた検討からいくらかの考察を加えておくこともできるだろう。手がかりとなるのは、「どの心理学者もまだ、想像力が知覚自体の必然的な成分であることに思い及ばなかった」というカントの主張である（A120）。この主張に基づき先ほど導入された「綜合の原則」によれば、「心の自発的な働きとしての想像力は、多様を綜合することによって、受容されるものの内容をつくりだす」。これはつまり、ばらばらな多様が直観内容として受容されるためには、すでに綜合が働いていなければならないというテーゼである。そしてカントは、「演繹論」のクライマックスにおいて「綜合の原則」テーゼから「一つの意識」に関わる興味深い洞察を引き出している。

なぜなら、もし心が多様を認識する際に、それによって統覚の統一が多様を綜合的に一つの認識において結びつけるという機能の同一性を意識することができなければ、意識のこうした統一は不可能だろうからであ

る。(A108)

この引用の正確な解釈は本書の第2章において試みられるが、前もってその内容の概略をつかんでおこう。特定の時点において何らかの直観内容が受容されると仮定する。通常はその直観内容に含まれる表象の多様、すなわち表象の色彩、形態、奥行きといった知覚の諸要素はばらばらに気づかれるのではなく、すでに秩序づけられ、相互に関係づけられて受容されている。カントの「綜合の原則」はこの受容性に自発性の行使を見出すものである。すなわち、そのような知覚の連関はあらかじめ与えられているのではなく、想像力の行使によってはじめて直観内容として綜合される(A120)。その上で引用が主張しているのは、こうした直観内容に関する綜合の作用が、その時点において作用主体自身に意識されうることである(つまり、「心が多様を認識する際」の「機能の同一性」に関する自己意識である)。カントによれば綜合は当の綜合をおこなう作用主体の、みずからの作用そのものに関する同一性の意識を伴うことができる。ここから「一つの意識」に関する次のテーゼが引き出される。[2]

「一つの意識」の条件　綜合は、その作用を通じて作用主体がみずからを「一つの意識」として意識するための必要条件である。

前述の「対象の知覚の条件」テーゼにおいて、この机、あの鉛筆といった個別的対象の綜合が言及されていたことに注意してほしい。そこで考察されていたのは、異なる時点において次々に与えられる直観内容を通時的に同一の対象として知覚するための個別的綜合である。それに対して、「一つの意識」の条件」テーゼに示唆されるのは、そうした個別的知覚の諸事例が成立するためのそもそもの前提、すなわち多様を直観内容として「最初に」綜合する作用である。アンドリュー・ブルックの『純粋理性批判』研究にしたがい(Brook 1994: 33)、以後、わたしたちはこのタイプの綜合を個別的綜合と区別して包括的綜合と呼ぶことにしよう(「包括的」の含意については1・3節も参照）[3]。包括的綜合は、色彩、形態、奥行きといったばらばらな諸要素を関係づけ、カオティックな状況に最初の秩序を与えようとする想像力の働きである。それは個々の知覚、具体的な経験が成立するための可能性の条件として「超越論的綜合（transzendentale Synthesis）」とも形容される（B153）。

ここに至って、わたしたちは世界と心が「向かい合っている」ことの意味を理解できるだろう。鍵となるのは「綜合の原則」テーゼと「一つの意識の条件」テーゼの関係である。簡潔に言えば、前者は「想像力がまとまりのある世界をつくる」ことを、後者は「想像力がまとまりのある心をつくる」ことを主張している。いずれの主張においても、まとまりをつくりだしているのは「再生」や「連想」ではない。前者では論理的形式をそなえた判断を下すことを目的とするような働きが、後者では多様を直観内容として包括的に関係づけるような働きが言及されており、これらの働きこそカントが「超越論的綜合」という（一見すると謎めいた）表現に託したものだった。まとまりのある世界が現れているならば綜合がなされていなければならず、綜合がなされているならばまとまりのある心が意識されうるのでなければならない。このように批判哲学では、綜合という想像力の作用を軸として心と世界が結ばれつつ展開される。

以上の見通しをたずさえ、本書は第1章において「綜合の原則」、第2章において「一つの意識の条件」テーゼを検討する。検討にあたって二つの方針を立てておきたい。第一に、わたしたちの目的はカントの想像力の理論を『純粋理性批判』の「演繹論」にそくして明らかにすることにあって、「演繹論」の解釈上の諸問題にことごとく解決を与えることにはない。したがって、「感性論」と「演繹論」の整合性、「演繹論」と「図式論」の連続性、「演繹論第一版」と「演繹論第二版」の異同といった『純粋理性批判』研究史の古典的問題には本書は十分に踏みこむことができない。第二に、「演繹論第一版」と「演繹論第二版」に関しては前者を重視して検討を進める。よく知られているように、カントは『純粋理性批判』第一版を公刊して六年後の一七八七年に改訂第二版を出版しており、そこでは「演繹論」の全体が書き換えられた。従来、両版の「演繹論」の異同についてはさまざまな議論がなされてきたが、想像力をめぐるカントの考えは第一版、とりわけその「三重の綜合（dreifache

Synthesis)」の論述に凝縮されるという解釈は共有されている。[4] この解釈にしたがって、本書もまた「演繹論第一版」の記述を追跡しながら『純粋理性批判』における想像力の理論を抽出することを試みたい。この点、すでに述べたように本章の最終的な目的は想像力の「綜合」が一枚岩の作用ではなく、多層的な作用であることを示すことにある。そして綜合の多層性がもっとも詳細に論じられるのが、「演繹論第一版」の「三重の綜合」なのである。

1・2 覚知と再生の綜合

概観

さて、いよいよ「演繹論第一版」の議論に分け入っていくことになるが、その前にこれから論じることの大枠を示しておいたほうがよいだろう（それほど「演繹論第一版」の記述は錯綜している）。本書の第3章で検討される『道徳形而上学の基礎づけ』をはじめ、カントはしばしば「条件の遡及」とも形容されるべき手続きによって論証を進めている。[5]「演繹論第一版」でもこの手続きがなされており、(i) わたしたちはまとまりのある直観内容を受容しているという主張から遡って、(ii) そのような受容が可能であるためには想像力の綜合がなされていなければならないという条件に至る。つまり、「演繹論第一版」における「条件の遡及」は (i) の必要条件として (ii) が特定されるという論証の手続きなのである。わたしたちはこうした遡及をすでに「綜合の原則」の解釈に際しておこなっており、「想像力の自発性が受容性を可能にする」ことを主張する原則として「綜合の原則」を提示したのだった。したがって、「演繹論第一版」の議論の大枠とは、この「綜合の原則」テーゼをより精密な「条件の遡及」において明示するものと解釈できる。

この見通しを、カントもまた「演繹論第一版」の序盤に提示している。少し長くなるが、これは「演繹論第一版」の論証の全体を要約するものだから、省略せず引用したい。

〔1〕個々の表象がそれぞれほかの表象とまったく疎遠で、いわば孤立しており、ほかの表象から切り離されているならば、比較されたり結びつけられたりした表象の全体である認識というようなものは生じようがない。〔2〕したがって、感官はみずからの直観において多様を含むことを理由に、感官に概観という働きを与え、この概観にはいつも綜合が対応することになり（so korrespondiert dieser jederzeit eine Synthesis）、受容性は自発性と結びつくことによってのみ認識を可能とする。〔3〕ところで、このような綜合はあらゆる認識において必然的に現れる三重の綜合、つまり直観による心の変容としての表象の覚知、想像による表象の再生、概念による再認という綜合の基礎となる。（A97–98）

引用をパラフレーズすると次のようになる。(1) わたしたちの認識は、法則的に連関した性格を持っている。こうした連関は、認識の素材が何らかの仕方でまとめられているからこそ可能である。(2) また、わたしたちは認識の素材としての多様を「概観（Synopsis）」と呼ばれる心の働きによって受容する。この素材は、心の自発性によってまとめられうるのでなければならない（さもなければ、(1) における法則的な連関が説明できない）。(3) そして、このような自発性は想像力の「三重の綜合」の「基礎となる」。すなわち覚知（Apprehension）、再生（Reproduktion）、再認（Rekognition）の綜合である。

これらの主張には少なくとも二つの解釈上の係争点がある。一つは(2) における「概観」という働きの内容、もう一つは(3) における「三重の綜合」の相互関係である。前者の問題から考えよう。(2) では概観に綜合が「対応する」ものであること、そしてこの対応関係によって「受容性は自発性と結びつく」ことが主張されている。難しいのは「対応する」という表現の含意である。この点について先行研究の解釈は、(A) 概観とは自発性であり、それは想像力の綜合の一種であるか、あるいはそれに先行する何らかの想像力の働きであるとする立場と、(B) 概観とは受容性であり、それは想像力のいかなる自発的な働きにも属さないとする立場に分かれてきた。つまり、概観を(A)自発性に配するか、(B)受容性に配するかの対立である。

このうち、(A)の解釈を代表するのがマルティン・ハイデガーの『カントの純粋理性批判の現象学的解釈』だろう（Heidegger 1977）。ハイデガーによれば、カントは概観を心の自発性として導入することによって、「感性論」の劇的な捉えなおしをくわだてている。『純粋理性批判』の記述の順序として「演繹論」に先行する「感性論」では、「純粋直観（reine Anschauung）」としての空間・時間はあくまで受容性の側に置かれており、心の自発性からは切り離されていた。だがハイデガーは、この「純粋直観」にはすでに「全体性としての根源的統一性（ursprüngliche Einheit als Ganzheit）」が見出されることに注意を促す。「この統一性は事後的な集めつかみ（nachträgliche Zusammenfassung）による統一性ではなく、根源的に統合するという仕方で諸部分を全体としてわたしにあらかじめ与えるような統一性である」（Heidegger 1977: 139）。そして、純粋直観としての空間・時間に統一性が見出される限り、それを統一する心の自発性が見出されなければならないと考える。そうした自発性にあたるのが想像力の「概観」の働きにほかならない。[6] この概観にあたっては、悟性のみならず感性の形式としての空間・時間までが想像力から「発源（entspringen）」すると理解され、ここからハイデガー流のラディカルなカント解釈が帰結することになる。すなわち「概観」を綜合に先行する想像力の自発性とみなすことによって、想像力を悟性と感性の「共通の根」に位置づける解釈である。

他方、近年の研究は概観を受容性の側に配する(B)の立場をとり、さまざまな観点からハイデガー流の解釈(A)を批判してきた（代表的な研究としてウェイン・ワックスマンの『カントの心のモデル』を挙げたい（Waxman 1991））。その批判のすべてに立ち入るだけの余裕はないが、要点だけを確認しておこう。第一に、解釈(A)は空間・時間という感性の形式すら想像力の自発性から「発源する」と主張することで、受容性と自発性をめぐる批判哲学の二分法の前提を脅かしてしまう。もしこの前提が崩れ、受容性の契機が失われてしまうならば、結果としてカントをさらに極端な独我論の型に投げ入れることになる」（Waxman 1991: 243）。そもそも、概観は多様を多様として表象する覚知にとってすら「基礎となる」限り（A97）、この働きまで想像力から発源させることは、多様そのものを心の自発的な活動に帰着させるに等しい。そしてワックスマンによると、ハイデガー解釈から導かれる現象論的な世界像はカントの二世界説と不整合をきたし、現象界と叡智界という「カントの道徳哲学の基礎すらまったく仮言的なものにしてしまう」（Waxman 1991: 222）。

第二に、解釈(A)は感性の形式を「純粋直観」としての空間・時間と同一視するが、カントは「感性の形式」に関してはより複雑な見解を持っていたとする反論もある（Longuenesse 1998: 224–225）。[7] 反論の文献的根拠は「演繹論第二版」二十六節に認められる（B160–161）。二十六節にしたがうならば、「感性の形式」は、想像力の綜合によって全体性としての統一性を与えられた「形式的直観（formale Anschauung）」と、綜合に先行して想定される受容性の形式としての「直観形式（Form der Anschauung）」に区別される（それゆえ、ハイデガー流の解釈(A)は受容性としての後者の直観形式を看過したことになる）。もちろん、このように『純粋理性批判』の論述に対して忠実ではないという指摘は、少なくともハイデガー自身の研究に対しては決定的な批判となりえない。なぜなら、ハイデガーは想像力をめぐるカントの主張から根源的な時間の記述を析出することを企図しており、それがテクストの正確な読解を重んじる読者にとって「暴力的」な解釈に見えることさえ十分に承知しているからである。このことを踏まえた上で、本書では『純粋理性批判』により忠実な読み筋として解釈(B)の立場を採用する。

何より、解釈(B)は「演繹論」をめぐるこれまでのわたしたちの解釈に整合するものでもある。前節で導入した「綜合の原則」を思い出してほしい。「心の自発的な働きとしての想像力は、多様を綜合することによって、受容されるものの内容をつくりだす」という原則である。一見すると、この原則は想像力の自発性が受容性そのものを「発源」させているように思われるかもしれない。だがこの原則と、自発性と受容性の二分法は両立する。もとより「綜合の原則」は、知覚の対象としてのまとまりをそなえた直観内容が、想像力の自発的な綜合に依存していることを述べているに過ぎない。とすると、たとえ「綜合の原則」を受け入れるとしても、まとまりをそなえていない「多様」が自発性から独立していると想定することはなお許容されている。[8] そのような多様の受容は「少なくともわたしにとって無になることと同じ（wenigstens für mich nichts sein）」であるかもしれない（B132）。まとまりを欠いた多様は認識論的なステータスとしてはゼロに等しいと言えるかもしれない。にもかかわらず、この「夢にも劣る」多様の想定こそ、自発性と受容性に関する批判哲学の前提を支えるのである（A112）。

したがって、概観が綜合に「対応する」という文は次のように解釈される。まず、概観とは心の自発性ではなく受容性である。それは綜合を含む想像力のいかなる自発的な作用にも先行して想定される受容、すなわち多様を受容する働きを担っている。ただし、この受容は「少なくともわたしにとって無になることと同じ」ような想定に過ぎない。それはいかなる意味でも認識にはなりえない。カントの述べるように、「認識を可能とする」ためには「受容性が自発性と結びつくこと」が不可欠となる（A97）。すなわち、多様は想像力によって綜合され、まとまりをそなえた直観内容として「意識」にもたらされなければならない。このように「対応する」という表現には、概観によって受容される多様が、想像力によって自発的に綜合されるという関係が含意されている。以上の点を確認した上で、わたしたちは綜合をめぐるカントのさらに複雑な議論に足を踏み入れることができる。「概観」の次に待っているのは、「覚知」、「再生」、「再認」の綜合という想像力の「三重の綜合」である（A98）。

覚知

まずは、「三重の綜合」において第一に論じられる「覚知」と「概観」を区別しよう。概観とは受容性を意味しており、それによってはじめて多様が心に与えられるものと想定されていた。対して覚知とは自発性を意味しており、概観によって与えられる多様を心が意識するための働きとして、想像力の最初の活動として理解される。したがって、概観と覚知を区別するということは、受容性と自発性のあいだにくびきを打ちこむということである。具体例を挙げることを試みてみよう。たとえば、ギターが演奏される状況を考えてほしい。

概観（cf. A97）
定義　感官を通じて多様を受容することによって、綜合の基礎となる働き。

事例　ギターが鳴らされたとき、何かが鳴っていることを感覚しうる状況にあるものの、意識はされておらず、いわば聞き流されている状態。

カントは概観について具体的なことは何も述べていないが、『人間学』では「わたしたちが持っていることは疑いなく推定できても、意識はしていないような感覚的直観や感覚の領域」に言及している（VA7: 135）。「演繹論第一版」の冒頭に示唆される概観とは、そうした「感覚の領域」に関与すると推察される。他方、覚知の綜合は次のような事例として解釈できる。

覚知（cf. A99）
定義　受容された多様を自発的に見通し、見通したものをまとめる働き。
事例　ギターが鳴らされたとき、何らかの音の「まとまり」がたしかに意識されており、いわばこの「まとまり」に対して積極的に耳を傾けている状態。

ここでは多様を見通し（Durchlaufen）、さらに見通したものをまとめる（Zusammennehmung）働きとして覚知を定義した。だが、「見通す」とはどういうことだろうか。事例にしたがって述べると、ギターの音の「まとまり」に耳を傾けるとはどういうことだろうか。これらを考えるために「覚知の綜合」の記述を引用しよう。先ほど引用した「概観」をめぐる記述から二段落を隔てた箇所、「演繹論第一版」の序盤にあたる論述である。

〔1〕あらゆる直観はみずからの内に多様を含んでいる。しかし、もし心が印象の継起において時間を前後に区別しなければ、多様としては表象されないだろう。なぜなら、ある瞬間に含まれているものとしては、いかなる表象も絶対的な統一体以外ではありえないからである。〔2〕ところで直観の統一体がこうした多

様から成立するためには、（たとえば空間の表象におけるように）まずは多様を見通し、そして見通したものをまとめることが必要とされる。〔3〕わたしはこのような働きを覚知の綜合と呼びたい。というのも、この働きは直観に向けられており、直観はなるほど多様を提供するものの、そのとき生じる綜合がなければ多様は決して多様とは、しかも一つの表象の内に含まれている多様とはなりえないからである。（A99）

ギターの音色が響くとき、それを覚知する人はその音をただ受容しているわけではない。かといって、その人は感覚された音に音名や音程といった経験的概念を適用して判断を下しているわけでもない。ここで言及されているのは、感覚的な受容と論理的な判断の中間としての想像力の働きである。仮に想像力の覚知がなされていなければ（「もし心が印象の継起において時間を前後に区別しなければ」）、ある時間的な幅をもって聞こえてくる音は区別のされようもなく、のっぺりとした音の「かたまり」として感覚されるほかはない（したがって、それは「多様としては表象されないだろう」）。(1) で述べられている「絶対的な統一体」とは、こうした「かたまり」を意味すると考えられる。

続く (2) では、この「かたまり」が覚知によって「まとまり」として意識されるありさまが説明される（したがって、(1) の「絶対的な統一体」が「かたまり」に過ぎないのに対して、(2) の「直観の統一体」は「まとまり」を意味するものとして解釈したい）。たとえば、ギターのストロークが時点 t1 から t3 にわたって感覚されるとしよう。カントによれば、この音の「かたまり」が「まとまり」として意識されるためには、時間的な幅をもって与えられる音の感覚が「印象の継起の中で前後に区別」されなければならない。つまり、(i) t1 から t3 にわたって感覚される音の全体像を保持しつつ（「多様を見通し」）、(ii) それを時点 t1 における感覚 s1、時点 t2 における感覚 s2、時点 t3 における感覚 s3 として区別可能な仕方で意識できなければならない（「見通したものをまとめる」）。したがって覚知によって「生じる」まとまり、つまり「直観の統一体」とは、その構成要素が通時的に秩序づけられているような直観内容を意味する。(3) の記述では、このような「まとまり」が生じることによってのみ、それに含まれる感覚 s1、s2、s3 が多様として意識されることが確認される。

前節で述べたように、「綜合」とは概念を用いる判断に先行して世界に何らかの「まとまり」を与える作用として理解される。ここで論じられる「覚知」とはそうした作用の一種、受容性と自発性の中間的能力としての想像力の働きである。

以上、(1) から (3) までの内容を踏まえた上で一点を注意したい。それは覚知と再生の関係である。(2) によれば、覚知は (i)「多様を見通し」、(ii)「見通したものをまとめる」働きとして定義される。前述したように、このうち (i) の働きには、時間的な幅をもって感覚されるものの全体像を保持することが要求される。たとえば、時点 t1 から t3 にわたって感覚されるギターの音の全体像を覚知するとしよう。仮に t3 の時点で t1 の時点に感覚されていた s1 が失われてしまうと、たとえ s2 や s3 がなお意識されていたとしても、この音の全体像に関して (i)「多様を見通す」ことも、それゆえ (ii)「見通したものをまとめる」こともできなくなるだろう。したがって、時間軸をつらぬいて (i)「多様を見通す」ことは (ii)「見通したものをまとめる」働きにとって必要である。そしてカントは、(i) の働きにあたるものを「覚知の綜合」に続く「再生の綜合」のセクションにおいて論じている。前者の内容の一部が、後者において詳述されているのである。

> 先行する表象（線の最初の部分、時間の先行する部分、次々に表象される単位）がいつも思考から失われ、次のものに移るとそれを再生しないとするならば、表象全体も、前述の思考のいっさいも、それどころか空間・時間というもっとも純粋で最初の基本表象をもけっして生み出せないことになるだろう。（A102）

『人間学』では、「再生の綜合」は「過去や未来の状態の表象を現在の状態と連合する」働きとして、あるいは「過去や未来のものを想像力によって現前化する能力」として定義される（VA7: 182）。この働きによってはじめて、「次々に現れる」ギターの音は「思考から失われ」ることなく覚知されることができる。だからこそ、「演繹論」

では「覚知の綜合は再生の綜合と分かちがたく結びついている」ことが明言されることになる（A103）。したがって、「覚知の綜合」、「再生の綜合」、「再認の綜合」はしばしば「三重の綜合」あるいは「三様の綜合」として解釈されてきたが、実際には「二重の綜合」が提示されていると理解するべきだろう。すなわち、（再生の綜合を含んだ）「覚知の綜合」と「再認の綜合」の二層である。

こうして、覚知は再生と「分かちがたく結びつく」ことによって経験的認識の必要条件をなしている。あるギターのストロークを和音として認識するためには（概念を用いて判断を下すためには）、少なくともその音の全体が把握され、覚知されていなければならない。ただし、この覚知が認識にとってはあくまで必要条件であって、十分条件ではないことに注意してほしい。たとえば、（再生の綜合を含んだ）覚知こそ可能であるけれども、概念を用いることはできないようなタイプの動物を考えてみればよい。そうした動物は特定のギターの音をほかの音から区別し、またその音の全体像を再生的に把握する。だが当然のことながら、ギターの音を何らかの和音として認識することはできない。あるいはまた、そのような動物はある鉱石の表象とその表面の赤色の表象を結びつけることもできるだろう。だがやはり、この鉱石の表象を辰砂として認識することはできない（A100）。再生的な把握が認識に至るためには、「再認の綜合」がさらに必要とされるのである。

まとめよう。これまで明らかにされたのは「二重の綜合」の一方、再生を含んだ「覚知の綜合」である。それは多様を見通し、見通したものをまとめることによって、ただの「かたまり」として感覚されたものに「まとまり」としての秩序を与える。それは経験的認識が成立するために不可欠の条件となる。

再生

続いて、「再認の綜合」を検討する前にもう少しこだわっておきたい問題がある。なぜカントはわざわざ「再生の綜合」を強調したのか、という問題である。前述のとおり、「演繹論第一版」における「三重の綜合」とは実質的には「二重の綜合」に過ぎず、「覚知の綜合」には「再生の綜合」が含まれている。とすると、「覚知の綜合」が提示されて、その後にあらためて「再生の綜合」を主張することは両者の（「分かちがたく結びついている」はずの）関係を曖昧なものにしかねない。

たしかに、「再生の綜合」に関するカントの説明には「覚知の綜合」の説明には含まれていない働きもある。それは「再生の綜合」をめぐる記述の一段落目、たとえば「夏至」と「果物にあふれた土地」を結びつけるような連想の働きである（A100–101）。ところが「再生の綜合」において連想のような経験的再生の意義は積極的には語られず、続く二段落目では「想像力の純粋で超越論的な綜合」に議論が移行する（A101–102）。「演繹論」が「可能的経験にとってのアプリオリで純粋な条件」を「条件の遡及」の手続きによって明らかにする試みである以上、議論が「超越論的な綜合」に及ぶことは自然な成り行きと言えるだろう（A95）。むしろ問題は、「演繹論」の主旨を考えるならばそもそも一段落目において想像力の連想、すなわち経験的再生の働きに言及する必要がなかったように思われる点にある。実際、少なからぬ先行研究はこのような言及に「演繹論第一版」の弱点、すなわち心理主義の混入が認められると考えてきた。「再生の綜合」の記述には不整合な主張が含まれているという解釈は根強く（Adickes 1889）、そうした不整合を含む想像力の綜合が、「演繹論」のプロジェクトにとって「逸脱」とみなされることもある（Strawson 1966）。

しかし、わたしたちは「再生の綜合」の記述、とりわけ一段落目の記述をすぐさま心理主義の混入、あるいは残滓とみなすことはない。それどころか、ここに見出されるのは心理主義からのカントの決別であり、「心理学者」に対する論争的意図ではないかと解釈する。この解釈の妥当性を考えるために、まずは問題の「再生の綜合」の一段落目を引用しよう。

辰砂が赤いときもあれば黒いときもあり、軽いときもあれば重いときもあるとしよう。あるいは人間がさまざまな動物の姿に変わったり、夏至に大地がいくつもの果物で満たされたり氷や雪に覆われたりするとしよう。そのような場合、わたしの経験的想像力は赤色の表象のもとにあってもきっと重い辰砂を考えることができないだろう。さらに、諸現象がおのずからしたがってきた特定の規則の支配が失われ、ある言葉があれこれの事柄に用いられたり、同じ事柄についてさまざまに異なった名前がつけられたりするとしよう。こちらの場合にも、いかなる再生の経験的綜合も生じないだろう。(A100–101)

直接的な影響を問題にするならば、こうした経験的事例においてカントが念頭に置いていたのはヒュームと思われる。具体的には、ヒュームの『人間知性研究』の「すべての木々が十二月と一月に開花し、そして五月と六月に枯れると主張すること以上に理解可能な命題が存在するか」、あるいは「ヨーロッパのほぼすべての国においてしばしば一月に霜が降るであろうということは、一月を通じて天候が温和であろうということよりも、より蓋然的である」といった記述が意識されている可能性がある。[9] だとすると、ヒュームに対する論争的意図が前景化されたと解釈することで、さきの問題に対する一つの回答を手にすることができるだろう。すなわち、カントが「再生の綜合」の一段落目で経験的再生を論じたのは、二段落目から「再認の綜合」にかけて展開される自身の想像力の理論をそれに対置したかったからである。

ただし、論争的意図について言えば、もちろんヒュームだけが標的になっているわけではない。というのも、想像力をその経験的な再生の働きをもって理解するのはカントの生きた時代、つまり十八世紀ドイツの「経験的心理学」と呼ばれる学問領域において支配的な傾向だったからである。ざっと説明すると、「経験的心理学」は後述する「合理的心理学」のように理性的な推論ではなく、経験的な観察に基づいて心を解明しようとする方法をとる(2・3節参照)。ハイナー・クレメによれば、経験的心理学の「分析的・観察的モデル」はビュフォンの研究(一七四九)、ボネの研究(一七六〇)、フレーゲルの研究(一七六五)らによって段階的に洗練され、それまでの心理学の形而上学的、思弁的性格を希薄化させる点に特徴があった(Klemme 1996)。そしてカントもまた、『純粋理性批判』(一七八一)以前の時期、いわゆる「前批判期」においてはこの「分析的・観察的モデル」の成果を自身の研究に取り入れている。

前批判期のカントはこれらの経験的心理学の成果に加え、前述のヒューム、バウムガルテン、テーテンスらの著作の影響を受けつつ、独自の仕方で想像力の理論を展開していった。[10] そのプロセスは、部分的にはカントの講義ノートから窺い知ることができるだろう。ここでは発展のプロセスを便宜的に二つの時期に分け、前批判期の想像力の理論的進展を押さえておきたい。

(1) まず、前批判期のカントの想像力の理論にとって出発点となっていたのはヴォルフの経験的心理学であると推察される。ヴォルフは認識能力と欲求能力をそれぞれ明晰・判明の表象理論に基づき分析しているが、そこで「想像力（Einbildungs-Kraft）」はさしあたり再生的な（reproduktiv）能力として特徴づけられている。ヴォルフによれば、想像力によって再生された表象は悟性に比べると判明さに欠け、感覚に比べると明晰さに欠ける。（たとえば、いつか訪れた海辺の風景を想像力によって思い浮かべるとき、海の青色は論理的に分析されうるものではなく、しかも以前にそれを見たときほど色彩として鮮明なものではない）。一七七二年から一七七三年にかけての人間学講義では、カントは「形成能力（Bildungs-vermögen）」という名のもとに想像力をめぐるヴォルフの分析を踏襲している。形成能力は過去に与えられた感覚内容を再生によって結びつけ、よみがえらせる（VA25: 78–79）。それは文字どおり、ばらばらに与えられたものから「一つのかたち（Bild）」をつくりあげようとする能力として提示される。「一つのかたち」は過去の再生によってのみつくりあげられるわけではない。わたしたちは「一つのかたち」を将来の予期としてつくりあげることもできる（かつて訪れた海を思い出すだけではなく、これから訪れる海をイメージすることもできる）。そこで、カントは形成能力の下位区分として再生の作用を追形象能力（Nachbildung-Vermögen）、予期の作用を先形成能力（Vorbildung-Vermögen）の能力と呼び、両者を区別する（VA25: 76）。注意したいのは、「一つのかたち」の存在が追形成能力や先形成能力といった形成能力の作用から独立して想定されているわけではないことである。むしろカントは、これらの形成能力の作用によって「一つのかたち」がはじめて対象として表象されると考えていた。

(2) 一七七五年から一七七六年にかけておこなわれた人間学の講義以降では、この発想がさらにおしすすめられ、現形成能力（Abbildungs-Vermögen）が形成能力の作用に付け加えられる（VA25: 511）。つまり、「形成能力」のサブカテゴリーとして時間軸にそくした区別が設けられ、(i) 過去の追形象能力と (ii) 将来の先形成能力に加え、(iii) 現在の現形成能力が論じられるである。たとえば「装飾がおびただしくなされた部屋」を目の当たりにするとしよう。カントによれば、そのような空間を把握するためには「さまざまな側面と観点」からばらばらな表象を「見わたす（durchgehen）」と同時に、それらをこの部屋全体の表象としてとりまとめなければならない（VM28: 235–236）。(iii) には明確に、「連想」や「再生」といった経験的心理学の分析からの脱却が見られる。カントはいま、ここにあるように見える対象でさえ、それを表象として知覚するためには形成能力が働いていなければならないと主張しているのである。この (iii) 現形成能力には『純粋理性批判』における「覚知の綜合」の主張、すなわち「多様を見通し」、「見通したものをまとめる」綜合の理論の萌芽を見出すことができるだろう。

　このように、一七七〇年の中盤にさしかかって形成能力をめぐるカントの理論は大きく発展したものと推察される。「形成能力（Bildungs-vermögen）」の理論はカントの思想において「想像力（Einbildungskraft）」の前身をなすものだが、それは前批判期にあってすでにパンタシアー、イマギナティオーの伝統を超え出てゆくだけの射程を有していた。一言で述べるならば、それはある表象を表象として知覚するためには、その全体像があらかじめ把握されていなければならないという全体論的《ホリスティック》な発想である。もちろん、この発想がカントのまったくの独創であったかどうかは留保が必要だろう。ルドルフ・マックリールによれば、全体論的な想像力の理論は「下位認識の学（gnoseologia inferior）」としてのバウムガルテン美学によって先鞭をつけられていた[11]。バウムガルテンもまた、想像力（phantasia）の属する「下位認識能力（facultas cognoscitiva inferior）」に再生や連想以上の役割を与えており、そこには「記憶（memoria）」、「予見（praevisio）」、「識別力（perspicacia）」、「創作能力（facultas fingendi）」といった働きが含まれる。たとえば最後の「創作能力」に関して言えば、それは所与の表象を再生したり、再生に基づいて何かを予期したりするものではない[12]。芸術家はさまざまな知覚の部分に注意を払いながらその全体像を捉え、美的な完全性を表現しようと試みるのである。バウムガルテン美学とカントの影響関係をこれ以上詳述することはできないが、美的経験と想像力の関係については「想像力の自由」に関する第5章の議論において立ち戻りたい。

以上の議論をまとめよう。しばしばカントはヒュームをはじめとするイギリスの経験論と、ライプニッツ＝ヴォルフ学派に代表される合理論の統合という哲学史上の役割にしたがって理解される。だが、少なくとも十八世紀の想像力をめぐる言説ははるかに複雑なものであり、カントは両者の結節点とも言える経験的心理学の影響下において想像力の働きを分析することから理論を組み立て始めている。ただし、同時に、カントは前批判期においてそのような影響から段階的な脱却を試みており、その一端は「先形成能力／追形成能力」に「現形成能力」の全体論的な作用が付け加わってゆく一七七〇年代の講義ノートに示唆される。そしてこのように複雑な想像力の発展史を踏まえたとき、わたしたちははじめて「再生の綜合」の迂遠な記述の背景にあるものを理解できる。それは一段落目の経験的再生と二段落目の超越論的綜合を対比させることによって、経験的心理学を批判的に乗り越えようとする試みなのである。そして超越論的綜合の検討は続く「再認の綜合」に委ねられることになる。

1・3　再認の綜合

再生と判断

「再認の綜合」の難解な記述を解釈するために、具体的なイメージから始めてみよう。ポイントは「再認の綜合」のセクション（A103–110）において述べられることが「判断」のレベルに属していることである。たとえば、「野ばら」という歌曲を聴いて、メガネをかけた青年を思い浮かべる人について考えてほしい。この場合、その人はどうして自分がそのようなイメージを再生したのかを説明できるとは限らない。また、自分が耳にしているメロディがそのイメージをもたらしていることに思い至ったとしても、それを「歌曲「野ばら」」といった「概念」として理解している必要もない。何かを再生するというのはそういうことである。

対して、「歌曲「野ばら」はシューベルトの作品である」といった判断を下す人はどうだろうか。その人は耳にしたメロディを「歌曲「野ばら」」といった主語概念のもとに理解した上で、これを述語概念と関係づけている。さらに、この判断は別の判断、たとえば「シューベルトはオーストリアの作曲家である」とも関係づけられ、「歌曲「野ばら」はオーストリアの作曲家の作品である」といった判断を導出する推論の構成要素ともなる。重要なのはこのような概念のあいだの、あるいは判断のあいだの論理的な関係が判断主体に意識されうることである（このとき、判断主体は「なぜあなたはそのように判断するのか」という問いに対して、理由を与えることができるだろう）[13]。そしてこの意識においては、判断される対象は一つのものとして同定される（さまざまな推論と判断を通じて、「歌曲「野ばら」」は同一のメロディを指し示している）。ところが、再生の場合はそうはいかない。再生されるメロディは一つの対象として同定されるとは限らない。

こうして「再認の綜合」では、判断のレベルにおける対象の同一性が論じられることになる。その上でカントが問いかけるのは、判断対象の同一性と判断主体の同一性の関係である。ここでは本章の出発点となった「まとまりをもった世界と心が向かいあっている」という構図を想起してもよい。この「向かいあい」をめぐる「再認の綜合」の記述は錯綜し、それどころか一種の飛躍すら含まれているが、まずは冒頭一、二段落目の議論を再構成してみよう。

(1) わたしたちは直観内容を連想のおもむくまま思い浮かべるだけでなく、一つの個別的対象として思考することができる。言い換えれば、ばらばらに表象を再生するだけでなく、ある一つの個別的表象について判断を下すことができる。

(2) このような個別的表象の通時的同一性は、主体の意識が通時的に同一でなければ成立しない。仮に「いま考えていることが一瞬前に考えたこととまったく同じであるという意識がなければ」、個別的表象について思考することはできないだろう（A103）。

(3) したがって一つの個別的表象について判断を下すとき、主体の意識は通時的に同一でなければならない。

「この一つの意識が、多様を、順に直観されたものを、さらに再生されたものを一つの表象にまとめてくれるからである」（A103）。

(1) わたしたちは個別的表象について判断を下し、一つの対象について思考することができるという前提と、(2) この思考における「意識」はばらばらなものであってはならないという要請から、(3)「一つの意識が多様を〔…〕一つの表象にまとめる」という主張が引き出される。すなわち、判断のレベルにおいて多様を「まとめる」働きこそ再認の綜合と呼ばれるものである。カントによれば、判断によって思考するためにはまずもってこの綜合がなされていなければならない。たとえば「机は四角い」といった判断を下すためには、とりもなおさず目の前の直観内容を通時的に同一性を保持している「机」として綜合しなければならない。この場合に再認の綜合とは、「机」という主語概念のもとに直観内容を机としてまとめあげる想像力の作用を意味することになる。

繰り返すが、同じく想像力に帰属される作用であっても、再生ならびにそれと「分かちがたく結びついている」覚知の場合には、綜合される表象が同一であることは保証されていない。再生され、覚知される表象は一つの対象として同定されているわけではない。聴覚の経験を事例にあげて比較してみよう。

覚知（cf. A99）
定義　受容された多様を自発的に見通し、見通したものをまとめる働き。
事例　ギターが鳴らされたとき、何らかの音の「まとまり」がたしかに意識されており、いわばこの「まとまり」に対して積極的に耳を傾けている状態。

再認（cf. A103）
定義　直観内容を一つの個別的表象としてまとめる働き。

事例　ギターが鳴らされたとき、意識されている音の「まとまり」を何らかの一つのメロディとして同定している状態。

さて、ここまでは再認の綜合の対象を経験的判断（「机は四角い」）の対象となるような、一つの個別的表象（「机」）と解釈して議論を進めてきた。事実、カントはこの主張を「再認の綜合」のセクション（A103–110）における最初の段落で提示したのち（A103–104）、五、六段落目では個別的表象の具体例として「三角形」と「物体」を挙げている（A105–106）。そしてカントの主張が個別的表象の水準にある限り、対象の同一性を成立させるために理論上要求される主体の同一性もまた個別的なものに過ぎない。たとえば「三角形」の場合、これを一つの対象として綜合するには「三角形の直観をそれによっていつでも描き出すことのできる規則にしたがって、三つの直観の合成を意識することによる」（A105）。ここで言及されている「意識」の同一性は、あくまで三角形を描出する、その作図の作用においてのみ通時的に確保されていれば十分と思われる。

ところが、カントは「再認の綜合」のセクションのなかばで議論を転換する。そこでは問われている対象のレベルが、そしてそれに伴って意識のレベルが個別的なものから、一転して包括的なものに移行するように思われるのである。[14] 論述の方向転換は七段落目、次の引用に見出すことができる。

> あらゆる必然性の根底には、つねに超越論的条件がある。したがって、わたしたちのあらゆる直観の、それゆえまた客観一般の概念の、さらには経験のあらゆる対象の多様の綜合には、意識の統一の超越論的根拠が見出されなければならない。仮にこの根拠がなければ、直観に対して何らかの対象を考えるということができなくなるだろう。なぜなら対象とは、概念が綜合のそうした必然性を表現するようなあるものにほかならないからである。（A106）

議論の転換とはつまり、「三角形」や「物体」といった個別的表象から、「わたしたちのあらゆる直観の、それゆえまた客観一般の概念の、さらには経験のあらゆる対象の多様」といった包括的表象への転換である。一読すると唐突だが、「演繹論」をつらぬく「条件の遡及」の手続きがここでも徹底されていると考えれば解釈の糸口が見えてくる。この引用では「経験のあらゆる対象の多様の綜合には、意識の統一の超越論的根拠が見出されなければならない」ことが主張される。「条件の遡及」にしたがって解釈すると、それは(i)「三角形」や「物体」といった個別的表象を綜合しうるためには（五、六段落目）、(ii)そのような個別的綜合の可能性の条件となるような「根拠（Grund）」がなければならない、という論証の帰結である（七段落目）。とすると、その「根拠」とは何か。カントはあることがらの「根拠」にさかのぼるにあたって、しばしば「仮にこの根拠がなければどうなるか」という反事実的な想定に訴える。それは表象のあいだに結びつきの欠けた、認知的にカオティックな世界だとカントは想定する。この想定においては「わたしたちの内にどんな認識も生まれないし、認識相互の結びつきも統一も生まれない」（A107）。

ひるがえって、わたしたちの経験はどうだろうか。カントによれば、そこにおいてあらゆる知覚が一貫した合法則的連関をなすものとして表象されるような、ただ一つの経験がある（es ist nur *eine* Erfahrung）（A110）。すでに述べたように、わたしたちは判断において諸概念を結びつけ、推論において諸判断を結びつける。諸判断を結びつけるということはすなわち、推論のシステムにおいて、判断と判断の論理的な関係が主体によって意識されるということである。たとえば「歌曲「野ばら」はオーストリアの作曲家の作品である」という判断を下すとき、わたしは「シューベルトはオーストリアの作曲家である」という判断を一つの理由として意識する。この場合、わたしが耳にするメロディは推論のシステムを介してさまざまな判断に関係づけられ、また、さまざまな概念に述語づけられる。メロディは、これらの思考によって織りなされる「合法則的連関」に埋めこまれるのである。したがって、そのメロディについて判断を下すためには、耳にする音のつらなりを綜合するだけでは不十分である。そうした個別的綜合の連関を可能とするような「根拠」こそ必要とされている。それは諸判断を関係づけ、比較し、結論づける推論のシステムの全体に関与するような包括的綜合にほかならない。

とはいえ、包括的綜合なるもの、そしてそれによって成立するはずの包括的表象なるものを、わたしたちはいかに理解すればよいのか。1・1節では包括的綜合を通時的な綜合と区別して、暫定的に「色彩、形態、奥行きといったばらばらな諸要素を関係づける」共時的な綜合として特徴づけた。ただし「再認の綜合」を読み進めてゆくと、この共時的な綜合は個別的な表象に限定されるものではなく、それを部分として含むような全体、すなわち「客観一般の概念の、さらには経験のすべての対象の多様の綜合」を意味することが明らかになる（A106）。つまり、「条件の遡及」にしたがってわたしたちが行き着いたのは、共時的かつ包括的な綜合の働きにほかならない。それは、時間軸において通時的な綜合よりも切り詰められているが、対象の範囲において個別的な綜合を超えている。

もちろん、わたしたちはそのような包括的綜合も、それに基づく包括的表象もイメージすることなどできない（あれこれとしてイメージできてしまえばそれは個別的綜合に過ぎない）。カントの表現を借りるならば、包括的表象はイメージの手前にある「対象X」である。だが「条件の遡及」の解釈によれば、この包括的表象こそ、そしてこの表象に関与する包括的綜合こそ個別的経験の「根拠」となる。だからこそ、それは超越論的対象Xと超越論的綜合と呼ばれるのである（A109）。

包括的綜合

以上の議論をまとめたい。「再認の綜合」の七段落目以降には、一、二段落目の個別的綜合とは異なる綜合、すなわち共時的かつ包括的な綜合が主張されていると考えられる。これを便宜的に「再認2」と呼び、以下のようにその内容を定義しておこう（定義中の「一つの意識」の内容についてはこれから述べる）。

再認2（cf. A106）

定義　直観内容を「一つの意識」へと包括的に綜合する働き。
対象　超越論的対象X。

わたしたちは「演繹論第一版」の「条件の遡及」の手続きにしたがって「再認2」の包括的綜合にたどりついた。つまりそれは、「再認の綜合」のセクション以前に述べられてきた覚知と再生の綜合が、この包括的綜合を必要条件とすることを意味する。だが、この結論にはすぐさま反論が寄せられるだろう。カントは『三段論法の四つの格』や『人間学』をはじめ、いくつかの論文、著作において明らかに包括的綜合を欠いた覚知と再生の綜合に言及している（2: 59–60, VA7: 176）。『純粋理性批判』も例外ではない。「演繹論第一版」の後半では、包括的綜合がなければ「知覚はいかなる経験にも属さないし、したがって客観を持たず、表象の盲目の遊びに過ぎ」ないと述べられる（A112）。この文章の解釈はさまざまに可能であるが、少なくとも包括的綜合を欠いた反事実的状況にあってなお「表象の盲目の遊び」を再生し、覚知する余地は残されていることになる（したがって、覚知と再生の綜合は包括的綜合を必要条件としないように思われる）。

しかし、このような表象はまさに「盲目的な」ものに過ぎない。仮に包括的綜合という「根拠」が失われれば、「そうした認識は思考を欠落させた直観ではあってもけっして認識ではなく、したがってわたしたちにとっては無に等しいだろう」（A111）。たとえ何らかの色彩、形態、奥行きの表象を覚知することができたとしても、それを「机」として同定することはできない。また、たとえこれらの表象を連想的に再生したとしても、それは現象の「合法則的関連」に至るものではない（A110）。「演繹論第二版」では、このように包括的綜合を欠いた表象の状態に直面することが「意識している表象があるだけの多彩でさまざまな自己を持つこと」として表現されている（B134）。ここで（やはり反事実的に）想定されているのは、ある色彩に関する意識、ある形態に関する意識、そしてある奥行きに関する意識といったふうに、表象の多様性に応じてばらばらな意識の分裂である。

もちろん、そうした意識の分裂は実際には経験されることはないし、そもそも思考されることもないだろう。

カントによれば、思考されうるためにはその対象の表象が「一つの意識」につなぎとめられなければならない。「というのも、この一つの意識が、多様を、順に直観されたものを、さらに再生されたものを一つの表象にまとめてくれるからである」(A103)。この文の意味をもう少し考えてみよう。

「再認の綜合」の前半をめぐる前節の議論では、この主張を表象の通時的かつ個別的な綜合として解釈したのだった。ある時間の幅をもって与えられる直観内容を個別的対象として綜合するには、少なくともそのあいだ、綜合する「わたし」は通時的に同一のものにとどまらなければならない。だが「再認の綜合」の後半に踏みこんだいま、わたしたちはこの主張を包括的綜合の主張にそくして解釈することもできる。こちらの解釈のラインにしたがえば、ある時点に与えられる直観内容にはすでに多様な諸要素が含まれており、それらは想像力の包括的綜合によって経験可能な諸要素と関係づけられる。こうして共時的かつ包括的になされる「関係づけ」こそ、多様を「一つの意識において捉える」ということである。そして「表象の多様を一つの意識において捉えることができて(in einem Bewußtsein begreifen kann)、はじめてそれらのすべてはわたしの表象と呼べるのである」(B134)。ある時点の色彩、形態、奥行きといった表象の多様な諸要素は、いずれも「一つの意識において捉え」られ、「わたしの表象」となることによってのみ、「わたし」によって思考されうる。「思考されうる」とはすなわち、「わたし」の推論のシステムの一部として、さまざまな判断の対象となりうるということである。だからこそ「この〔一つの〕意識がなければ、概念も概念による対象の認識も、まったく不可能になる」(A104)。つまり、表象を包括的綜合によって「一つの意識」につなぎとめることは、思考がなされるための必要条件をなす。そうカントは考えている。

したがって、「条件の遡及」については次のように結論づけられる。思考がなされる場合にのみ、包括的綜合は覚知と再生の綜合にとって必要条件となる。覚知と再生の綜合だけならば「表象の盲目の遊び」こそ生まれても、けっして思考可能な世界はもたらされない。このように思考可能な世界のことを、カントは「すべての現象が必然的法則にしたがって結びついている」世界として、すなわち「超越論的な親和性を持つ」世界として表現する（A113–114）。こうして、わたしたちは繰り返し立ち戻ってきた「演繹論」の説明の構図、「まとまりをもった「世界」と「心」が向かいあっている」状況をカントの言葉づかいにそって言い直すこともできるだろう。「「超越論的親和性」を持つ現象と、「一つの意識」が向かいあっている」状況である。

この見取り図をもって、最後に「再認の綜合」十段落目の解釈に進みたい。

〔1〕だがまさに統覚によるこうした超越論的統一こそが、つねに一つの経験において一緒になりうるような、あらゆる可能的な現象から、法則にしたがったあらゆるこうした表象の結合を生み出すのである。〔2〕なぜなら、もし心が多様を認識するにあたって、それによって統覚の統一が多様を綜合的に一つの認識のなかで結びつけるという機能の同一性を意識できなければ、意識のこうした統一は不可能だろうからである。〔3〕それゆえ自分自身が同一であるという根源的で必然的な意識は、同時に、概念にしたがった、つまり規則にしたがったすべての現象の綜合の、同じく必然的な統一の意識でもある。（A108）

引用は「演繹論第一版」のクライマックスであり、それだけにとりわけ難しい。だが、ひとまず引用(1)については、これまでの議論を手がかりに解釈を与えることができる。前述の議論において、「再認の綜合」の主張が徹底して「再生のレベル」から区別されたことを思い出してほしい。問われているのは推論を働かせ、理由を与えつつ思考する「判断のレベル」である。そして「再認2」の解釈によると、判断を下すためには想像力の包括的綜合によって多様を関係づけ、これらを「一つの意識」につなぎとめなければならない。さらに引用の直前、「再認の綜合」九段落目では、「こうした純粋で根源的で変わらない意識を、超越論的統覚と呼びたい」と述べられる（A107）。以上を踏まえれば、(1)はそれ以前の「再認の綜合」の議論をたしかに踏まえたものであることがわかる。つまるところ「統覚の超越論的統一」とは、包括的綜合に基づき「可能的な現象」の連関から「表象の結合を生み出す」ような、「一つの意識」を意味すると考えられる。

こうして、(i) 想像力の包括的綜合によって (ii) 悟性の論理的思考が可能となる。言い換えれば (i) (包括的綜合に基づく)「一つの意識」によって (ii) (思考の形式としての)「判断」が可能となる。この関係は「演繹論」を理解するための鍵となる。それは「演繹論第二版」においても例外ではない。たとえば「演繹論第二版」十六節には、「統覚の分析的統一は何らかの綜合的統一を前提にすることによってだけ可能になる (die analytische Einheit der Apperzeption ist nur unter der Voraussetzung irgendeiner synthetischen möglich)」という有名な一文が登場する (B133)。ここでは先ほどの想像力と悟性の関係に重なるように、(i) 綜合的統一と (ii) 分析的統一の関係が提示されているのである。いずれにせよ、カントは (i) の成立が (ii) の成立にとって必要条件であることを主張する。(ii) ある表象を「共通概念」として分析的に同定し、判断を下すためには、(i) その表象が「あらかじめほかの表象 (たんに可能的であるだけにしても) との綜合的統一において思考されていなければならない」(B134)。「したがって、(i) アプリオリに与えられた直観の多様の綜合的統一こそが、(ii) すべてのわたしの規定された思考に先行する統覚そのものの同一性の根拠なのである」(ebd.)。

ただし、ここでは (i) と (ii) の論理的な関係だけが示されているわけではない。なるほど (i) 綜合的統一は (ii) 分析的統一の成立にとって前提をなすが、他方、(ii) 分析的統一の成立を目指して (i) 綜合的統一がなされることもまた、カントは示唆している。すでに述べたように、この点についてロングネスは「判断する能力」としての悟性には (ii) 分析的統一の成立に「プライオリティ」があり、それが「到達されるべき目標」として (i) 想像力の綜合的統一を「導いている」と解釈する (Longuenesse 1998: 201)。つまり、判断を実現しようとする一種の目的論的な関係が (i) と (ii) の間に成立していると解釈するのである。この解釈を援用するならば、判断主体は (ii) まずもって論理的形式にしたがった判断を下すために、(i) 判断の内容としての直観内容を綜合する。(i) と (ii) の関係は「純粋悟性概念」にそくして次のように述べられる。(i) と (ii) の記号をふって再掲しよう。

それゆえ〔ii〕同じ悟性が、しかも分析的統一を介することで概念の内に判断の論理的形式を生み出したのと同じ働きによって、〔ｉ〕直観一般の多様の綜合的統一を介してみずからの表象の内に超越論的内容を与える。だからこうした働きは純粋悟性概念と呼ばれ、これらの概念は客観にアプリオリに関わるが、これは一般論理学にはなしえないことなのである（A79/B105）。

「純粋悟性概念」、すなわち「カテゴリー」についてもう一度確認しておこう。第一に、それは形式を持っている。カテゴリーの機能を列挙したリストは、判断の論理的形式を列挙したリストから導出される（A80/B106）。第二に、それは内容もそなえている。「カテゴリーはある対象一般に関わる概念であり、それによって対象の直観は、判断するという論理的機能の一つに関して限定されたものとみなされる」（B128）。第三に、判断の形式にしたがった論理的機能を有するカテゴリーが直観の内容に働きかけることが、思考の可能性の条件となる。「カテゴリーを介してしか対象は思考されないこと」を「理性の法廷」に弁明することが「演繹論」の課題だった（A96–97）。

いまやこの課題は、判断と直観を架橋する想像力の「綜合の原則」によって解決される。「再認の綜合」の記述によれば、およそ思考されうるものは想像力によって包括的に綜合され、「一つの意識」につなぎとめられなければならない。さきの引用部の(i)「直観一般の多様の綜合的統一」とは、こうした想像力の包括的綜合のことを意味している。ただし、包括的綜合は(ii)「判断の論理的形式を生み出」す「分析的統一」から独立になされるわけではない。むしろ、それだけではたんなる論理的形式にとどまる(ii)に「超越論的内容」を与えるためにこそ、(i)の包括的綜合はなされていると言える。そして、このように(i)と(ii)の関係を整理してみれば、それがカテゴリーの成り立ちを説明していることがわかるだろう。思考の可能性に関する「条件の遡及」によって到達された(i)綜合的統一と(ii)分析的統一は、内容と形式をそなえた「カテゴリー」と呼ばれるものの「同じ働き」なのである（A79/B105）。「こうする〔綜合的統一にしたがう〕ことによって、たんなる思考形式としてのカテゴリーは客観的な実在性を得て〔…〕、つまり直観においてわたしたちに与えられうる対象に適用されることになる」（B150–151）。

以上、わたしたちは対象を思考するための条件をさかのぼり、(i) 包括的綜合と (ii) 論理的思考、あるいは (i) 綜合的統一と (ii) 分析的統一の関係に到達した。カントは (i) と (ii) をそれぞれカテゴリーの内容と形式に対応させることによって、カテゴリーが対象を思考するための可能性の条件であることを示したのである。

想像力と自己意識

では、これで「演繹論」は一件落着となるのだろうか。「再認の綜合」に至って明示された「超越論的綜合」、すなわち包括的綜合によって「演繹論」の課題はうまく解決されたことになるだろうか。

実のところ、「演繹論」の終盤では明らかに別種の問題が浮かび上がってくる。（忘れられているかもしれないが、）わたしたちは「再認の綜合」の十段落目を検討している途中だった。(1) から (3) の文から構成されるこの段落のうち、(1) の文が次のように解釈されたことを思い出してほしい。想像力の包括的綜合によって多様は相互に関係づけられ、「一つの意識」につなぎとめられる。この「一つの意識」は「統覚の超越論的統一」とも呼ばれる。さらに「統覚の超越論的統一」は「法則にしたがったあらゆるこうした表象の結合を生み出す」。言い換えれば、それは思考可能な現象世界の秩序をもたらす。ここまでの解釈はいいとしよう。ところが、(2) と (3) の文は (1) の文と「なぜなら（denn）」という接続詞で結ばれているにもかかわらず、その内容がまるで変わっているように見える。もう一度引用してみよう。

〔2〕なぜなら、もし心が多様を認識するにあたって、それによって統覚の統一が多様を綜合的に一つの認識のなかで結びつけるという機能の同一性を意識できなければ、意識のこうした統一は不可能だろうからである。〔3〕それゆえ自分自身が同一であるという根源的で必然的な意識は、同時に、概念にしたがった、つまり規則にしたがったすべての現象の綜合の、同じく必然的な統一の意識でもある。（A108）

ブルックをはじめ、これまで多くの研究者は(2)と(3)のような主張が「突如として舞台に押し上げられた」ことに戸惑ってきた（Brook 1994: 146)。(1)で述べられていたことは、多様を「一つの意識」につなぎとめることである。それに対して(2)と(3)で述べられていることは、この「一つの意識」をみずから意識すること、である。二つは同じ主張ではないし、二つの主張の関係も明らかではない。たとえ「一つの意識」をみずから意識しなかったとしても、多様を「一つの意識」につなぎとめることは可能と思われる。つまり、ある心の機能が同一であることと（「意識の同一性」の問題）、そのような機能の同一性を意識することは（「自己意識」の問題）、別種の探究にひらかれた別種の問題と考えられるのである。

ならば後者の問題、いわゆる「自己意識」の問題は『純粋理性批判』において、あるいは想像力の理論においてどのような位置を占め、いかなる役割を担っているのだろうか。さしあたってこの問いに対しては、「演繹論第二版」における自己意識論、また「パラロギスムス」と呼ばれる議論を踏まえてはじめて取り組むことのできる難問である、そう答えるにとどめたい。そして「自己意識」をめぐるカントの思想については、本書はそれが『純粋理性批判』で論じられる理論哲学の領域だけでなく、『道徳形而上学の基礎づけ』をはじめとする実践哲学、ひいては『判断力批判』の構想にも及ぶ問題であるとも考えている。このことを明らかにするために、第２章では「思考するわたし」と「行為するわたし」の自己意識を、そして『判断力批判』をめぐる第６章では「感じるわたし」の自己意識に踏みこみたい。

以上の見通しを示した上で、本書の歩みを振り返っておこう。カントの「想像力」の全体像を探るために、まずは『純粋理性批判』における綜合の多層的な理論を明らかにする。これが本章の目的だった。この目的を達成するために、わたしたちは「心と世界がまとまりをもって向かいあっている」という説明の構図を出発点として『純粋理性批判』の論述を追跡してきた。この構図において「世界」とは、法則的な連関によって諸部分が相互に関係づけられ、まとまっているような現象の総体を意味している。世界の「まとまり」とは心に受容されるものの内にあらかじめ含まれているものではない。1・1節で示したように、カントの批判哲学において「まとまり」は心の自発的な働きによって世界の側に「置き入れ」られる。置き入れられることで、はじめて「まとまりのある世界」が受容されると言ってもよい。そしてこの「まとまり」こそ、想像力の綜合によって与えられるものだった。わたしたちはこのことを「綜合の原則」と呼び、その内容を次のように整理した。

綜合の原則　心の自発的な働きとしての想像力は、多様を綜合することによって、受容されるものの内容をつくりだす。

ここで、想像力の綜合はけっして一枚岩の作用として理解されるものではない。実際に「演繹論第一版」を「条件の遡及」の手続きにしたがって読み進めると、多様が受容されてから思考に至るまでのプロセスが、あくまで多層的な綜合の働きにそくして論じられていることがわかる。1・2節以降は「演繹論第一版」における「三重の綜合」の各段階を追跡しつつ、綜合の多層性をなるべく平明な言葉づかいによって論じなおそうと試みた。その結果、「演繹論第一版」の構造は「概観」、「(再生と結びついた) 覚知」、「再認1」(個別的綜合)、「再認2」(包括的綜合) として解釈された。それぞれの内容を簡潔にまとめたものを再掲しよう。

概観　(cf. A97)
定義　感官を通じて多様を受容することによって、綜合の基礎となる働き。
事例　ギターが鳴らされたとき、何かが鳴っていることを感覚しうる状況にあるものの、意識はされておらず、いわば聞き流されている状態。

覚知　(cf. A99)

定義　受容された多様を自発的に見通し、見通したものをまとめる働き。
事例　ギターが鳴らされたとき、何らかの音の「まとまり」がたしかに意識されており、いわばこの「まとまり」に対して積極的に耳を傾けている状態。

再認1（cf. A103）
定義　直観内容を一つの個別的表象としてまとめる働き。
事例　ギターが鳴らされたとき、意識されている音の「まとまり」を何らかの一つのメロディとして同定している状態。

再認2（cf. A106）
定義　直観内容を「一つの意識」へと包括的に綜合する働き。
対象　超越論的対象X。

1・3節で述べたように、こうした多層性は思考の可能性に関してのみ主張されている。したがって、もし「判断のレベル」ではなく「再生のレベル」だけが問われているならば、「条件の遡及」によって「再認の綜合」までさかのぼる必要はない。すなわち、再認1と再認2を欠いていたとしても、覚知と再生だけがなされうるのであればよい。カント自身も認めているように、ある種の動物の知覚とはそういった「再生のレベル」にとどまるものだろう。だが、判断を下して推論を働かせるような人間的思考の可能性が問われるならば、その限りにおいて再認1と再認2が必要とされる。つまり、「演繹論」は覚知と再生の綜合の段階と、再認1と再認2の綜合の段階という少なくとも二層を含むのである。この点、少なからぬ研究は覚知の綜合を「潜在的な再認」とみなしており（Waxman 1991: 197）、たとえばペイトンは「わたしたちは三つの綜合ではなくて、実はただ一つの綜合

〔＝再認の綜合〕だけを扱っている」と解釈している（Paton 1936: 376）。わたしたちの解釈はこれらの解釈とは異なり、カントの綜合の理論にはっきりと多層的な構造を認める。

では、再認1と再認2の関係はどうだろうか。やはり先行研究を振り返ってみると、少なからぬ研究は再認2を欠いても再認1が可能であるという立場をとっている。というよりもむしろ、「超越論的対象X」という、まさに想像しがたい対象をめぐるカントの記述を迂回して再認1だけを抽出するという方法が採用されてきた。代表的な研究だけをあげるならば、たとえば、P・F・ストローソンの論文「想像力と知覚」、あるいはパトリシア・キッチャーの著作『カントの超越論的心理学』では、再認2をめぐるカントの主張がほとんど黙殺されている（Strawson 1982; Kitcher 1990）[15]。それに対してわたしたちの解釈は、再認2（包括的綜合）が再認1（個別的綜合）の必要条件であることを主張する。何らかの個別的な対象が「わたし」によって判断され、推論されるためには、まずもってその対象の表象がわたしの「一つの意識」につなぎとめられなければならない。「表象の多様を一つの意識において捉えることができて、はじめてそれらのすべてはわたしの表象と呼べるのである」（B134）。このような主張は、経験的想像力と超越論的想像力を峻別し、後者を現象世界の「根源」に据えたハイデガーの解釈に接近するように見える。

ただし、わたしたちの解釈はハイデガーの解釈ともまた異なる。1・2節で述べたように、ハイデガーは空間・時間という感性の形式すら想像力の自発性から「発源する」と考える。このアイデアは、心の受容性の余地を認めず、いっさいは自発性としての想像力の作用によってもたされるというきわめてラディカルな思想を導くことになるだろう。わたしたちはワックスマンの解釈を援用してこの思想に抗い、「概観」を受容性の契機として確保することによって、自発性と受容性をめぐる批判哲学の二分法を擁護した。わたしたちが「心と世界がまとまりをもって向かいあっている」と述べるとき、「向かいあい」という表現には、このような二分法を保持しようという意図もこめられている。もちろん、この表現は曖昧なレトリックの域を出るものではなく、とりわけ「心」と呼ばれているものの内容が現時点ではほとんど明らかにされていない。それはただ、想像力の包括的綜合によって成立する「一つの意識」として語られたに過ぎない。カントの批判哲学において「心」とはどのようなものなのか。「心」をめぐって人間理性が陥る「仮象」とは何か。それは理論哲学、あるいは実践哲学といかに関係するのだろうか。これらの問いは第2章以降の検討に委ねられる。

第2章　想像力と自己意識——「わたし」の意識をつくる

カントの批判哲学において想像力は一枚岩の能力を意味するものではない。この能力には対象の「覚知の綜合」あるいは「再認の綜合」といった複数のタイプの綜合が帰属されており、それぞれの綜合の作用のあいだには相互関係も成り立っている。このように多層的な綜合がカントの想像力の理論をいっそう複雑な、そして難解なものに見せている。わたしたちはこの複雑さを解きほぐすため、第1章において『純粋理性批判』の「演繹論」を細部にわたって点検し、想像力にとって基底的な作用と言えるものにたどり着いた。「超越論的綜合」と呼ばれるこの作用は、およそ思考の対象となりうるものをまずもって意識につなぎとめる役割を担っており、それゆえ人間の思考一般が可能となるための根本的な制約をなしている。

ただし、この探究はあくまで思考の可能性に関してなされていることに注意しよう。先行研究の多くはカントの想像力を思考の条件を与える「綜合」の能力として論じてきたが、この能力は思考のためだけに行使されるわけではない。この点、興味深いのは『純粋理性批判』の自己意識論において想像力をめぐる別種の探究が示唆されていることである。カントによれば、思考する主体は想像力を行使することによって行使する自分自身の自由を意識することができる。ここではカントの想像力が理論哲学の枠を超えて、実践哲学の構想に踏み出していると考えることも可能だろう。わたしたちが想像力を多層的であるだけでなく多元的な能力として特徴づけようとするのは、この能力の射程が主体の思考にとどまらず、その自由に及ぶからである。

もちろん「自由」といってもその内容はさまざまである。思考する主体に意識される限りでの自由と、行為する主体が目指そうとする自由のあいだにはギャップがある。実際、『純粋理性批判』では両者を取り違えることが厳しく批判されており、結果としてカントはきわめて抑制された自由の概念を引き出すことになる。だが、結局のところそれはいかなる「自由」だったのだろうか。こうした問題背景のもと、第2章は(1)そもそも「自己意識」とは何か、この意識において想像力はいかなる役割を果たすのかを明らかにしたい。その上で(2)思考することと自由であることとの関係、ひいては理論理性と実践理性の関係を『純粋理性批判』の自己意識論を中心に分析する。第1章が想像力の対象としての「世界」の秩序を論じるものであったのに対し、第2章は世界と向かい合い、想像力を行使する「わたし」の意識を考察するものである。

これらの目的を達成するために、まず2・1節では想像力の多元的な性格を確認することから始めたい。すなわち「思考するわたし」、「行為するわたし」、「感じるわたし」が批判哲学の成り立ちにしたがって概観される。2・2節では、「思考するわたし」と想像力の関係を、第1章に引き続き『純粋理性批判』の論述から見定めてゆく。そこでは、綜合が自己意識にとって必要であるというテーゼと十分であるというテーゼの整合性が問われるだろう。最後に、2・3節では「思考するわたし」と「行為するわたし」を比較する。「行為するわたし」と想像力の関係については、カントの実践哲学を主題とする第3章以降の議論に引き継がれる。

2・1　批判哲学における「わたし」

思考するわたし

カントの想像力の理論を明らかにするため、わたしたちが『純粋理性批判』から引き出してきたのは二つのアイデアである。一つは、心と世界が互いにまとまりをもって向かい合っているという説明の基本構図。この構図では批判哲学における二分法、つまり対象としての「世界」を認識しようとする自発性と、そうした認識の素材が「心」に与えられるという受容性が前提されている。もう一つは、心と世界の「まとまり」が想像力によってもたらされるという発想。想像力の綜合が「超越論的（transzendental）」であるとか「生産的（produktiv）」であると主張されるとき、カントの念頭にあったのはこの発想である。

ただし、これまでの検討によって示されたのは主として「世界」の側のまとまりだった。第1章の解釈によれば、想像力によって世界は多様なものの寄せ集めではなく、法則的な連関を有する現象の総体として、言い換えれば「超越論的親和性」を持った自然として経験される。まとまりを持った世界とは、このように科学的探究の対象ともなりうるような自然の全体を意味する。対して、いまだ問われないまま残されていたのは「心」の側のまとまりである。手始めに、『純粋理性批判』においてカントがわたしたちの心を寸断された意識の寄せ集めではなく、「「わたし（Ich）」という表象」として論じていたことに注目したい。

> しかし、ほかのあらゆる表象（「わたし」という表象がそれらの集合的統一を可能にするのだが）との関係においては、「わたし」というたんなる表象が超越論的意識であるということは、見過ごされてはならない。（A117）

世界を認識する心はばらばらな知覚の束ではない。それは、「「わたし」という表象」をもたらす「一つの意識（ein Bewußtsein）」である。そしてカントは、意識がばらばらではなく「一つ」にまとまっていることを「わたし」の同一性の問題として論じることになる。「わたし」の同一性をめぐる『純粋理性批判』の主張については2・2節において検討することにしよう。さしあたって指摘しておきたいのは、批判哲学の全体を視野におさめるとき、「わたし」と呼ばれるものがさまざまな領域においてさまざまに論じられ、それぞれが複雑に関係していることである。ざっと列挙すると、次のような「わたし」が見出される。

(1) 認識の根本機能として、多様を綜合する「一つの意識」としての「わたし」。
(2) 何らかの個別的対象について認識判断を下す、判断主体としての「わたし」。
(3) 何からも強制されることなく、みずから行為する自発性としての「わたし」。
(4) 行為の諸目的を定め、社会関係においてそれを実現しようとする「わたし」。
(5) 対象の現存に関心を抱かず、対象の表象について趣味判断を下す「わたし」。
(6) ほかの判断主体と感情を共有し、共同体をつくりあげようとする「わたし」。

もっと細かい区別を引くこともできるが、少なく見積もってもこれだけの「わたし」のバリエーションがある。そして想像力の理論と同じく、ここに多元的かつ多層的な「わたし」の理論を認めることもできるだろう。多元的であるのは、理論理性、実践理性、そして趣味の領域においてそれぞれ異なる「わたし」が論じられていることに由来する。(1)と(2)は「思考するわたし」、(3)と(4)は「行為するわたし」、(5)と(6)は「感じるわたし」に関わると言えるだろう。多層的であるのは、それぞれの領域に応じて異なる「わたし」が、さらに経験の異なるレベルにおいて考察されているからである。たとえば(2)、(4)、(6)の「わたし」はいずれも身体を有しており、局所的な観点から世界と関わるような「誰か」である。それに対して(1)、(3)、(5)は特定の「誰か」ではない。[1]それらは思考すること、行為すること、あるいは感じることをそもそも成り立たせ、認識、実践、趣味の可能性の条件となるような主体性の機能である。

『純粋理性批判』の自己意識論に進む前に、(1)から(6)の用法として列挙された「わたし」の内容をもう少し整理しておきたい。それは想像力の多元的理論に取り組む本書の全体像を概観するためにも役立つはずである。まず(1)や(2)のように思考の局面において問われる「わたし」について考えてみよう。解釈を難しくしているのは、この局面におけるカントの追究が「わたし」という言葉の意味を極端に切り詰めるほどに「「わたし」という表象」のきわどい成立に迫っていることである（そのために『純粋理性批判』の読者は「こんなものを果たして「わたし」と呼ぶべきなのか」、といぶかることもあるだろう)。たとえば、「演繹論」においてカントは読者に(a)通時的な同一性を欠いた心(A103–104)、さらに(b)機能としての同一性すら欠いた心(A108)を想定してみるよう、一種の思考実験を促している。それは(a)対象の表象を通時的に把握することができない事態、ひいては(b)そもそも対象の表象を共時的にすら把握することができない事態を想定することである。いずれにせよ、ばらばらに寸断され、まとまりを欠いた心に関する反事実的な想定であると言えるだろう。カントによれば、(a)の場合「表象の系列におけるすべての再生は無駄になる」(A103)。そして(b)の場合、すなわち「可能なある意識との関係」すら欠いた想定においては「わたしたちにとって現象はけっして認識の対象とはなりえず、したがってわたしたちにとって無である(also für uns nichts sein)」(A119–120)。

なぜこんな思考実験が必要なのか、不思議に思われるかもしれない。だが、カントが「わたし」を論じ起こそうとするのはこの(b)のレベル、つまり対象の表象が「わたしたちにとって無」となるのではなく、かろうじて「現象」として現れてくる、そのぎりぎりのレベルなのである。対象の表象が「わたしたちにとって無」にならないためには、それが「可能な意識との関係」に結ばれなければならない。すでに本書は第1章の検討を通じて、こうした「可能な意識との関係」なるものが、表象を「一つの意識」に包括的につなぎとめる想像力の超越論的綜合によって成立することを明らかにした。そしてカントは、この「一つの意識」が「わたし」というたんなる表象」であると主張している(A117)。この意味での「わたし」は行為することもなければ感情を抱くこともない。身体や感情の条件を捨象された「一つの意識」の働きに過ぎない。だが「一つの意識」としての「わたし」は、思考されうる限りでの対象の表象に必ず伴われなければならない制約である。このことは次のように明記される。

「わたしは思考する」が、すべてのわたしの表象に伴うことができなければならない(Das: Ich denke, muß alle meine Vorstellungen begleiten können)。(B132)

ただし、「思考するわたし」に注目するならば、もう少し身近な「わたし」を挙げることもできる。たしかに、数学の論証に没頭しているとき、わたしたちは「一つの意識」において思考の素材を綜合するだけでこと足りるのかもしれない。だが、たとえば目の前の樹木の表象を知覚するときには、知覚の主体は特定の視角から樹木のありようを捉えているはずである。つまり「「これは木である」とわたしは思考する」という経験的判断にあっては、判断主体、すなわち思考するわたしは「一つの意識」にとどまらず、空間的に局在化された視点を持っていなければならない。さらに、その木を部分として含む樹林のあいだを歩きながら、たとえば「森」を経験するという状況を考えてほしい。この場合、「思考するわたし」は各時点の視点をとりまとめ、それらを通時的にとりまとめるような同一性の意識も有していなければならないだろう。

伝統的には、このように通時的に同一である「わたし」はいわゆる「人格の同一性」の問題として論じられてきた。「人格の同一性」をめぐる古典的立場の一方には、記憶における心理的な連続性にしたがって人格を理解しようとするロック以来の伝統がある。カントはこの立場をメンデルスゾーンに代表される同時代の合理主義者と同様に退けるが、だからといって合理主義者の人格の構想に賛同するわけではない。すなわち、異なる時点において数的に同一である「わたし」としての人格の構想を認めるわけではない。2・3節で論じるように、この論争をめぐるカント独自の立場は『純粋理性批判』における「純粋理性の誤謬推理について（Von den Paralogismen der reinen Vernunft）」（以下「パラロギスムス」）の章に提示されることになる。「パラロギスムス」によれば、たとえ「わたし」の数的な同一性を意識することができるとしても、この意識から「「わたし」の自己の客観的持続性を推論することはできない」（A363）。このように「わたし」の同一性を意識することと、「わたし」が客観的に同一であることを取り違えてしまうところに合理主義者の誤謬があるとされる。カント自身は合理主義者のように「わたし」を実体化することはなく、あくまで意識される限りでの心の機能にとどめおくのである。

以上の検討を整理しよう。カントの批判哲学では多元的かつ多層的な仕方で「わたし」が論じられる。ここまでは、このうち「思考するわたし」についての解釈の見通しを示してきた。カントの主張する「思考するわたし」は、心理的な連続性や知覚の束に還元されうるものではないが、持続する実体とみなされるわけでもない。それは、そもそも「思考する」という活動のいっさいに伴われるはずの「一つの意識」として理解される。ただし、これは批判哲学においてもミニマムな概念としての「わたし」である。実際に経験的判断を下そうとするとき、「わたし」は身体をそなえ何らかの記憶を有する「わたし」として、つまりは個別の「このわたし」として現象世界の一角に局在化されることになるだろう。こうした「わたし」の理論を解釈するために要求されるのは、複数のレベルにまたがる「わたし」を区別しつつ、それぞれの「わたし」の概念の内容を正確に析出することである。本章は2・2節以降、前章において確立された想像力の綜合の理論を援用することでこの要請に応えたい。

行為するわたし

これまでの解釈によれば、「思考するわたし」の成立は「一つの意識」にかかっていた。そして「一つの意識」を可能にするのは想像力の綜合という自発的な作用である。カントによれば、「思考するわたし」と呼ばれるのはそのような作用の働きをみずから意識することができる主体である。仮に「機能の同一性を意識することができなければ、意識のこの統一は不可能となるだろう」(A108)。実は、この主張に「行為するわたし」の成立も関わっている。

先ほど「思考するわたし」についておこなったのと同様の、反事実的な思考実験を試みてほしい。もし自発的な作用をみずから意識することができないとすれば、いったいどうなるだろうか。たとえば、他人から見れば「森を歩いている」とみなされているだろうこのわたしは、自分自身では、みずから歩こうとする自発性を意識することができない(と、仮定してみよう)。この状況にあっては、わたしはたとえ何らかの外からの力によって「歩かされている」という意識を持ったとしても、けっして「歩いている」という行為をみずからおこなっている自覚を持つことができない。とすると、たとえば「どうしてお前は私有地の森を歩いているんだ」と怒られても、わたしは応答のしようもない。すなわち、たとえ身体的に何らかの運動をおこなっていたとしても、わたしはそれが自分の「行為」であることによって伴われる道徳的な評価、あるいは法的な責任といったことがらを引き受けることができない。要は、わたしは自分自身を行為者とみなせないのである。この点についてのカントの考えを、やはり先ほどの「思考するわたし」をめぐる主張と同様に表現するならば次のようになるだろう。わたしがわたし自身を「行為するわたし」とみなすことができるか、それともできないか、そのぎりぎりのところに作用の自己意識がある。自発的な作用をみずから意識することができることに、「行為するわたし」の意識の成立がかかっているのである。

そしてその際わたしたちは次のことに気づくだろう。わたしたちの現存在の意識においてはアプリオリにあるものが含まれており、それは、徹底して感性的に規定されうるに過ぎないわたしたちの現存を、ただしある種の内的能力に関してではあるが（in Anschung eines gewissen inneren Vermögens）、叡智的な（もちろんたんに思考されただけの）世界との関連において規定するのに役立つことができるのだと。（B430–431）

とはいえ、このような解釈には異論も寄せられるだろう。たしかに、わたしが「内的能力に関して」みずからの自発性を意識することは、自分自身を行為者とみなすために不可欠であるかもしれない。だが、そうした自発性を意識することは、自分自身を「「意志」をそなえた行為者」とみなすことと同じことではない。カントによれば、意志をそなえるということは自発的であるということに加えて、「法則の表象にしたがって行為する能力」、「すなわち原理にしたがって行為する能力」を有することを意味している（G4: 412）。意志にしたがって行為することによってのみ、「この法則の表象が道徳的と呼ばれる卓越した善を形成する」のである（G4: 401）。したがって、想像力の綜合によって自分自身を「（自発的に）行為するわたし」として意識することは、「（意志にしたがって）行為するわたし」とみなすために十分ではない。だが、カントが実践哲学の領域において目指していたことは、後者の「(意志にしたがって)行為するわたし」、道徳的行為者としてのわたしの可能性について論じることではなかっただろうか。

この問いについては2・3節において検討するが、ここではそのための準備を整えておこう。「行為するわたし」について考えるために重要なのは、カントの実践哲学における「スタート地点」と「ゴール地点」を押さえることにあると思われる。まず「思考するわたし」から何が帰結するかを考えよう。わたしたちは想像力の綜合によってみずから多様を受容し、悟性によって何らかの判断を下す。つまり、何かについて思考する。思考するにあたって行使されている綜合の自発性は、わたしたちの頭が良かろうが悪かろうが、わたしたちの性格が善かろうが悪かろうが、等しくわたしたち自身に意識されうる。したがって、「思考するわたし」であるならば、どのような人であれ「自分は何かによって働かされるのではなく、みずから働くことのできる存在者である」という自覚が引き出される。もしこの自覚が欠けているならば、わたしたちは自分自身を行為者とみなすことができず、褒めること、責めることをはじめ、およそ行為者のあいだに結ばれるいかなる社会的実践にも加わることができないだろう。この自覚はわたしたちが「行為するわたし」であるために不可欠であるという意味で、実践理性にとっての前提をなしている。それはわたしが行為者として何を望むか、何をなすべきかという問題に先行して、そもそもわたしが行為者であるためのスタート地点と言える。

もちろん、この自覚は「内的」な能力に関する一人称的な自己理解に過ぎない。現実的にわたしたちの行為は「外的」な要因によってさまざまな影響をこうむる。そうした要因のなかには、みずからを感性的に満足させようとする衝動や傾向性だけでなく、たとえば他人を助けようとする素朴な感情も含まれる(G4: 398)。カントは、意志が外的要因によって影響を受けてしまうことを「人間の意志の主観的不完全性」と表現し(G4: 414)、この不完全性が行為者の現実であると考える(G4: 413)。

ただし、カントの実践哲学はこうした人間本性の事実を記述するだけのものではない(それだけならば人間学の課題にとどまるだろう)。実践哲学は行為に関する規範的な学として、「行為するわたし」にとっての究極目的、いわばゴール地点を指し示すという課題も担っている。それは、あらゆる行為者が普遍的な行為の法則にしたがって構成する「目的の国」の実現である（G4: 434）。「目的の国」と呼ばれるこの理想的共同体は、通常の社会関係によって構成されうるものではない。当然、行為者がみずから「思考する」ことに端を発する自発性を意識し、この意味で自分自身が自由であると自覚するだけでも実現しない。「行為するわたし」はわたし自身の抱く自由の自己理解に加えて、わたし以外の誰にとっても共有されうるような、言い換えれば普遍的な法則となりうるような行為の原理にしたがって行為することができなければならないのである。カントはその実践哲学の主著の一つ、『道徳形而上学の基礎づけ』において規範的なゴール地点のありかを次のように表現している。

いかなる行為も次の格率以外の格率にしたがってなされてはならないが、その格率とは普遍的法則となることもできる格率であり、それゆえ意志がその格率を通じて自分自身を同時に普遍的に立法するものとみなしうるような格率である。（G4: 434）

こうしたゴール地点の設定には実践理性をめぐるカントの思想が反映されている。この思想を理解するためには、ドイツ語の Vernunft（理性）はそもそも vernehmen（聴く）という動詞に関係づけられるものであり、あらかじめ間主観的な性格を示唆することを念頭に置いてもよいだろう。カントにとって実践理性とは任意の目的を達成するための「熟練」のわざでも、諸目的の体系的な実現を目指す「怜悧（Klugheit）」にとどまるものでもない。これらはいずれも独りよがりな配慮に過ぎない。むしろ何ごとかをなすことが「理性的」であると言われるときには、それがこのわたしだけでなく、ほかの人にとっても共有されうるものでなければならないとカントは考えている。その点を踏まえた上で、さしあたってここでは「わたし」という主体の観点から実践哲学のスタート地点とゴール地点のありかを確認しておこう。前者は「思考するわたし」の自発性の意識であり、後者は「行為するわたし」の普遍的立法ということになる。

カントを厳格な義務論者とする先入観にとらわれると、カントはゴール地点としての道徳の理想だけをかかげ、規範から逸脱しがちなわたしたちに反省を促す説教者のように見えるかもしれない。あるいは感情を排した理性主義者、という（やはりお決まりの）イメージにしたがえば、カントはすでにわたしたちがゴール地点にいるかのような理想化をほどこし、解決されるべき問題は実のところ存在しないと断じていたと思われるかもしれない。だが、本書はこのように歪曲されたカント解釈に与するものではない。本書が注目するのは「行為するわたし」にとってのスタート地点とゴール地点という両極ではなく、その中間である。つまり、いまだ十分には道徳的ではないわたしたちが、社会的な協同を介して段階的に前進しようとする啓蒙のプロセスである。この中間のプロセスにおいて、わたしたちは「思考するわたし」の自己意識にとどまるわけではないし、かといって「目的の国」の構成員として完全無欠に振る舞うわけでもない。そこでは、わたしたちのそれぞれが「行為するわたし」として相互行為を継続しつつ、行為の目的を比較、あるいは共有しながら社会関係をつくりあげていく。本書の第Ⅱ部は、このような社会関係の展開において想像力が決定的な役割を果たすことを明らかにする。それは「行為するわたし」にとっての想像力の意義を示すものになるだろう。

したがって、「思考するわたし」と同様、「行為するわたし」にもいくつかの異なるレベルがあることになる。一つは、自発性の働きを自分自身に帰属させることができるような「行為するわたし」が認められる。ただし、これまで述べてきたように、このレベルの「行為するわたし」は自身の「内的能力」に関する行為者の一人称的な自己意識に過ぎない。他方、カントの実践哲学には実際に他人と交渉し、協同して社会関係を構築するような「行為するわたし」も見出される。それは想像力と意志を行使して目的を定め、それぞれの身体をもって世界に目的を実現させせようと働きかける行為者にほかならない。本書はいずれのレベルの「行為するわたし」の成立にも、想像力の理論が関与していることを示すつもりである。

感じるわたし

「行為するわたし」、すなわち行為者としてのわたしは同じく行為者としての他人と社会関係を結ぶ。だが、「社会」とは言葉だけをとってみれば曖昧なもので、この概念にはさまざまな組織、制度、慣習、実践が含意されている。そして当然のことながら、カントの批判哲学においても社会はさまざまな仕方で考察される。『理論では正しいかもしれないが実践の役には立たないという俗言について』、『永遠平和のために』、『道徳形而上学』といった著作において論じられ、多くの研究もまた注目してきたのは「法（Recht）」に基づく市民的体制の社会的秩序である。

前述のとおり、わたしたちは想像力をそなえた理性的存在者として自分自身を何かによって「動かされる」対象ではなく、「みずから動く」自発性の主体として意識することができる（G4: 446）。ただし、わたしたちは身体をそなえた感性的存在者でもあり、たえず衝動に突き動かされ、傾向性によって独りよがりな行為に促されもする。独りよがりな行為者たちは空間的、資源的に限定された状況においては互いに両立しえない目的を抱き、ときにはそれらを実現しようとして衝突する。では、わたしたちは理性的な行為者としてこの事態をいかに回避できるだろうか。これはホッブズ的な問いだが、カントの応答はプラグマティックな理性ではなく、むしろパブリックな理性のありかたに訴えるものである。[2] カントによると、衝突は理性に基づく法の立法によって公的に調停されうる（MS6: 230）。端的に言えば法の立法の内容は、あらゆる人の自由が両立していることを法的に正当な状態とみなすものである。他人の自由を侵害せず、あらゆる人の自由と両立しうるような行為の自由こそが正しい（recht）。この立法は道徳の立法とは違い、法にしたがう人の内面の動機を問うものではない（MS6: 214）。つまり、「他人の自由と折り合いがつくように行為せよ」という法の要請は外的な強制力、たとえば刑罰に対する恐怖心から遵守されてよい。

このように法に基づく市民的体制の社会的秩序は、公的な強制法則のもとに外的な行為の自由を両立させるところに成立する。法は「行為するわたし」の内面には立ち入らない。たとえ心中では憎悪や嫉妬の感情にとらわれていても、他人の行為の自由を侵害しないのであれば、少なくとも法的には「正しい」社会関係を結んでいることになる。カントの表現を用いるならば、「正しい」社会関係のありようは「行為するわたし」の欲求や感情からは独立して「アプリオリに立法する純粋理性」から引き出されるのである（8: 290）。明らかにこの市民的体制の構想はカントの法哲学、そして政治哲学を理解するための核心となるべきものだが、しかしわたしたちは、カントの実践哲学にこの構想とは異なるレベルの社会関係もまた言及されていることに注意を払ってよいだろう。それは「アプリオリに立法する純粋理性」ではなく、想像力と感情に基づく相互作用によって特徴づけられるような社会関係である。

想像力と感情に基づく社会的相互作用は、カントに先行する哲学者たちによっても論じられてきた。すぐに思いつくのは「共感（sympathy）」をめぐる十八世紀の経験主義者たちの洞察である。ここで共感をめぐる哲学史を詳細に論じることはできないが、カント自身、その著作に（部分的にせよ）親しんでいたことが推察されるヒュームやスミスの思想にも共感は大きな役割を果たしている。たとえばヒュームによれば、共感とは目の前の他人の「声や身振り」といった表現を感情のシグナルとして受けとり、あらためて自分の胸のなかにそれを再現する心の働きである（T3.3.1.7）。また、スミスによれば、共感とは「想像上の立場交換」によって得られる感情の一致、あるいは共有である（Smith 1759: 16）。島内明文がヒュームとスミスの比較によって明らかにしたように、両者の共感論にはいくつかの違いがある。スミスの共感論に「立場交換」という人為的な操作が要求されることを考慮するならば、「ヒュームの自然的共感論とスミスの人為的共感論という対照性」を見てとることもできるだろう（島内 2009: 6）。ただし、いずれも（1）共感が何らかの生得的な感覚から直接的に引き出されることを否定し、感情をめぐる「因果推論」（ヒューム）、あるいは「立場交換」（スミス）によって共感を理解する。また、（2）共感は社会的相互行為における感情のメカニズムを記述するだけでなく、「道徳的判断」や「道徳的感情」の規範を説明するための理論的基礎にもなっている。だからこそ、道徳的規範に要請される一定の不偏性や一般性を説明するために、共感の理論にはその偏りを補正するための仕掛け、たとえば「一般的観点」（ヒューム）や「公平な観察者」（スミス）が導入されることになる。

注目したいのは、カントもまたこれらの哲学者と同様、行為者間の感情的交流の意義を容認していたことである。このことは、しばしばヒュームに代表される感情主義者との対比によってカントが理解されてきたことを考えれば意外かもしれない。だが、『判断力批判』あるいは次に引用する『道徳形而上学』といった批判期後期の著作において強調されるように、カントの啓蒙の思想はけっして「共感（teilnehmende Empfindung）」を否定するものではない。

他人と共に苦しむこと（そしてまた、共に喜ぶこと）は、それ自体としては義務ではないにせよ、わたしたちの内にある、共に苦しむという自然な（美感的）感情を開発し、そしてその感情を道徳的原則と、それに適合した感情とに基づく共感への十分な手段として利用することは、他人の運命に対する能動的な参画であり、それゆえ結局のところ間接的な義務である。（MS8: 457）

もちろん、前述の共感の論点(2)に関して言えば、カントは共感によって道徳的規範を説明しようと試みているわけではない。カントにとって道徳の規範は（法の規範と同じく）「アプリオリに立法する純粋理性」にしたがって確立されるものであり、その最高原理は定言命法の形式をもって与えられる（G4: 440）。ただし、感情が道徳性の最高原理に関与しないことは、それが実践哲学の構想から排除されることを意味しない。この点、『道徳形而上学の基礎づけ』のように批判期初期の著作においてすら、感情が「尊重には値しない」にせよ「賞賛と称揚には値する」と述べられていたことに留意しよう（G4: 398）。カントが一貫して主張していたのは「義務から行為する」ことの価値にほかならないが、この行為に感情が伴われること、あるいは感情を介して行為者のあいだに社会的相互作用が形成され、それが持続することは否定されていない。それどころか、「感じるわたし」の意義は批判哲学の進展とともにむしろ積極的に強調されるようになる。

なぜだろうか。一つ、理論的背景として指摘できるのは「感情」をめぐるカントの思想が批判初期から批判後期にかけて段階的に深化していったことである。たとえば『純粋理性批判』(一七八一)の認識論の文脈では欲求、欲望、感情といったものは「経験的な起源」を持った表象に過ぎず、「共感」、あるいは感情の間主観的な「伝達」の可能性は認められていない(A14–15)。だが、このような感情の理解は「趣味の批判」という批判哲学のプロジェクトに直面して再考を迫られることになる。『判断力批判』(一七九〇)では、美しいものに対して趣味判断を下そうとするとき、わたしたちは理性的に推論を組み立てるのではなく、かといって身体的反応をばらばらに返しているわけでもない。わたしたちは「感じるわたし」として、それぞれの感情を他人に向けて伝達しようと試みる。そこでは法に基づく市民的体制とは異なる社会関係、すなわち感情の相互伝達における社会的共同性に光があてられる。

> 美しいものが経験的に関心を引くのは、ただ社会においてのみである。そして社会への衝動が人間にとって自然なものであり、他方、また社会に対する適合性と性癖、すなわち社交性(Geselligkeit)が、社会に向けて規定された被造物としての人間の要件として、それゆえ人間性(Humanität)に属する特性として容認されるなら、趣味もまた、人がそれによって自分の感情すらもほかのあらゆる人に伝達できるすべてのものの判定能力として、したがって各人の自然的な傾向性が要求するものの促進手段として見られるということは、間違いのないところだろう。(KU5: 296–297)

しかし、かつて認識の文脈において退けられたはずの感情の伝達がどうして趣味の文脈において主張されうるのか。そして趣味の領域において、そもそも感情を「伝達する(mitteilen)」とはどういうことなのか。これらの問いは『判断力批判』を解釈する本書の第5章、第6章を通じて検討されるが、カントの応答はヒュームやスミスの共感論と同様、生得的な感覚を否定するものであることは強調しておこう。感情は身体を介してダイレクトに「情動感染」するのではなく、想像力のような認知的要素に下支えされることによってはじめて間主観的に伝達されうる。ここでもまた、わたしたちは想像力の理論が「感じるわたし」の成立に関与していることを確認することになる。

共感、感情の伝達といった論点は趣味の領域においてのみ探究されるわけではない。カントの実践哲学が行為の外面だけでなく内面の自由にも踏みこむものであることを考えれば、これらの論点を批判哲学のより広い射程から評価することができるだろう。法の強制力によって外的な行為の自由が確保されたとしても、個々の行為者はそれぞれの内面において傾向性にとらわれ、なお不自由な状態にとどまりうるとカントは考える（「存立している政治的公共体において、すべての政治的市民はそれとしては（als solche）倫理的自然状態にあり、そこにとどまる権利も与えられている」（R6: 95））。啓蒙の観点からすると、そのような行為者は依然として成熟の余地を残す。つまり、「わたしたちがすでに道徳化されていると考えるためには、なおきわめて多くのものが欠けている」（ID8: 26）。この欠落を埋めるための一つのアプローチとして、共感、感情の伝達といった感情的交流への着眼がある。カントはわたしたちが「倫理的自然状態」から脱却するために、感情的交流の条件となる心的諸能力を「開発」することの必要性を主張するのである（MS8: 457）。ここには、啓蒙に対するカントの感情論的アプローチが見出される。

もちろん、カントの実践哲学が道徳性の形式的制約として「普遍性」を課す以上、その感情論も普遍性の制約を免れることはできない。ヒュームやスミスが苦心したように、カントもまた共感における「偏り」と、道徳の規範性のあいだのギャップを埋める必要に迫られることになる。この点について、本書の第6章は『判断力批判』における想像力と感情の関係を追究し、感情の普遍的伝達というカントのアイデアを擁護する。それはヒュームの「一般的観点」やスミスの「公平な観察者」とは異なる、カントの超越論的哲学にそくした感情論となるはずである。

以上をまとめよう。わたしたちは批判哲学における「わたし」の多元的理論として、「思考するわたし」、「行為するわたし」、「感じるわたし」の内容を概観してきた。それは想像力を基軸としてカントの理論哲学、実践哲学、そして美学を論じようとする本書全体の構想にとって準備作業をなすものでもある。これら批判哲学の諸領域においては、説明されるべきことがらの形式は対象の側にあらかじめ前提されるのではなく、対象と向かい合う主体の心の働きによってはじめて与えられる。「思考するわたし」は認識の形式を、「行為するわたし」は道徳の形式を、そして「感じるわたし」は美の形式をそれぞれ与えることになる。この意味で、思考し、行為し、感じるわたしがそれぞれいかに論じられ、いかなるものとして提示されているかを明らかにすることは批判哲学を理解するための鍵となるだろう。わたしたちはこのことを踏まえ、本章においては『純粋理性批判』における自己意識、すなわち「思考するわたし」の自己意識に議論の的を絞りたい（「行為するわたし」は第Ⅱ部、「感じるわたし」は第Ⅲ部参照）。

2・2　綜合と自己意識

綜合の必要条件としての「わたし」

さて、再び『純粋理性批判』を検討するにあたって、第1章で検討した想像力の理論を振り返っておこう。カントによれば、わたしたちは夢のような表象の戯れのなかに生きているのではない。外界の表象は秩序ある世界として現象する。それは「すべての現象が必然的法則にしたがって結びついて」おり、その厳密な法則性ゆえに科学的な探究を許容するような世界である（A113–114）。この世界を思考するにあたっては、あれこれの対象を表象する経験的概念、概念を用いて主張される経験的判断、そして判断を関係づける推論のシステムが役割を果たす。だが、『純粋理性批判』の「演繹論」において強調されるのはそれ以前の論点、そもそも表象が思考可能なものとして現象するためには根本的に何が要求されるのか、という問いだった。そして、この問いに答えるために導入されるのが想像力の理論である。想像力の包括的綜合によって表象を「一つの意識」につなぎとめることは、思考の必要条件をなす。このことが「演繹論」における「三重の綜合」と呼ばれる論証の、そしてこの論証を追跡してきた本書の第１章の結論だった。
ただし、第１章の末尾で触れたように（１・３節）、「演繹論」にはそれ以上の主張も含まれている。それは「自己意識」をめぐる主張である。

〔ａ〕だがまさに統覚によるこうした超越論的統一こそが、つねに一つの経験において一緒になりうるような、あらゆる可能的な現象から、法則にしたがったあらゆるこうした表象の結合を生み出すのである。〔ｂ〕なぜなら、もし心が多様を認識するにあたって、それによって統覚の統一が多様を綜合的に一つの認識のなかで結びつけるという機能の同一性（Identität der Funktion）を意識できなければ、意識のこうした統一は不可能だろうからである。（A108）

引用の(a)は「統覚の超越論的統一」、つまり表象を「一つの意識」につなぎとめることが、「法則にしたがった」世界の現象の可能性の条件であることを主張する。ここまでは綜合に関する主張として解釈することができるが、続く(b)では、「一つの意識」につなぎとめることをみずから意識することが主張されている。(a)と(b)の文は「なぜなら」という接続詞によって結ばれてはいるものの、二つの主張の論理的な関係は明らかではない。そして「演繹論」では第一版と第二版にわたって(a)「綜合」と(b)「自己意識」に関するさまざまな主張が繰り出されており、果たしてそこに整合性があるかどうかが問われてきた。

この問題を追究するにあたって、本書の解釈の大枠を示すことから始めてみたい。簡潔に言えば、それは「表象は想像力によって綜合されるが、この綜合の作用を通じて、作用の主体、すなわち「わたし」自身も意識されうる」という解釈である。ただし、これだけでは「綜合」と「自己意識」の関係を明らかにしたことにはならない。というのも、綜合をするから自己意識が可能になるのか、自己意識があるから綜合が可能になるのかが曖昧だからである。この点については、一見するとカントの記述も同様の曖昧さをとどめている。『純粋理性批判』

の記述からは、少なくとも次の二つの主張を抽出することができるだろう。[3]

(1) 「わたし」をみずから意識することは、綜合の必要条件である。
(2) 「わたし」をみずから意識することは、綜合の十分条件である。

さしあたっての目的は、(1)と(2)が綜合の異なる次元において主張されていることを指摘することによって、二つの主張が不整合をきたすものではないことを示すことである。そしてこのことが示されたならば、(1)と(2)において言及されている「わたし」の正確な内容もまた、想像力の理論にそくして明らかにされるだろう。

まず、(1)「「わたし」をみずから意識することは、綜合の必要条件である」とする主張を検討しよう。この主張は次のような箇所において提示されている。

「さまざまな経験的意識はすべて、唯一の自己意識に結びついていなければならない」という綜合的命題は、わたしたちの思考全般の絶対に最初の綜合的な原理である。しかし、ほかのあらゆる表象(「わたし」という表象がそれらの集合的統一を可能にするのだが)との関係においては、「わたし」というたんなる表象が超越論的意識であるということは見過ごされてはならない。(A117)

『純粋理性批判』において同様の記述はほかの箇所にも見出すことができるが(A108, 398)、「超越論的意識」、「集合的統一」といった言葉の難解さもあって、この主張を支える論証を取り出すことは容易ではない。だが、引用部の「思考全般(Denken überhaupt)」の主張に関して思い出してほしいのは、「思考全般」における綜合が「判断」のレベルにおいて論じられているという第1章の議論である(1・3節)。あることがらについて思考することは、ある表象から別の表象をたんに連想することではない。ある表象を、論理的形式をそなえた判断において概念の下に綜合することである。さらに、判断はそれらを関係づける推論のシステムに組みこまれる。つまり「思考全般」において判断を下すということは、連想のおもむくままいきあたりばったりに主張するのではなく、ほかの判断を根拠づけ、あるいはほかの判断に根拠づけられたりする全体論的な認識の営みに踏み出すということである。だからこそ、「あらゆる判断は、わたしたちの表象のあいだに統一をもたらす機能」となりうる（A69/B94）。

以上を踏まえた上で、「思考全般」において「経験的意識は〔…〕唯一の自己意識に結びついていなければならない」（パラフレーズすれば、「自己意識は思考の必要条件である」）という主張をどのように解釈できるだろうか。次のような議論を取り出してみたい。たとえば、「机は物体である」という判断にしたがい、「机」という主語概念に包摂される個別的表象を綜合する判断主体を考えてほしい。そして仮に、こうした判断主体がさまざまな判断を下す自分自身の同一性を意識することができないとしよう。カントの表現を借りるならば、それは「意識している表象があるだけの多彩でさまざまな自己を持つ」可能性を許容するような仮定である（B134）。だがこの場合、わたしたちはそのように「多彩でさまざまな自己」をもはや判断主体とみなすことはできない。なぜなら、ある主体がある個別的表象に対して判断を下すためには、その判断を部分として含む推論のシステムにおいて、自分自身の同一性を意識することができなければならないからである。たとえば、ある主体が「机は可分的である」という判断を下すとき、少なくともその主体はこの判断が「机は物体である」、「物体は可分的である」といったほかの諸判断に根拠づけられることを意識することができなければならない。そして主体が諸判断を根拠づけるとき、その主体は根拠づける自分自身の同一性を意識することができなければならない。こうも言えるだろう。「なぜ机は可分的であると考えるのか」と問われたときには、「わたしは、机は物体であり、かつ、物体は可分的であると考えるからだ」と応答することができなければならない。

したがって、ある個別的表象を綜合する主体が判断主体であるためには、その主体は少なくとも自分自身の同一性を意識できることを要請される。そもそも何ごとかを思考するためには、「思考するわたし」の自己意識が必要なのである。このことを念頭に置くならば、「演繹論第二版」における次のような表現もいくらか理解しやすいものになるだろう。

「わたしは思考する」が、すべてのわたしの表象に伴うことができなければならない。なぜなら、さもなければおよそ思考することのできないものがわたしに表象されることになり、このことは表象が不可能になるか、あるいは少なくともわたしにとって無になることと同じだからである。(B132)

ある個別的表象が思考されうるものであるならば、それは「机は可分的である」といった論理的形式をそなえた判断において「机」のような概念の下に綜合されることができなければならない。そして、ある綜合が判断における「再認の綜合」として推論に組みこまれうるものならば、そこでは「「物体は可分的である」とわたしは思考する」、「「机は物体である」とわたしは思考する」といった「思考するわたし」の同一性の意識を伴うことができなければならない。したがって、個別的表象に対する経験的判断の場合、「わたし」をみずから意識することとは綜合の必要条件である。

とすると、綜合は「わたし」をみずから意識することの十分条件であることになる。この帰結は、いわゆる「誤同定に対する免疫」と呼ばれる論点に重ねて理解することもできるだろう(Shoemaker 1968)。

誤同定に対する免疫　「Pとわたしは思考する」における「わたし」が誤同定に対する免疫を有するということは、「誰かがPと思考している(経験的判断を下している)が、それが「わたし」かどうかを疑う余地がわたしに無い」ということを意味している。

これまで論じてきたことが妥当だとすると、わたしたちは判断主体として個別的対象に想像力を作用させ、これを綜合するとき、自分自身の同一性を意識していることになる(だから「なぜあなたはそのように判断するのか」と問われれば、「これこれとわたしは思考するからだ」と答えることができる)。この自己意識にあたっては、作用する主体が誰であるかについて、特別な推測を加える必要はない(「わたし」であることに疑問の余地はない)。作用の主体に関する何らかの証拠を集める必要もない。判断のレベルにおいて綜合が作用すること、それだけで作用の主体自身が直接的に意識される。綜合が「わたし」をみずから意識することの十分条件であるということは、つまるところそういうことであるはずである。

綜合の十分条件としての「わたし」

ところが『純粋理性批判』の記述には、一見すると以上の主張(1)「「わたし」をみずから意識することは、綜合の必要条件である」とは異なる主張も含まれている。すなわち、「「わたし」をみずから意識することは、綜合の十分条件である」という主張(2)である。たとえば次の文では、「わたし」の自己意識が綜合の作用にとって必要というよりも、むしろ綜合の作用が「わたし」の自己意識にとって必要であると主張されている。

それゆえわたしは、直観においてわたしに与えられる表象の多様に関して、同一の自己を意識している。なぜならわたしは、それらの表象すべてをわたしの表象と呼び、これらは一つの表象を構成するからである。だがこのことは、わたしが表象のアプリオリで必然的な綜合を意識しているということにほかならず、この綜合は統覚の根源的で綜合的な統一と呼ばれる。わたしに与えられたあらゆる表象はそれに服することになるが、しかしこれらの表象はまた、綜合によってこうした統一へともたらされなければならない。(B135)

カントによれば、「わたしの表象」には「統一」が含まれる(B134)。それは、わたしがわたしであるための「意識の同一性」に関わる(B133)。わたしが判断するならば、ほかならぬ同じわたしがその判断の根拠を意識することができなければならない。もしこの引用で述べられているのがこれだけのことならば、それは前節において主張(1)として確認されたことだった。すなわち、経験的判断において個別的表象を綜合するためには、その主体は自分自身の同一性を意識できなければならない。「わたし」をみずから意識することは、綜合の必要条件である。

だが、引用の後半では、それ以上のことが主張されている。そのような「わたしの表象」の「統一」は、「綜合」によってはじめてもたらされるというのである。ここに認められるのは、むしろ綜合が「わたし」をみずから意識することの必要条件であるという主張(2)である。とすると、説明の循環が起こっているようにも見える。主張(1)が綜合を、それに論理的に先行する自己意識の同一性によって説明する一方、主張(2)は自己意識の同一性を、それに論理的に先行する綜合によって説明する。これは、説明の責任を互いに負わせるような悪性の循環ではないだろうか。

この疑念に対して、わたしたちは「説明は循環していない」と答えることができる。というのも、主張(1)における綜合と主張(2)における綜合は異なっており、後者が前者に対して論理的に先行するからである。二つのタイプの綜合を区別することによって、二つの主張がカントの混乱の産物ではないことが明らかになる。それは「条件の遡及」を遂行するカントの議論の深まりを示すものである。

では、綜合の二つのタイプとはどのように区別できるだろうか。すでにわたしたちは第1章を通じて、カントの想像力の多層的理論を詳しく分析してきた。結果として得られたのは、少なくとも綜合には「(再生と結びついた)覚知」と「再認の綜合」があること、そして後者の綜合はさらに「個別的綜合」と「包括的綜合」に区別されることである(1・3節)。このうち、主張(1)における綜合は「再認の綜合」における個別的綜合にあたる。それは経験的判断の主体によって行使される想像力の作用であり、「(再生と結びついた)覚知」によって与えられる直観内容を「机」のような個別的表象として綜合する。だが、説明はここでは終わらない。カントによれば、この個別的綜合が可能となるためには、そもそも多様な直観内容を「一つの意識」につなぎとめる必要があった。

ところで直観のあらゆる所与に先行して、それに関わることで対象のすべての表象がはじめて可能とするような意識のこうした統一がなければ、わたしたちの内にいかなる認識も生まれないし、認識相互の結びつきも統一も生まれない。（A107）

この引用で述べられている「意識の統一」とは、経験的判断における意識の同一性ではない。たとえばわたしが「机」についての経験的判断を下すとき、その判断がほかの判断を根拠づける（あるいはほかの判断に根拠づけられる）ことを意識し、またそのように諸判断を根拠づけるわたし自身を同一の判断主体として意識する、ということではない。ここで問われているのはそれ以前の段階である。それは表象の多様がたとえば「机」として同定される以前の、さまざまな色彩、形態、奥行きといった諸要素がそこにおいてはじめて関係づけられるような「一つの意識」に関わる（A103）。意識が「一つ」のものとして統一されることは、仮にそうでなければ「わたしたちの内にいかなる認識も生まれない」という意味で、「思考全般」の「根源的かつ超越論的な条件」をなしている（A106）。

そして、やはり第1章で確認されたとおり、「一つの意識」はわたしたちの心にあらかじめ与えられているわけではない。「机」の色彩、形態、奥行きといった諸要素を含む表象の多様を「一つの意識」につなぎとめるのは、想像力の綜合という自発的な「機能（Funktion）」である（A108）。すなわち「綜合によってこうした統一へともたらされなければならない」（B135）。わたしたちはこの綜合を包括的綜合と呼んだのだった。

したがって想像力の包括的綜合は、意識がばらばらのものではなく「一つの意識」として意識されるための必要条件をなす。「一つの意識」としてみずからを意識することは、想像力の包括的綜合が作用するための十分条件をなす。主張(2)はこのように解釈される。この解釈を採用すると、包括的綜合に関する主張(2)は個別的綜合に関する主張(1)に対して論理的に先行し、二つの主張は明確に区別されるだろう。事実、カントは包括的綜合によってつなぎとめられる「一つの意識」を「根源的統覚」と表現した上で、次のように述べる。

わたしはこの表象を経験的統覚と区別するために純粋統覚、あるいはまた根源的統覚と名づける。なぜならこの統覚は、ほかのあらゆる表象に伴うことができなければならず、すべての意識において同一のものである「わたしは思考する」という表象を生み出す（hervorbringen）ため、もはやほかのいかなるものからも導き出すことのできないような自己意識だからである。（B132）

注目されるのは、「根源的統覚」が「「わたしは思考する」という表象」を「生み出す」というカントの表現である。ここまでの議論を踏まえてパラフレーズすると次のようになるだろう。すなわち(i) 想像力の包括的綜合（超越論的綜合）が物体の多様を「一つの意識」（根源的統覚）につなぎとめることによってのみ、(ii)「「物体は可分的である」とわたしは思考する」といった経験的判断が形成される。(ii)の経験的判断のレベルにおいては、「思考するわたし」の自己意識は判断主体としてのわたし自身を意識することだった。それに対して(i)の根源的統覚のレベルにおいては、「思考するわたし」の自己意識は包括的綜合という「機能の同一性」を意識することにほかならない（A108）。このように、個別的綜合と包括的綜合の区別に応じて、自己意識における「自己」の内容にも区別が引かれるのである。

以上の解釈を受け入れるならば、包括的綜合と自己意識の関係について、少なくとも次の二つのことが帰結する。第一に、包括的綜合において自己意識がつねに伴われるとは限らない。たしかに、個別的綜合において自己意識はつねに要求されるものだった。というのも、経験的判断における「誤同定に対する免疫」の主張として整理したとおり、個別的綜合は「わたし」をみずから意識することの十分条件だからである。だが、これまでのテクストの解釈が妥当であるならば、包括的綜合は「わたし」をみずから意識することの必要条件であって、十分条件ではない。したがって、自己意識をまったく欠いた包括的綜合の余地はあることになる。

第二に、たとえ包括的綜合において「わたし」が意識されるとしても、それはいかなる具体的な特性も持たない。たとえば、わたしが鏡に映った自分自身を意識するとき、「わたし」には外見上のさまざまな性質が帰属される。あるいは、わたしがあれこれの個別的対象を見知ったり、欲求したりするとき、「わたし」にはしかじかの対象を見知るものとしての、もしくは欲求するものとしての性質が帰属される。それに対して包括的綜合は、そもそも鏡に映るわたし自身の外見を外見として表象するための、あるいは、何らかの個別的対象を個別的対象として表象するための、その可能性の条件に関わる。つまり具体的な対象に作用し、それによって具体的な性質を作用主体に帰属させるような個別的綜合に対して包括的綜合は論理的に先行する。そこで意識されるのは、いまだ具体的な性質としては綜合されていない表象の多様を「一つの意識」に関係づけるような「機能」そのものに過ぎない。したがって、カントは次のように述べている。

なぜなら、単純な表象としてのわたしによっては、何の多様も与えられないからである。（B135）

こうして、「あれこれのわたし」が問われる個別的綜合とは違って、包括的綜合において意識されている「わたし」そのものにはいかなる直観内容も含まれず、したがっていかなる性質も帰属されない。このように特異な「わたし」の指示をシューメイカーは「同定なき自己指示」（Shoemaker 1968）、ブルックは「性質帰属なき自己指示」（Brook 1994）と呼ぶ。以下、本書では後者の呼称を採用し、包括的綜合における自己意識を「性質帰属なき自己指示」として解釈したい。

自己意識をめぐる論争

これまでの解釈を整理しよう。わたしたちは想像力の綜合、そして自己意識をめぐる『純粋理性批判』の複雑な論述から、次の二つの主張を取り出した。

(1)「わたし」をみずから意識することは、個別的綜合の必要条件である。
(2)「わたし」をみずから意識することは、包括的綜合の十分条件である。

二つの主張の内容と、両者の関係は、第1章で強調した(1)統覚の分析的統一と(2)統覚の綜合的統一の区別に対応している。(1)統覚の分析的統一は判断のレベルにおいて論じられる。このレベルでは、個別的表象は経験的判断の論理的形式にしたがって概念の下に綜合され、ほかの諸判断との推論のシステムに組みこまれる。推論を働かせ、根拠を与えつつ判断を下す「わたし」は、このような個別的綜合の作用を通じて判断主体としてのわたし自身をも意識する。

他方、(2)統覚の綜合的統一は(1)判断のレベルに先行する。そもそも判断を下すためには想像力の包括的綜合によって多様に働きかけ、これらを「一つの意識」に統一しなければならない。このレベルでは、「わたし」と呼ばれるのは包括的綜合の作用を通じてはじめて意識されうるような「一つの意識」である。こうした(1)と(2)の主張の関係は、次のように要約することができるだろう。「統覚の分析的統一は何らかの綜合的統一を前提にすることによってだけ可能になる」(B133)。

したがって、(2)において主張されているのはまったく切り詰められた意味での「わたし」である。前節で述べたように、(2)包括的綜合がいかなる(1)個別的綜合にも先行する限り、(2)の綜合を通じて意識される「わたし」は通常の自己意識に含まれる具体的内容を捨象したものと考えるほかはない。こうも言える。「一つの意識」としての「わたし」を意識することは、包括的綜合を通じてみずからの「機能の同一性」を意識すること、それ以上のものではありえない(A108)。ここに、きわめてユニークな「わたし」の批判哲学が打ち出されていると解釈できるだろう。すなわち、カントは「わたし」を実体化するデカルト以来の形而上学の伝統を退けつつ、ヒュームのように「知覚の束」に「わたし」を還元することもない。批判哲学は「わたし」を最小限に切り詰めることによって、いわばその間隙を縫うことを目指す。

ところが、『純粋理性批判』を対象とする少なからぬ先行研究は、それ以上の内容をカントの自己意識論に読みこんできた。比喩的に述べるならば、これらの研究は批判哲学における「わたし」を（不当にも）肥らせてきた、ということになる。解釈の一つの傾向として、「わたし」は少なくとも通時的な同一性を持っていなければならない、持っているはずである、とする読み筋を挙げることができるだろう。たとえば、パトリシア・キッチャーは『純粋理性批判』における綜合の意義を一貫して擁護してきた研究者であるが、彼女はカントの「意識の綜合的統一」の主張に関しては次のように否定的な裁定を下していた。「カントは「演繹論」においてある時点において生じるような、ある心的状態の「統一」の問題にも取り組んでいたものの、そこでのカントの議論にはほとんど見込みが無い」（Kitcher 1982: 541）。では、「意識の綜合的統一」とは何を意味するものなのか。キッチャーによれば、それは「異なる時点の心的生起」を「縦に」結びつける統一、つまりは通時的かつ個別的な意識のありかたである。この解釈からは「異なる時点」をまたいで同一のまま持続する「わたし」が帰結することになる。他方、これまでわたしたちが「演繹論」から注意深く取り出してきたのは共時的かつ包括的な「綜合的統一」だった。「見込みがない」というキッチャーの診断に反して、「ある時点」の多様に作用する包括的綜合は「異なる時点」の個別的綜合に先行し、思考一般の可能性の条件をなしている。そしてこの包括的綜合に焦点をしぼるならば、綜合において意識されるのは多様を「一つの意識」につなぎとめる「機能の同一性」に過ぎない。この「機能の同一性」の意識こそ、いわば批判的に抑制された自己意識なのである。

　とはいえ、たとえこうした自己意識論をカントに帰属させることを認めるとしても、それはあまりにも切り詰められ過ぎたものに見えるかもしれない。なるほど、カントの主張するように、「わたし」なるものは「一般に客観を認識するためにわたしが前提しなければならないもの」であり、「それ自身客観として認識することはできない」ことを認めてもよい（A402）。それは、ウィトゲンシュタインの区別にしたがうならば、「対象」としてのわたしではなく、「主体」としてのわたしの用法である。ただし、たとえ対象の認識のために前提とされ、それゆえにそれ自体としては認識の対象となりえないような「主体」としてのわたしを認めるとしても、それがカントの述べるような「機能の同一性」にまで捨象される必要はあるだろうか。この点について、たとえばカシム・カッサムが問題を提起したように、むしろ「主体」としてのわたしの自己意識には身体的、物理的なわたしについての気づきが必要であると考えられないだろうか（Cassam 1997: 3）。

この論点に関してこれまで蓄積されてきた議論を詳しく紹介し、批判的に吟味するだけの能力は本書にはない[4]。本章では身体的、物理的な「わたし」に対する自己意識の問題を素描するにとどめよう。一例として、スーパーマーケットのなかで「わたしがやらかしたんだ！」と判断する状況を想定してほしい[5]。この場合、わたしが自分のいるスーパーマーケットの棚の列をふりかえり、床にこぼれた砂糖の跡を見てそのように判断するならば、「誰かがやらかしたんだ！」ということは正当化されても、「やらかした」のが「わたし」であるかどうかについては、なお取り違えの余地がある（破れていたかに見えた自分のカートのなかの砂糖袋は破れておらず、わたしの横にいるお客さんの抱えた袋こそ、実は破れていたのかもしれない）。だが、推論を働かせ判断する主体は、次のような判断を重ねて「わたしがやらかしたんだ！」という結論を導出したのかもしれない。すなわち、(i)「誰かがやらかしたんだ！」、(ii)「やらかしたやつは、この列を歩いている」、(iii)「わたしはこの列を歩いている」、と。わたし以外の人がこの列を歩いている可能性がある限り、やらかしたのは「わたし」ではないかもしれないが、ひとまず(iii)「わたしはこの列を歩いている」という判断に注目してほしい。この判断に関しては、「誰かがこの列を歩いているが、それは「わたし」なのだろうか」という問いの余地がない。それは、たとえば「わたしは足が痛い」という判断について、「誰かが足を痛めているが、この「誰か」は「わたし」なのだろうか」という問いの余地がないのと同様である。シューメイカーの表現を借りるならば、これらの判断は主体に関して誤同定の余地がない。

カントの自己意識論に対する批判は、まさに(iii)「わたしはこの列を歩いている」といった判断における「わたし」の用法から引き出される。このような判断を下す場合、「わたし」はスーパーマーケットの棚の列を動きまわり、次々に目に飛びこんでくる商品を、あるいは足もとにぶちまけられた砂糖を対象として同定する（つまり、個別的対象として「再認する」)。そして「わたし」は対象を同定しつつも、カートを押して動きまわる「わたし」自身を、これらの対象と並存する身体的な主体として意識する。そこでは「わたし」がある棚の列に移動すればぶちまけられた砂糖は知覚されず、またある列に戻って来れば砂糖が知覚されることになるだろう。この関係、空間時間的な現象世界における並存の関係においてこそ、主体としての「わたし」と、そうした「わたし」の知覚から独立した対象の客観的なありようを論じることが可能になる（と、批判者は指摘することができるだろう）。

したがって、この立場はわたしたちの解釈と同様に「わたし」の自己意識に「誤同定に対する免疫」を読みこみながら、他方で「性質帰属なき自己指示」の解釈を退けることになる。判断する「わたし」は、あくまで身体的な主体として現象世界の一角に位置づけられる。それは、たとえば「この列を動いている「わたし」」として、つねに身体的、物理的性質を帰属されうるものでなければならない。

では、この反論に対する応答を、カントのテクストから引き出してくることはできるだろうか。一つの応答としては、再び、包括的綜合の根源的性格を持ち出すことだろう。たとえ「わたし」に身体的、物理的性質が帰属されなければならないとしても、この「わたし」は少なくとも自他のさまざまな性質を「一つの意識」において覚知し、それらを共時的に関係づけることができるのでなければならない（たとえば、目の前の色彩、かたち、奥行きを、スーパーマーケットの棚の列として関係づけることができなければならない）。カントは「わたし」と呼ばれる主体に帰属されうる諸性質において、とりわけこのように共時的な「関係づけ」を「わたし」であるための最小限の機能として抽出していると考えられる。ここでは「わたし」が不当にも精神的存在に純化されているというより、「わたし」を構成する諸条件に関して「条件の遡及」が遂行されているに過ぎない。

また、この応答に関連して、「わたし」に身体的、物理的性質が帰属される必要がない自己意識のケースを指摘することもできるだろう。たとえば、ロングネスは前述のスーパーマーケットの事例のような反論を想定した上で、次のように再反論を組み立てている。なるほど「これは樹木である」といった判断であれば、「「これは樹木である」とわたしは思考する」、その主体としての「わたし」の自己意識には身体的、物理的性質が暗に含まれるように思われる。すなわち空間的に局在化された、ある特定の観点から樹木の表象を綜合する「わたし」の意識である。だが、たとえば「わたし」が数学の証明のステップをたどっている場合はどうだろうか。「「証明は妥当である」とわたしは思考する」、その主体としての「わたし」の自己意識には身体的、物理的性質が含まれている必要はない。ロングネスによれば、「判断「証明は妥当であるとわたしは思考する」における「わたし」の使用は、わたしの身体に関するわたしの意識ではなく、証明の各ステップをチェックし、その妥当性を明らかにするわたしの意識によってサポートされる」(Longuenesse 2017: 28)。ここでもやはり、要請されているのは証明の各ステップをめぐる思考を「一つの意識」にとどめる根源的な働き、すなわち想像力の包括的綜合の「機能」が意識されると考えられるのである。

2・3　「行為するわたし」へ

「パラロギスムス」の問題圏

わたしたちはカントの自己意識論から「必要テーゼ」と「十分テーゼ」の二つを抽出しつつ、両者を想像力の理論にそくして検討し、後者が前者に論理的に先行すると考えることによって整合的な解釈を提示した。この解釈を採用するならば、包括的綜合における自己意識には、いかなる具体的な性質も捨象された「わたし」の意識を見出すことができる(「性質帰属なき自己指示」)。そこで意識されているのは、一言で言えば想像力の包括的綜合の「機能」である。

こうして、わたしたちはカントの自己意識論において何が意識されているかを示したことになる。だが、それでもまだ十分には明らかにされていない問題がある。それがいかに意識されているか、という問いである。この問いに応答するためには、これまで解釈の拠点としてきた『純粋理性批判』の「演繹論」だけでなく、同著作の

「パラロギスムス」、すなわち「純粋理性の誤謬推理について」の章を参照する必要がある。以下、「パラロギスムス」を検討することによって、想像力の機能が「内感」によって意識されるというカントの主張を検討したい。

この主張からは、「思考するわたし」だけでなく、「行為するわたし」についての展望を引き出すこともできるはずである。それはカントの批判哲学における理論哲学と実践哲学の関係を探ることにもなるだろう。

まず「パラロギスムス」の内容を確認しよう。この章は『純粋理性批判』の改訂第二版において書き直されているが、基本的な役割は両版を通じて変わらない。両版がいずれも取り組むのは、「わたしは思考する」という命題である。「「わたしは思考する」が、すべてのわたしの表象に伴うことができなければならない」という「演繹論」の主張を思い出してほしい（B132）。2・2節で検討したように、この主張において「わたしは思考する」から引き出すことのできる「思考するわたし」の内容は切り詰められている。「演繹論」によれば「思考するわたし」とは、「わたしの表象」について考えようとするときに、その表象を判断の論理的形式にしたがって概念の下に包摂するような綜合の「機能」に過ぎない。ところが「パラロギスムス」によれば、「わたしは思考する」からそれ以上の内容をそなえた「思考するわたし」を引き出そうとする立場がある。カントが「合理的心理学」と呼ぶ立場である（A343/B401）。「パラロギスムス」の章の役割とは、この立場が誤謬推理をおかしていることを指摘し、代わって批判哲学の正当性を示すことにある。

では、具体的には合理的心理学はいかなる誤謬をおかしているのか。結論から述べると、合理的心理学は「わたしは思考する」という命題から出発して、「思考するわたし」が実体であるとか、単純であるとか、数的に同一な人格であるといった帰結を引き出すことによって誤謬をおかしているとされる（A344/B402）。ただし、カントは合理的心理学のいかなる主張も間違っていると指摘するわけではない。少なくとも、この立場の論証において大前提に位置づけられる主張は許容される。たとえば、「思考するわたし」が実体であることを引き出そうとする「パラロギスムス」の第一誤謬推理について考えてみよう。この論証では、「判断における絶対的主語は実体である」という主張が大前提となる（A348）。カントからすると、この大前提そのものは「実体」の定義として受け入れてよい。だが、合理的心理学が次のような小前提を加え、推論を結論に導くならば誤謬が生まれることになる。ここでは、第一誤謬推理をより明晰に表現した『純粋理性批判』第二版の記述から引用しよう。

〔大前提〕主語として以外には考えられることのできないものは、同様に主語として以外には現存せず、したがって実体である。
〔小前提〕ところで、思考する存在者は、たんに思考する存在者としてのみみなされるとき、主語として以外には考えられることができない。
〔結　論〕したがって、思考する存在者もまた主語としてのみ、すなわち実体としてのみ現存する。(B410-411)

この三段論法が誤謬推理であることを示すカントの論証は、およそ次のように再構成できる。(1) カントによれば、大前提が真となるためには、「主語として以外には考えられることができないもの」は「直観において与えられうるとおりに、考えられることができる存在者」でなければならない (B411)。さもなければ、外感を通じてもたらされる直観内容を欠落させているにもかかわらず、ある存在者が実体という性質を有していることになってしまう。(2) 他方、小前提では、一見すると大前提と同じように「主語として以外には考えられることができないもの」が言及されているように見える。「思考する存在者 (ein denkendes Wesen)」である。(3) だが、「思考する存在者」は「直観において与えられることができるとおりに、思考されることができる存在者」ではない。むしろ、この存在者に関しては「ものではなく思考が問題になって」おり、この思考においては「あらゆる客観が度外視されている」(ebd.)。(4) したがって、「思考する存在者」は二つの前提をつなぐ「媒概念」の役割を果たすことができず、結論を導出することに失敗する。この場合、合理的心理学は「媒概念曖昧の虚偽 (per Sophisma figurae dictionis)」に陥っているとされる。

カントの論証を支えているのは (3) の主張だが、「演繹論」を解釈してきたわたしたちにとって解釈はけっして困難ではない。２・２節の議論を受け入れるならば、小前提において言及される「思考する存在者」、すなわち「思考するわたし」は想像力の綜合という「機能」に過ぎない。この機能は、内省的にとらえられるイメージの束や、鏡に映った身体の視覚的イメージとは異なり、何らかの直観内容として与えられうるようなものではない。それは、むしろイメージングの働きそのもの、自発的な作用そのものとして意識されうる。このことを、カントは「パラロギスムス」において次のように表現する。「わたしたちは、内的直観においては持続的なものをまったく何も持っていない。なぜなら、「わたし」はわたしの思考の意識に過ぎないからである（denn das Ich ist nur das Bewußtsein meines Denkens）」（B412–413）。

ここに再構成した誤謬推理のパタンは合理的心理学の別の推論においても認められる。もう一例、「思考するわたし」が「人格」であることを結論しようとする第三誤謬推理を検討しておこう（後述するように、この論証に着目するのは「人格」をめぐる議論がカントの実践哲学の構想にも関与するからである）。次に示すのは、「パラロギスムス」第一版における第三誤謬推理の概要である。

〔大前提〕異なった時間において、みずからの自己の数的な同一性を意識するものは、その限りにおいて人格である。

〔小前提〕ところで魂、すなわち思考する存在者は、みずからの自己の数的な同一性を意識する。

〔結　論〕したがって、思考する存在者は人格である。[6]（cf. A361）

ひとまず第一誤謬推理と同様に、カントは第三誤謬推理の大前提を「人格」の定義として受け入れる。ただし、（1）この大前提が真となるためには、「みずからの自己の数的な同一性を意識するもの」は「外的直観の対象として」考えられうるような存在者でなければならない（A362）。言い換えれば、外感を通じてもたらされるような直観内容を含むものでなければならない。（2）ならば、小前提において言及されている「みずからの自己の数的な同一性を意識するもの」はどうだろうか。それは「思考する存在者」である。(3)だが、「思考する存在者」、すなわち「思考するわたし」はそのような直観内容を欠いている。なぜなら、「思考するわたし」は想像力の綜合という「機能」に過ぎず、それは「わたしの主観の外的直観と結びついていない」からである(A363)。(4)こうして、第三誤謬推理は第一誤謬推理と同様に結論を導出することに失敗する。「異なった時間における「わたし」自身の意識の同一性は、わたしの思考とその連関の形式的制約に過ぎず、わたしの主観の数的な同一性を証明するものではけっしてない」(A363)。

整理しよう。カントによれば、「パラロギスムス」において提示される合理的心理学のいずれの論証も同様の誤謬に陥る。大前提では「実体」とか、「人格」といった概念についての定義が提示されるが、論証のこの段階ではカントにも異論がない。問題は、「思考するわたし」が言及される小前提にある。というのも、大前提に提示される「実体」とか「人格」といった概念が帰属されるためには、帰属される当の存在者は外感を通じてもたらされる直観内容を含まなければならない(と、カントは主張する)が、「思考するわたし」はそのような直観内容を欠落させているからである。したがって、たとえ実体や人格に関する概念の定義を承認したとしても、「思考するわたしが実体である」とか「思考するわたしは人格である」といった合理的心理学の結論は批判哲学の立場から退けられる。

もちろん、ここに再構成した論証はいずれも「カントによって解釈された限りでの合理的心理学の論証」に過ぎない。カントが言及する哲学者、たとえばデカルトやメンデルスゾーンが実際にそうした論証の誤謬をおかしていたかどうかは別問題である。この点について、カントは「パラロギスムス」においてこれらの哲学者たちのテクストの該当部分を明示しておらず、彼らの主張を誤解していた可能性すらある。[7]だが、たとえカントが合理的心理学に対して不当な批判を加えていたとしても、この章を検討する価値は十分にある。「パラロギスムス」は過去の哲学者を批判するだけでなく、自身の「演繹論」の成果を反省的に吟味するという役割も担っていると考えられるからである。[8]「演繹論」では、経験の可能性の条件をめぐって「わたし」の内容を想像力の「機能」

にまで切り詰めた。だが、「演繹論」のこの結論だけを取り出せば、それは想像力の「機能」でしかないものがあたかも実体を有し、人格として持続的に存在するような「わたし」であると主張しているように誤解されかねない。「パラロギスムス」はそうした誤解に対して、「演繹論」で主張された「わたし」がどのようなものでないかを明らかにしようとしていると解釈することができる。

内感の触発

以上を踏まえた上で、「パラロギスムス」の積極的な主張に目を転じよう。それは「思考するわたし」がいかにしてわたし自身によって意識されるか、という問いに関わる。この問いに対する応答は「パラロギスムス」の両版にわたって試みられているが、一つの手がかりは第一版の第三誤謬推理に与えられている。カントによれば、「わたしの意識と必然的に結びついている同一性は、それゆえその意識と、すなわちわたしの主観の外的直観と結びついてはいない」(A363)。

どうしてだろうか。なぜ「思考するわたし」はわたしの外感によって意識されうるものではないのだろうか。感官をめぐるカントの言葉づかいを確認することから始めよう。『純粋理性批判』において感官は内感と外感に区別される。まず、「わたしたちの表象はそれらがいかなる源泉を持つにせよ、それを引き起こしたのが外的な事物の影響であるとしても、内的な原因であるとしても、またアプリオリに生じたとしても、あるいは現象として経験的に生じたとしても、それらが心の変容である限り内感に属している」(A98–99)。そして「内感の形式的制約」とは「時間」である。こうして、内感が時間という「形式的制約」にしたがった表象の状態として特徴づけられる一方、外感はこの表象のうち、さらに空間という「形式的制約」にしたがった表象の状態として理解される(ebd.)。

ところで、「思考するわたし」は空間的性質を持つものではない。これまでの議論で明らかにしたように、「思考するわたし」は現象世界において局在化されるような身体的、物理的存在者ではないからである。では、それは内感の対象ということになるのか。カントによれば、それも違う。わたしたちは２・２節の検討を通じて、「思考するわたし」を判断のレベルにも先行するような想像力の包括的綜合の「機能」にまで切り詰めた。「演繹論」の表現を用いるならば、それは「統覚の分析的統一」に先行する「統覚の綜合的統一」の働きである。そしてカントは、この統覚の働きを内感の働きと混同してはならないと述べる。

内感は、意識においてわたしたち自身すら描出する。ただし、それはわたしたち自身をあるがままではなく、たんにわたしたちに現象するようなものとしてである。なぜなら、わたしたちは内的に触発されるとおりにしか自分自身を直観しないからである。そうするとわたしたちは自分自身に受動的に関わらなければならないことになり、こうしたことは矛盾であるように見える。（わたしたちは慎重に区別しているのだが）心理学の体系において内感と統覚の能力が、ふつう同一視されがちなのはそのためである。（B152–153）

仮に「思考するわたし」が内感の対象となるならば、それは「わたしたちに現象するようなものとして」である。言い換えれば、「思考するわたし」が何らかの直観内容を伴って受動的に内感されるということになる。だが、繰り返し述べるならば、「思考するわたし」は想像力の綜合という自発性の作用である。そこにはいかなる直観内容もない。自発性の作用は、ただわたしたち自身が「内的に触発される（innerlich affiziert werden）」ことによって意識されうるに過ぎない。「触発」という言い回しは、意識がみずからの純然たる自発性を捉える、その特異な自己意識のありようを表現するために選び取られている。このことを、カントは『人間学』では「人が被っていることについての意識（ein Bewußtsein dessen, was der Mensch leidet）」から区別して、「人が行っていることについての意識（ein Bewußtsein dessen, was der Mensch tut）」として際立たせる（VA7: 161）。後者において意識されるのは、受動的に内感される「わたし」の断片的イメージではなく、自発的綜合を「行っている」主体としての、イメージングの主体としての「わたし」である。

したがって悟性は、想像力の超越論的綜合という名のもとで、その能力が悟性であるところの受動的な主観に対して、正当にも内感がそれによって触発されると言いうるような働きをなすのである。(B153)

こうして、「内感の触発」という難解な表現によって綜合における自己意識の特異性が主張される。この主張の背景には、形而上学的な「わたし」の実体化を回避しつつ、しかし内省的な「わたし」の自己把握とも異なる、批判哲学に特有の自我論の確立がはかられていたと言ってよい。

だが、それだけではない。『純粋理性批判』では、このような自己意識がわたしたちの「実践」理性に関して少なからぬ役割を果たすことが強調される。長くなるが、引用しよう。

しかし後になって、経験においてではなく、ある種の（たんに論理的規則の内にではなく、むしろ）アプリオリに確立していてわたしたちの現存に関与するような純粋な理性使用の諸規則において次のような根拠が見出されるとしたら、すなわちわたしたちを、わたしたち自身の現存在に関して完全にアプリオリに立法するものとして、そしてこの現存をみずから規定するものとして前提するような根拠が見出されるとしたら、これによって一つの自発性が発見されるだろう。それは、わたしたちの現実性が経験的直観の諸制約を必要とせずに、それによって規定されうるような自発性である。ここではわたしたちは、わたしたちの現存在の意識においてはアプリオリにあるものが含まれており、それは徹底して感性的に規定されうるに過ぎないわたしたちの現存を、とはいえある種の内的能力に関してではあるが、叡智的な（もちろんたんに思考されただけの）世界との関連において規定するのに役立つことができる、ということに気づくだろう。(B430–431)

ここに至って、わたしたちは「思考するわたし」と「行為するわたし」の類比、あるいは根拠づけをめぐる複雑な議論に直面することになる。一見すると、引用では「思考するわたし」の「自発性」から、「行為するわたし」の「叡智的な」自由が直接的に引き出されているようにも思われるかもしれない。事実、ディーター・ヘンリッヒが指摘するように、そのように自由を導出しようとする傾向は少なくとも『純粋理性批判』以前のカントには認められる（たとえば一七七〇年代後半と推察される『形而上学講義L1』の記述を参照（28: 267）、（Henrich 1973））。しかし、この導出の手続きは『純粋理性批判』以降の批判期のカントによっては退けられる。その理由は自己意識に関する本書のこれまでの検討からも示されるだろう。二つの論点を挙げておきたい。第一に、「思考するわたし」の自発性の意識は、みずからの自由についての一人称的な自己理解にとどまること。第二に、自発性としての自由は、いわゆる自律としての自由とは異なることである。

第一の論点から考えよう。包括的綜合、すなわち想像力の超越論的綜合を遂行する主体は「内感の触発」によって「ある種の内的能力に関して」みずからの自発性を意識する。このことは受け入れるとしよう。だが、たとえそのような自発性を認めるとしても、それはあくまで自己意識において主張されるに過ぎない。言い換えれば、自発性はわたしの一人称的な意識においてのみ許容されるのであって、三人称的な事実として確証されているわけではない。この違いを、「パラロギスムス」は運動する球体の比喩を通じて指摘する。カントによれば、球体aが球体b、そして球体cに衝突するとき、「その全運動を、それゆえその全状態を〔…〕後者に伝達する」(A363)。こうした球体の運動のように、「表象の意識」が次々に伝達される実体を仮想してみよう。実体a、実体b、実体cの意識は次々に伝達されてゆき、「したがって最後の実体〔c〕は、先立つ実体〔a、b〕のすべての状態を自己自身の状態として意識するだろう」(A364)。この場合、実体cはa、b、cを連続的につらぬくみずからの通時的同一性を意識することができるが、当然、この意識は実体cが実際に持続的実体であることを正当化しない（ebd.）。同様に、「思考するわたし」は共時的な包括的綜合においてみずからの自発性を意識し、さらには通時的な個別的綜合においてそのような自発性を持続的に意識する。そこではまるで、「思考するわたし」がつねに自発性の自由を行使している主体であるかのように意識されることだろう。だが、この意識は「思考するわたし」が実際に持続的人格であることを、自由な主体であることを正当化しない。自由な行為者であるということは、いまだ一人称的な自己理解にとどまるのである。

もちろん、自己理解にとどまるにせよ、自発性の意識は実践哲学にとって無視することのできない要素である。たとえ身体的、物理的存在者としてのわたしが自然法則に必然的にしたがうとしても、わたしはみずからの自発性において、この必然性から独立するだけの自由を有しているとみなすことができるからである。一人称的な観点からは、自分は少なくとも「感性的衝動による強制から独立している」とみなしうる（A534/B562）。さらにアレン・ウッドが示唆するように、この「みなし」は判断を交わし合い、意見を交換し、あるいは約束を交わす主体のあいだにも成立すると主張できるかもしれない（Wood 2008: 133）。つまり、「思考するわたし」と同様に推論を働かせ、判断を行使する「思考するあなた」もまた、自然法則の必然性から独立した自由の主体であるとみなすことができるかもしれない。もしこのような相互理解が成立するならば、「思考するわたし」であることの自己理解から道徳的な帰責や行為者性の帰属の主張を引き出す余地もあるだろう。

ただし、このことを認めたとしても、自発性の意識だけではカントの主張する「自由」を実現することにはならない。ここに第二の論点がある。そもそもカントの批判哲学では「自由」概念に複数のタイプがあることが指摘されてきた。さしあたって本章の検討に関連するものだけを列挙するならば、少なくとも(a)自発性としての自由、(b)消極的自由、(c)積極的自由を考慮する必要があるだろう。[9] 先ほどわたしたちは、「思考するわたし」としての主体が(a)内感の触発によって意識される自発性としての自由から、(b)みずからが感性的衝動の必然性から独立するだけの消極的自由があるという自覚を引き出すことができる、その解釈の可能性に言及した。だが、カント自身はそのような(b)消極的自由と(c)積極的自由を概念的に区別した上で、実践哲学においては(c)積極的自由の可能性を追究することになる（G4: 446）。それは「ある種の内的能力に関して」自分自身を自由とみなすことではない。(c)の積極的自由とは、自分だけではなくほかの誰にとっても受け入れられうるような行為の法則を立法することができること、すなわち「自律（Autonomie）」としての自由を意味する。つまるところ、

「行為するわたし」の成立とは自律としての自由の可能性にかかっている。

「思考するわたし」から「行為するわたし」へ

本章の目的は(1)想像力の理論に基づき「自己意識とは何か」を明らかにし、その上で(2)この自己意識論が理論理性と実践理性の関係において果たす役割を示すことにあった。わたしたちの検討はようやく「自律」という実践哲学の理念の探究にさしかかったところだが、ここで、現段階でこれら(1)と(2)の目的がいかに達成されたのかを振り返っておきたい。ここでは第2章だけでなく第1章の解釈も回顧しつつ、『純粋理性批判』における想像力の理論の全体像を提示する。

これまで第1章、第2章をあわせた第Ⅰ部を通じて、わたしたちは想像力の「綜合」の働きに光をあててきた。一言で述べるならば、綜合する想像力とは、「多層的かつ多元的に心と世界を媒介する中間的能力」ということになるだろう。この表現に集約される『純粋理性批判』における想像力の理論は、およそ以下のような内容を持っていた。

(i) 想像力は中間的能力である。

『純粋理性批判』を主導するのは、アプリオリな綜合判断はいかにして可能か、という問いである。カントはこの問いに応答するために、判断を下すわたしたちの認識が必然的にしたがわなければならない形式的制約として、感性の形式と悟性の形式を想定する。想像力とは、このように分かたれた二つの形式を架橋するために要求される綜合の能力にほかならない。この綜合によって、わたしたちは感性的な、そして悟性的な形式によって制約された親和性のある世界を、すなわち法則的に連関した現象世界を経験することができるのである。

(ii) 想像力は多層的能力である。

そして、わたしたちが経験する世界が法則的に連関しているならば、世界を綜合する想像力の働きもまた全体論的なものでなければならない。つまり、想像力の綜合は個々の直観内容を連想したり、再生したりする個別的綜合にとどまるものではない。それらの直観内容を部分とするような、経験の全体に関する包括的綜合が理論的に要求されている。カントは後者の包括的綜合を「超越論的綜合」と表現し、この綜合によってのみ「経験的綜合」が可能であると考えた。第1章は、このように綜合の理論のいわば最深部をめぐるカントの思考を、経験の可能性の条件をめぐる「演繹論」の議論から抽出する試みだった。

(iii)　想像力は多元的能力である。

こうして「世界」の経験を可能とする想像力の綜合は、他方、わたしたちの「心」の機能でもある。そして心の機能を働かせることによって、わたしたちは自分自身がほかならぬその機能の担い手であることをみずから意識することができる。ここに、何ごとかを自発的に働かせ、それを意識する「わたし」という自己意識の芽生えがある。カントは、このように意識される「わたし」そのものの実体化を注意深く退けながら、その自発性に行為者性の条件を見出そうとする。第2章は、「世界」をめぐる理論哲学の探究が想像力の綜合の理論を媒介として、「わたし」をめぐる実践哲学の探究に接続されることを明らかにした。この意味で、カントの想像力は批判哲学の諸領域に対して多元的に関与する理論なのである。

以上のように要約される想像力の理論によって、本章の二つの課題に応答することができる。まず、第一の課題（想像力と自己意識の関係）について考えよう。(ii)によれば、想像力の理論は多層的な構造を持っており、綜合と呼ばれる働きは少なくとも個別的綜合と包括的綜合という二つのタイプを含む。また(iii)によれば、これら二つのタイプの綜合を通じて、綜合の主体はそれぞれ異なる仕方でみずからを意識することができる。2・2節では、個別的綜合を通じた自己意識を「誤同定に対する免疫」として、包括的綜合を通じた自己意識を「性質帰属なき自己指示」として特徴づけ、それぞれの内容を詳細に検討した。さらに後者の「性質帰属なき自己指示」では綜合する「機能」そのものとしての自己、すなわち身体的、物理的条件すら捨象された自己が意識されていると解釈し、この立場から先行研究の自己意識論を批判的に検討した。2・3節に示したように、自己意識論における「わたし」を想像力の主体として批判的に切り詰めようとする本章の解釈は、「わたし」の実体化を退け、「わたし」をめぐる合理的心理学の誤謬を暴こうとする「パラロギスムス」の企図と軌を同じくする。

続いて、第二の課題（自己意識論における理論理性と実践理性の関係）について考えよう。(iii)によれば、わたしは想像力を働かせることによって、働かせている当のわたしを意識することができる。だが、ここで意識されているのが「働かせている」機能の自発性に過ぎない限り、受動性としての感性を通じて意識されるものは何も無い。それは「内感を触発する」にとどまる。このことは、想像する主体の自己意識が理論理性にとって経験的な対象とはなりえないことを意味する。だが、実践理性の観点からすると話は別である。カントはこのように「内感を触発する」自己意識が理性の主体としての自発性をあかしだて、「叡智的な世界との関連」を示唆すると考える。2・3節ではこのことを「パラロギスムス」の記述にそくして考察してきたが、自発性としての自由の主張は『純粋理性批判』以降の著作、とりわけ実践哲学の著作に引き継がれている。一例として『道徳形而上学の基礎づけ』の第三章から引用しよう。

> それでもなお人間は必然的に、このたんなる現象から合成された自分自身の主観の性質を超えて、根底に存している何か別のもの、すなわちみずからがそれ自体においてそなえているみずからの自己を想定しなければならず、したがって自分自身を、たんなる知覚と感覚の受容性としては感性界に、しかし他方、何であれみずからのうちの純粋な活動性に関しては（けっして感官の触発によってではなく直接に意識されるものに関しては）叡智界に属するものとしなければならない。（G4: 451）

仮にわたしたち人間が完全に感性的に規定されているならば、わたしたちには感性的な要因から独立して行為するだけの自由の余地はない。それは「感性界」に拘束されるということである。だが、わたしたちは「純粋な活動性」とカントが呼ぶものを「直接に意識する」ことができる。『道徳形而上学の基礎づけ』だけを読んでいれば唐突にも思われるこのカントの主張を、わたしたちは『純粋理性批判』の想像力の理論によって解釈することができるだろう。すなわち、それは想像力の純然たる自発性がみずからに意識されるという自己意識の主張なのである。この主張を援用するならば、わたしたちは自分が「感性界」の住人に過ぎないとみなす必要はない。意識される限りでの自発性を根拠として、わたしたちはみずからを「叡智界」の住人ともみなすことができる。[10]

しかし、2・3節で述べたように、この「根拠」とは客観的な証拠の存在を意味するわけではない。わたしたちがみずからに自発性の自由があるとみなすのは、あくまで一人称的な自己理解に過ぎない。この点を強調しなければ、カントの実践哲学は「パラロギスムス」で退けたはずの誤謬推理に陥ってしまう。それが本章の解釈である。自発性としての自由が一人称的な自己理解にとどまるということは、それはつねに自由をはばむもの、すなわち自分の行為を恣意的に方向づける内的な欲求（強い欲求、衝動、無意識の欲動）や、外的な強制（他人の命令、共同体の掟、暴力による脅迫）によって脅かされうるということでもある。カントの表現を借りるならば、わたしが自分に帰属させているはずの自由は、いまだに「客観的実在性」を欠いている。だからこそ、本章は2・1節においてカントの実践哲学にはスタート地点とゴール地点があると述べたのだった。みずから意識される自発性の自由はこのスタート地点に過ぎない。

ならば、カントの実践哲学は究極的には何を目指すのか。それが実践的な規範の体系を含むものならば、わたしたちは何をなさなければならないのか。わたしたちはいかなる行為者に「なる」べきだとカントは考えているのか。それを明らかにするのが第Ⅱ部の第3章と第4章の課題となる。そして本書の解釈をあらかじめ述べるならば、啓蒙の思想こそ、カントの実践哲学に規範的な性格を与える核心部である。こうしてわたしたちは、第Ⅰ部において示された想像力の理論を携えて、啓蒙の思想とは何かという問いに進みたい。

第Ⅱ部

想像力と実践理性

第3章　自律の構想――実践哲学の目指すもの

想像力の伝統的な定義の一つに「中間的な能力」がある。中間的であるからこそ、この能力はあるものと、それとは異なるものを結びつける媒介者としての役割を果たす。カントの批判哲学において想像力が媒介するのは感性的なものと理性的なものである。ただし「理性的なもの」と言っても、これまで本書は理論理性の働きに焦点をしぼってきた。それは概念を用いて判断を下し、推論を組み立てるような認識の自発性である。認識の自発性としての「理性的なもの」と、認識の素材を受容する能力としての「感性的なもの」を媒介することは秩序ある「世界」が現象するための鍵となる。しかも、このように両者を媒介するとき、媒介する想像力の作用を通じて作用主体としての「わたし」が意識されるとカントは考える。この意味で、想像力の理論は「世界」の現象の成立だけでなく「わたし」の意識の成立にも関与するだろう。

他方、感性的なものと理性的なものは、実践理性の観点からはまた別の二分法として現れる。実践は身体をそなえた人間の行為において問われるが、行為する人間の理性は有限である。そのために行為の局面においては、欲求にとらわれ傾向性にしたがって動機づけられる感性的な側面と、欲求に抗い、傾向性から独立して規範をみずから立法しようとする理性的な側面が対比され、行為者にはそれが苛烈な拮抗として意識されることになる。だが、一見すると奇妙なことに、カントの実践哲学においてこれら二つの側面を媒介する能力として想像力が主題化されることはない。これまで多くの先行研究が指摘してきたように、カントの批判哲学では実践理性を媒介する想像力、実践的想像力とも呼ぶべきものが欠落しているように見える (Freydberg 2013)。

この欠落の背景にあるものは何だろうか。いくつかの仮説を立てることはできるが、カントの実践哲学がひとまず道徳形而上学の「基礎づけ」として遂行されたことには留意しておくべきだろう。カントにとって実践哲学は規範のアプリオリな基礎づけ、法や道徳に関する具体的規範の導出、さらにはこれらの規範の実現をめぐる経験的探究にまで及ぶ大規模なプロジェクトであり、『道徳形而上学の基礎づけ』、『実践理性批判』といった著作はその総体を尽くすものではない。これらの著作はカントの実践哲学上の主著とみなされてきたが、その力点はひとまずアプリオリな道徳性の最高原理の探究に置かれていた。この探究にあたっては道徳性を追求する有限な主体、つまり感性的かつ理性的な行為者としての「人間」は必ずしも前景化しないのである。

本書のもくろみは、カントの実践哲学の総体を視野におさめ、後景に退いた「実践的想像力」の理論をたぐり寄せることにある。そのための最初のステップとして、本章はそもそも実践哲学における道徳形而上学の「基礎づけ」とは何かを明らかにすることを目的とする。3・1節ではカントの実践哲学の全体像を啓蒙の思想として解釈し、それが「理性の公的使用」を実現するための社会的歴史的なプロジェクトであることを確認したい。3・2節では、このプロジェクトの「基礎づけ」の段階としての『道徳形而上学の基礎づけ』の論証を再構成し、定言命法の導出に関する論点整理をおこなう。3・3節では、定言命法の自律の方式に的をしぼり、理念としての「自律」の主張に一種の循環の構造が認められることを指摘する。そしてこの「自律の循環」から、本書の主題である「啓蒙の循環」の所在が示されるだろう。

3・1　実践哲学の全体像

理性の公的使用

本書は第一部を通じて想像力の「綜合」の理論を検討してきたが、そこで浮き彫りとなったのは批判哲学の本質的にダイナミックな性格である。想像力は、その「包括的」とも形容できる綜合の働きによって世界の秩序をつくりだす。カントによれば、現象する世界にはあらかじめ秩序がそなわっているわけではない。その秩序は想像力という心の働きによって、いわば世界の側に「投げ入れ」られるものであり、この「投げ入れ」によってはじめて世界は法則的に連関するものとして現象する。世界が法則的な「親和性」を獲得するのは想像力を原動力とする、と言ってもよい。だが他方、カントが『道徳形而上学の基礎づけ』（以下『基礎づけ』）、『実践理性批判』といった著作において実践哲学を論じるとき、しばしばその構想はスタティックなものと受けとめられてきた。たとえば、カントの実践哲学では現象界と叡智界からなる形而上学的な区別が前提とされていること、そして人間の道徳性はもっぱら無時間的な叡智界に存していると想定されること、これらはショーペンハウアーの時代から繰り返されてきた批判である。批判者たちは、わたしたちが行為者として住まい実際に交流するのは目に見えるこの現象界であることを指摘する。対して、カントはあらかじめ叡智界という奇妙な領域を想定することによって、およそ時間軸のない、現実味を欠いた実践哲学を構想したというわけである。

　このような批判は、純粋かつ厳格な理性主義の倫理学者というカントのイメージとも結びついてきた。わたしたち人間は身体をそなえた行為者であり、身体は現象界の形式としての空間・時間のなかに位置づけられる。したがって、道徳性が現象界でなされるあらゆる人間的な営みから純化されるならば、わたしたちの身体的なパースペクティブもまた捨象されてしまう。結果として失われるのは、現象界で出会う他人との具体的な経験のありようであり、それに伴われるはずの共感、愛情、是認といった身体的、感情的な反応である。こうした指摘はショーペンハウアー、シラーといった有名なカントの批判者だけでなく、アラスデア・マッキンタイア、サイモン・ブラックバーンといった現代倫理学の論者からもなされてきた（MacIntyre 1984; Blackburn 1998）。これらの批判から浮かびあがるのは、理性的存在者が他人との現実的な交流をまるで欠落させたまま、実践理性によってやみくもに義務に服従しようとする形式主義的な倫理学である。

　しかし、実のところ、カントのテクストはこのイメージとは根本的に異なる方向を指し示している。たしかに

『基礎づけ』では「人間学に属するあらゆるものから完全に純化された純粋道徳哲学」が主張されるが、この純粋性は「基礎に関する準備作業」として要求されているに過ぎない（G4: 391）。つまり、カントは『基礎づけ』においてすでに、みずからの実践哲学の構想には「基礎」だけでなくそれに後続する発展的段階があることをはっきりと予告していたのである。事実、ひとたび批判哲学の全体に目を向けるならば、わたしたちは（批判者たちの想定よりも）はるかに豊かで、ダイナミックな実践哲学の展開を見出すことができる。とりわけ歴史哲学ならびに人間学と呼ばれる学問諸領域との接続によって、実践哲学は人間という種の歴史的な発展の文脈から捉えなおされることになるだろう。そして『判断力批判』や『道徳形而上学』が明らかにするように、カントの実践哲学は身体をそなえた人間同士の感情的伝達、たとえば「共感（teilnehmende Empfindung）」にすら積極的な価値を認めている（KU5: 355, MS6: 456）。その構想は通俗的なイメージに反して、社会的、歴史的、そして感情的な要素を含むのである。

本章はカントの実践哲学のこうした全体像を示すために、その構想をつらぬく啓蒙の思想の内容を明らかにすることから始めたい。啓蒙の思想は「自分自身の悟性を用いる勇気を持て」という標語によって表現される。それは他人の思考におもねるのをやめ、パターナリスティックに押しつけられる「あんよ車（Gängelwagen）」から独立して「自立的な思考（Selbstdenken）」を獲得することを目指すプロジェクトである。カントによれば、そのような思考には公的に思考を伝達することができるだけの自由が必要とされる。批判期のカントの論文『思考において方位を定めるとはいかなることか』（以下『方位論文』）から引用しよう。

自分の思考を公的に伝達する自由を人間から奪いとる外的な権力は、思考の自由もまた人間から取りあげてしまう、そう言ってよい。この思考する自由なるものは、あらゆる市民的足枷にもかかわらずなおわたしたちに残されているただ一つの財産であり、この自由によってのみ、このような状況のあらゆる害悪に抗して、それでも方策を練ることができるのである（O8: 144）。

啓蒙は個人によって達成されるものではない。「それどころか、個人は未成年状態（Unmündigkeit）を捨てがたく思っており、自分自身の悟性を用いることは目下のところ、現実的には不可能である」（WA8: 36）。そこで、カントは啓蒙のプロジェクトを一種の共同事業として捉え、啓蒙はわたしたちが互いに「自分の思考を公的に伝達する」公共空間においてのみ可能であると考える。では、「思考を公的に伝達する」とは具体的にどういうことだろうか。『啓蒙とは何か』はこの問いに理性の公的／私的使用の区別をもって答えている（WA8: 38–39）。たとえば、大学教員が自分の属する大学の学生に向けて講義をおこなうならば、それは理性の私的な使用とみなされる。他方、その教員が社会的立場にとらわれず大衆紙に意見を投稿するならば、それは理性の公的使用、すなわち「公衆（Publicum）」に対する思考の伝達となる。たしかに、このような区別は大学を公共空間とみなし、大衆紙に掲載される意見を個人の私的見解と考える人にとっては奇妙に思われるだろう。

　だが、カントにとって重要なのは伝達される思考の内容ではなく、思考の相手である。大学教員が自分の所属する大学のためだけに講義をおこなうならば、その講義の相手はその大学の学生に限定されてしまう。このとき大学は、たとえ世間的には公的な組織とみなされていたとしても「人間からその思考を公的に伝える自由を奪う外的な権力」となる。他方、その教員が自分の属する大学を離れて意見を述べるならば、その相手はいかなる「外的な権力」にも妨げられることはない。むしろそこには大学を批判する自由すら生まれることだろう。こうして伝達される意見はその内容がどれほど稚拙なものであっても、また、その相手が現実的にはいかに限定されようとも、「公共体全体の構成員、そればかりか世界市民社会の構成員」に対して可能的には開かれている（WA8: 37）。カントが「思考を公的に伝達する自由」すなわち「理性の公的使用」を主張するとき、意図されているのは理性以外のいかなる「外的な権力」にも服することのない自由、「本来の公衆」に開かれた意見表明の自由である。

　したがって、「自分自身の悟性を用いる勇気を持て」という啓蒙の標語はけっして独りよがりな思考を促すものではない。むしろその反対だろう。それは公的に思考せよ、ということである。言い換えると、あなたの思考の相手、対話の相手となりうる「ほかのあらゆる人の立場に立って考えよ」ということである。

〔理性の格率によって命じられている〕考え方は、その人の天分が達する範囲や程度がどれほどわずかだったとしても、それでもなお、その人が判断に関してほかの多くの人々がそのなかに括弧づけられているような主観的な私的条件（Privatbedingungen）を抜けだして、普遍的な立場（その人は自分をほかの人々の立場に置き移すことによってのみ、この立場を規定することができる）から自分の判断について反省するときには、その人が拡張された考え方（erweiterter Denkungsart）を持った人であることを示す。（KU5: 295）

わたしたちは個々の共同体の利害にとらわれていると、その外部に思考が及ばない。このときわたしたちの理性は視野狭窄の状態にある。啓蒙の思想はこうした視野狭窄から脱却して「拡張された考え方」を目指すものである。そしてカントによれば、「拡張された考え方」とは「自分をほかの人々の立場に置き移す」ことによって「普遍的な立場から自分の判断について反省する」ことにほかならない。この「普遍的な立場」こそ理性の公的な使用において立脚されるものであり、また、「目的の国」の構成員に帰属されるものである。カントはこのことを『基礎づけ』において、すなわち実践哲学の「基礎に関する準備作業」において明記していた。「理性的存在者はそれぞれ自分の格率を通じて、つねにあたかも目的の普遍的な国の立法的成員であるかのように行為しなければならない」（G4: 438）。

非社交性

ただし、「目的の国」という共同体はあくまで「実践的理念」として提示されていることに注意しよう（G4: 436）。この共同体の理念的性格は、わたしたちが「世界市民社会の構成員」に出会うことなどありえず、それゆえ思考を伝達する相手が現実的には限定されざるをえないことを告げているのではない。そうではなく、むしろわたしたちが「世界市民社会の構成員」に可能的には開かれた思考をおこなうために、「自分をほかの人々の立場へ置き移す」ことの難しさを意味している。

この難しさの原因はさまざまに考えられる。たとえばわたしたちの心を外的に束縛する国家や教会の権力(O8: 144)、あるいはそれらの権力から押しつけられる慣習や教条といったものが挙げられるだろう(WA8: 36)。だがカントによれば、はるかに根深いのはむしろ心の内部の問題、つまり人間本性に属することがらである。人間には血肉をそなえた身体がある。身体は快と不快の感情をもたらし、快の感情を求めてわたしたち人間は対象を欲求する(MS6: 212)。当然のことながら身体の個別性に応じて欲求の内容はさまざまであり、それらにとらわれる限り「拡張された考え方」に至ることは難しい。さらに、カントは欲求の相対性だけでなく、自己愛に基づく欲求の衝突、すなわち人間同士の敵対関係(Antagonism)に照明をあてる。それは非社交性と呼ばれる傾向性である。

> 自分にとって疎遠とみなされるあらゆる人々に対するひそかな、またはあからさまな敵意のようにきわめて大きな悪徳が、嫉妬や競争心には接ぎ木される。本来このような敵意は自然を根としてそこから自然に芽生えてくるのではない。むしろそれは自分に対して他人が憎らしい優位を得ることを懸念して、〔いわば〕安全のための予防策として、他人に対する優越をみずからつくりだそうとする傾向性である。というのも、自然は(そのものとしては相互愛を排除するものではない)競争の理念を、文化のための動機として用いようとしたに過ぎないからである。(R6: 27)

次の第4章はこの非社交性の内容を詳細に分析する。さしあたり確認しておきたいのは、「嫉妬や競争心」によって特徴づけられるこの傾向性が「自然を根としてそこから自然に芽生えてくるのではない」ことだろう。つまり、非社交性はむきだしの欲求をぶつけあう動物性ではなく、一定の文明の水準にしたがって欲求を制御できるはずの人間性においてはじめて見出されるのである。

『たんなる理性の限界内の宗教』(以下、『宗教論』)の記述にしたがって整理しよう。まず、動物性のための素質(Anlage für die Tierheit)とは生物としてのわたしたちにそなわる本能的欲求を充足しようとするものである。それは具体的には自己と種の保存の欲求、ほかの個体との結合に向けられた欲求であり、これらの充足には「理性を必要としない」(R6: 26)。そして「理性を必要としない」ゆえに動物性は無垢な状態にとどまる。わたしたちが本能から逸脱しない限り、そこには道徳的に何の問題も認められないのである。反対に、人格性のための素質(Anlage für die Persönlichkeit)は「それだけで実践的な、すなわち無制約に立法する理性」に根ざしている(R6: 28)。わたしたちはこの素質において道徳法則を尊敬し、尊敬に基づいて行為することができる。ここまでの議論と重ねあわせるならば、この人格性こそ「目的の国」の構成員に帰属されるもの、未成年状態から脱却したものの素質とみなされるものだろう。こうした人格性の理解はカントの実践哲学において一貫しており、『基礎づけ』では、それは道徳法則を自律的に立法する理性的存在者に特有の道徳的素質として提示されている(G4: 438)。

これら、動物性と人格性の中間に位置づけられるのが人間性である。人間性は人格性と同様に理性の使用を伴うものの、それは「実践的ではあるがほかの動機にしか仕えることのできない理性」である(R6: 28)。平たく言うと、それは欲求に基づいて目的を設定し、そのための手段を考案するタイプの実践理性を意味している。ただし、それはたんなる道具的理性にとどまるものではない。『人間学』において論じられるように、人間性には道具的理性としての「技術的素質(technische Anlage)」に加えて、怜悧としての「実用的素質(pragmatische Anlage)」が含まれるからである(VA7: 322–323)。後者の素質においてわたしたちは自分の目的を設定するだけではなく、社会関係において互いの目的を比較し、諸目的の体系的な把握を目指す。そこに認められるのは本能のメカニズムにしたがった「理性を必要としない自己愛」ではない。人間は「他人と比較することでのみ自分の幸・不幸を判定する自己愛」に基づき、「他人の意見において自分に価値を与えようとする傾向性」を抱くようになる。この傾向性には「自分に対する優位を他人が獲得したがっているという懸念がたえず結びついており、ここから、他人に対する優位を得ようとする不当な欲望が次第に生じてくる」(R6: 27)。

したがって、カントにとって人間の形成する社会関係は理念としての「目的の国」とは似て非なるものである。それは一方では高度な文化をつくりあげるが、他方では「嫉妬や競争心」といった「不当な欲望」が生じる場所となる。非社交性はこのような社会関係に由来しつつ、「社会をたえず分断するおそれのある一般的抵抗」として内部からこれを引き裂こうとするだろう(ID8: 20)。それは「自分にとって疎遠とみなされるあらゆる人々に対するひそかな、またはあからさまな敵意」を引き起こし、わたしたちが「自分をほかの人々の立場へ置き移す」ことを妨げようとする(R6: 27)。こうした思想がルソーの文明社会批判を継承するものであることを、カントは『憶測的始元』において認めている。

> ルソーは学問の影響についての著作、そして人間の不平等についての著作のなかで、まったく正当にも文化と人類の自然本性のあいだの免れえない対立を指摘している。〔…〕そのような対立があるとき、そこからあらゆる真正の災厄と悪徳が生まれ、これによって人間の生活は圧迫され、汚されてしまう。(MA8: 116)

実際、ルソーは『憶測的始元』(一七八六)に先行する『人間不平等起源論』(一七五五)においてカントの「比較する自己愛」に対応することを次のように主張している。「自尊心(amour-propre)は相対的で、人為的で、社会のなかで生まれ、各個人をほかの誰よりも自分を重んじるようにさせ、相互に行うあらゆる悪を人々に思いつかせ、名誉の真の源である感情に過ぎない」(Rousseau 1755: 219(邦訳：287))[2]。カントはこのような「悪」を「人間本性の内なる根源悪」として捉え(R6: 32)、それが「人間的行為の歴史」の始まりから見出されると考える(MA8: 109)。つまり、わたしたちはたとえ自然状態にあったとしても人間本性としての「比較する自己愛」に陥らざるをえず、結果として「あらゆる真正の災厄と悪徳」、すなわち道徳的な腐敗に巻きこまれてしまうのである。

そうすると、カントが『基礎づけ』において「人間学に属するあらゆるものから完全に純化された純粋道徳哲学」を試みた理由も明らかになるだろう。カントは愛情や共感といった感情、あるいは「名誉への傾向性」の意義を認めないわけではない（G4: 398）。だが、カントは「素朴であるのは立派なことだが、しかしまたきわめて具合の悪いことに、素朴さは十分に保持されず、誤った方向に導かれやすい」とも考えている（G4: 404）。そのような誤りはたんなる欲求ではなく「不当な」欲求、自己愛に基づく非社交的な傾向性に由来する。そして非社交性がわたしたちの「人間本性の内なる根源悪」ならば、「正当な」道徳性の基礎は人間本性に関するいかなる事実からも独立したものでなければならない。カントにとって、それは人格性において行使されるような実践理性、すなわち「法則の表象にしたがって行為する能力」としての「意志（Wille）」にこそ求められる。意志だけが欲求から独立して「理性的存在者としての人間にアプリオリな諸法則を与える」のである（G4: 389）。

啓蒙の循環

こうして、わたしたちは理性を公的に使用する可能性に開かれながら、他方では人間本性をめぐるシビアな現実を突きつけられる。それは理性と感性を兼ねそなえた「理性的動物（animal rationale）」としてのわたしたち人間が直面せざるをえないギャップと言ってよいだろう。啓蒙のプロジェクトはこのようなギャップを個人ではなく集団によって（WA8: 36）、一世代ではなく世代を超えて（WA8: 39）、歴史的に埋めていこうとする前進運動である。カントによれば、「啓蒙を実現するために要求されるのは自由以外の何ものでもない」が（WA8: 36）、そのような自由は何らかの「外的な権力」によってたえず妨げられてしまう（O8: 144）。したがって啓蒙の前進運動は、理性が理性以外のいかなる権力にも服さないことを、理性が理性によってのみ批判されることを要求する。このことは、批判哲学の始まりを告げる『純粋理性批判』においてすでに主張されていた。

理性はそのくわだてのいっさいにおいて批判に服しなければならず、また、この批判の自由を何らかの禁止措置によって損ねることはできない。損ねることがあれば、理性は自分自身を傷つけ、自分にとって不利な疑念を招来することになるだろう。ところで有益であるということについて、個人の威信に関わりなく、調査し吟味する探究から逃れることが許されるほどに重要なもの、それほどに神聖なものはありえない。それどころか理性の現存すらこの〔批判の〕自由に基づいており、理性はいかなる独裁的な威信を持たず、その発言はつねに自由な市民の一致した意見にほかならない〔…〕。(A738–739/B766–767)

しかし、啓蒙のプロジェクトには明らかな循環の構造が認められる。それは啓蒙するのも、啓蒙されるのもわたしたちの理性であることに由来する。身体をそなえた中間的な存在者としての人間に視点を据えて考えてみよう。一方では、わたしたち人間は「未成年状態」の視野狭窄から脱却するために、理性を公的に使用しなければならない。だが他方では、そもそも理性を公的に使用するために、わたしたちは視野狭窄から脱却していなければならないのである。こうした循環はカント研究の歴史においてしばしば看過されてきたが、いくつかの先行研究はその問題点を指摘している。序論でも引用したように、たとえばオノラ・オニールは啓蒙を「公的な討議」に基づくプロセスとして捉えた上で、「理性能力はその始元において（部分的にせよ）公的な討議に依拠することができない」と主張する。なぜなら「いかなる討議も最小限の理性能力を前提とするからである」(O'Neill 1989: 39)。裏を返せば、啓蒙のプロジェクトを前進させるために、わたしたちの実践理性は「ある程度まで」発展していなければならない（O'Neill 1989: 40）。かつてハーバーマスが「公衆のジレンマ」と表現したこの問題を、わたしたちは「啓蒙の循環」と呼ぶことにしよう（Habermas 1962: 123（邦訳：150））。

この循環から脱却するための手がかりは、カントの歴史観にある。歴史は人間の行為によって引き起こされる出来事によって織りなされている。そして人間の行為とは、実践理性の行使によってもたらされる「意志の現象」にほかならない（ID8: 17）。したがって、たとえば『普遍史の理念』がマクロな視点から歴史を把握しようとするとき、考察されるのは出来事のたんなる時間的な連続、あるいはその因果的な連関ではない。わたしたちの

「意志の発展」こそが主題化されるのである。「人間の意志が自由に活動しているのを全体として考察すると、歴史はそこに自由の規則正しい歩みを発見することができる。また同じ仕方によって、個々の主体には複雑で不規則に映るものが、人類全体としては、人間の根源的素質が穏やかであってもつねに継続して発展しているものとして認識されうる」(ID8: 17)。ここで注目されるのは、「人間の根源的素質」としての実践理性の歴史的な発展のありようだろう。実践理性はいかにして「公的な討議」に参画できるだけの発展、すなわち「ある程度まで」の発展を遂げることができるのだろうか。

結論を先取りするならば、カントの回答は人間の非社交的社交性に歴史的な観点から照明をあて、これを積極的に評価することにある。わたしたちは人間本性としての「比較する自己愛」によって非社交性を抱くようになり、そこから「他人に対する優位を得ようとする不当な欲望が次第に生じてくる」(R6: 27)。だが、カントによれば、非社交性はこのように苛烈な敵対関係をもたらすことで法的な秩序をそなえた政治的公共体の必要性を明らかにし、逆説的な仕方で「自然素質をさらに発展させるよう〔わたしたちを〕駆り立てることになる」。

自然のあらゆる素質の発展を実現するために自然が用いる手段は、社会における素質の敵対関係であるが、ただしこれは、敵対関係が最終的に社会の合法則的秩序の原因となる限りのことである。わたしがここで敵対関係ということで理解しているのは、人間の非社交的社交性である。(ID8: 20)

クリスティアン・リッターの指摘するように、このようなカントの戦略はルソーの『社会契約論』と同様、文明社会のもたらす害悪を文明社会そのものの発展によって、いわば内側から解消しようとするものである(Ritter 1971: 151)。本書はこの戦略の大枠を認めた上で、二つの問題を提起したい。第一の問題は実践哲学と歴史哲学の関係である。[3] わたしたちの実践理性が「自然素質」として歴史的に発展するとはどういうことなのだろうか。それは『基礎づけ』における意志の理論、すなわち「理性的存在者としての人間にアプリオリな諸法則を与える」

意志の自律の主張と果たして両立するのだろうか（G4: 389）。第二の問題は歴史哲学の内容である。イルミヤフ・ヨーベルの指摘するように、カントの歴史哲学はけっして一枚岩ではなく、その構想は批判期を通じて段階的に変化しているように思われる（Yovel 1980: 32–34）。とすると、その変化はカントの啓蒙のプロジェクトによっていかなる意味を持つだろうか。

本書は第2部の全体を通じてこれら二つの問題を検討してゆく。最終的には第二の問題の考察を通じて、想像力の理論が実践理性の歴史的な発展に決定的な役割を果たしていることが明らかになるだろう（4・3節参照）。これまで第3章ではカントの実践哲学を啓蒙の思想から捉えなおすことによって、それが無時間的なものでも、現実味を欠いたものでもないことを示してきた。啓蒙の思想は非社交性という人間の現実に対する応答であり、この応答は理性のダイナミックな発展のプロセスにおいてはじめて可能となる。ただし、他方でこのプロセスには理性が理性を啓蒙することに由来する循環の構造も認められた。これより本章は『基礎づけ』の議論構造を分析することでこのような循環の構造と、さらにはその循環から脱却する手がかりが、すでに実践哲学の「基礎に関する準備作業」に見出されることを示す。

3・2　『基礎づけ』の議論構造

仮言命法と定言命法

まずは、カントがわたしたち人間の「実践」をどのように捉えているかを確認しよう。もっとも明晰に整理されているのが『道徳形而上学』の記述である。カントによれば「あらゆる行為には目的がある」（MS6: 385）。目的を欠いた身体の運動は「行為（Handlung）」とはみなされない。目的が達成されるとき、あるいはそのような達成を思い浮かべそれを実現することができるときには快の感情が喚起される。快の感情は何らかの対象に対する欲求（Begehren）をもたらし、欲求が習慣化すると傾向性（Neigung）と呼ばれる（MS6: 212）[4]。これらの欲求や傾向性がわたしたちの行為を方向づけるのである。たとえばライブハウスでロックを聴くという行為を考えよう。ロック・ミュージックに対する傾向性を持っているならば、わたしはライブハウスを見つけたときにロックを聴くことを欲求するだろう。注意したいのは、欲求を抱くだけでは行為者とみなされないことである。ライブハウスを見つけた状況においてロックを聴くことを目的として設定し、その目的を達成するための手段（たとえばチケットを買うこと）を推理してはじめて行為は可能となる。

このように推理し、結果として示される手段を行為者に課すことを、『基礎づけ』は仮言命法の「熟練の命法」として表現する（G4: 415）。それは『人間学』において人間性の「技術的素質」と呼ばれていた道具的理性の行使にほかならない。カントによれば「熟練の命法がいかにして可能であるかは、特別な解明を必要としない」。なぜなら「目的を意欲するものは誰であろうとも、その目的のために必要不可欠であり、その人が行使できる手段をも（理性がその人の行為に決定的な影響を与える限り）意欲する」からである（G4: 417）。ここでは「理性がその人の行為に決定的な影響を与える限り（so fern die Vernunft auf seine Handlungen entscheidenden Einfluß hat）」という但し書きが重要だろう。しばしば誤解されているが、カントは実践的理性の行使が道徳的な行為だけでなく、あらゆる行為にとって必要であると考えている。この主張は、理性の実践的な役割を欲求の「補完」、あるいは「方向づけ」にとどめるヒュームの主張とはっきり異なっている。[5] よく知られているように、ヒュームにとって行為への「衝動は理性から生じるのではなく、ただ理性によって方向づけられるに過ぎない」（THN 2.3.3）。

さらに、カントは人間性の「実用的素質」（VA7: 323–324）に対応する実践理性の行使として「怜悧の命法」を論じている。怜悧はたんなる道具的理性ではない。それは全体性を志向する理性の働きを、「幸福（Glückseligkeit）」という概念にそくして捉えようとするものである。カントは幸福を「すべての傾向性が一つの総和に結合する」理念（G4: 399）、あるいは「すべてが願望と意志の通りになるような世界における理性的存在の状態」（KpV5: 124）といった表現によって特徴づけており、必ずしも明確な定義を与えているわけではない。[6] ただし、これらの表現に関しては、実践理性の志向する全体性を「傾向性」や「願望」を通じて思い描かざるをえない存在、すなわち

「感性の対象に依存する存在としてのわたしたち」の有限性が見据えられていることは指摘できるだろう（R6: 46）。カントによれば、わたしたちはこのように「感性の対象に依存する存在」でありながら、それでも何らかの目的を理性的に設定することで動物から区別される。

> 理性的存在者は自分自身に対して目的を設定するという点において、ほかの存在者から特に区別される。この目的はそれぞれの善意志の実質ということになるだろう。（G4: 437）

もちろん、目的を設定するからといってそれが道徳的な目的であるとは限らない。言い換えれば、目的設定という実践は「人間性」の発揮として「動物性」から区別されるものの、なお「人格性」には至っていない。たとえば「医者が自分の患者を根本的な治療法によって健康にするための指令と、毒殺者が相手を確実に殺すための指令は、それらがいずれも彼らの意図を完全に実現するのに役立つ限りにおいて等しい価値（Wert）をそなえている」（G4: 415）。熟練の場合、相手を殺すという目的は殺したいという当人の欲求を前提とする限り、あくまで行為者相対的な「価値」を持つに過ぎない。同様に、怜悧も「誰それの人が、あれこれを自分の幸福に数えるかどうかという主観的で偶然的な条件の下でのみ妥当する」（G: 416）。いずれにせよ、熟練と怜悧は何らかの目的がこのわたしにとって価値を持つ場合にのみ（仮言的）、わたしだけに規範的な力を及ぼす（命法）。

ただし、仮言命法について二点を注意しよう。第一に、カントはいかなる目的にも道徳的価値は存在しないとか、目的にしたがった行為は道徳的ではありえないと主張しているわけではない（この点について、本章は「目的それ自体」の「絶対的価値」にも後に言及する）。ここでは、何らかの欲求を前提とするような目的には「法則に要求される必然性」が認められないことが指摘されているに過ぎない（G4: 420）。第二に、欲求や傾向性にいかなる道徳的価値も認められないわけでもない。少なくともカントは「同情心」や「名誉への傾向性」は「賞賛と賞揚（Lob und Aufmunterung）には値する」と述べている（G4: 398）。ただし、これらはなお「真正な（wahr）道徳的価値」

には至らないという。カントはこのことを示すために、同情心をそなえた「博愛的な人」が不意に「無感動状態」におそわれ、他人の苦境に心動かされることがなくなった状態を仮定する。

もはやどのような傾向性も彼を親切な行為に促すことはないが、それにもかかわらず、彼がこの重度の無感動状態から脱却し、いかなる傾向性もなくして端的に義務に基づいて行為するならば、この行為ははじめて真正な道徳的価値を有するのである。(G4: 398)

たとえ「賞賛に値する」ものであったとしても、「博愛的な心情」は欲求や傾向性である限り不安定なものにならざるをえない。このような見解は一見すると人間本性に関する悲観主義に過ぎないように思われるが、本質的にはカントの平等主義と結びついている(たとえ「博愛的な心情」を持ちあわせていなかったとしても、わたしたちは等しく道徳的行為者になりうる)。また、ここには、道徳性の基礎は「主観的で偶然的な」ものであってはならないという客観主義も認められる(G: 416)。わたしたちはすでに前節において、この客観主義の背景に非社交的傾向性をめぐる「根源悪」の洞察があることを明らかにした。繰り返し述べるならば、「人間学に属するあらゆるものから完全に純化された純粋道徳哲学」は人間本性の現実に対する応答として構想されているのである。

では、欲求や傾向性のいかなる影響からも独立して行使される実践理性とはどのようなものだろうか。『基礎づけ』はこの問いに対する応答をいわゆる定言命法の理論として提示する。定言命法の規範性は欲求や傾向性を前提とするいかなる目的にも由来しない(G4: 394)。それはいかなる「主観的で偶然的な条件」からも独立してわたしたちに行為を命じる。わたしたちが「義務から(aus Pflicht)行為する」のは、そのように無条件的な仕方で命じられた行為を遂行するときにほかならない(G4: 400)。この定言命法を表現する諸方式は、ペイトンの古典的研究以来、伝統的に以下の三つのバージョンとして整理されてきた(Paton 1948)。

第一方式　普遍的法則の方式
「あなたの格率が普遍的法則となることを、その格率を通じてあなたが同時に意欲することができるような、そうした格率にしたがってのみ行為せよ」（G4: 421）
「あなたの行為の格率が、あなたの意志を通じて普遍的自然法則となるかのように行為せよ」（G4: 421）

第二方式　目的それ自体の方式
「あなたの人格やほかのあらゆる人の人格の内にある人間性を、つねに同時に目的として扱い、けっしてたんに手段としてのみ扱わないように行為せよ」（G4: 429）

第三方式　自律の方式
「自律の原理は、意志の選択の格率が同一の意欲の内に同時に普遍的法則として含まれるという仕方でのみ選択して、それ以外の仕方では選択しないということである」（G4:440）
「たんに可能な目的の国の普遍的に立法する成員の格率にしたがって行為せよ」（G4: 439）

第一方式と第二方式

さて、本書の主題は啓蒙のプロジェクトにおける循環の構造を見定め、この問題に対する方策をカントのテクストから抽出することにある。ここではその準備作業として『基礎づけ』の意志の理論を検討することを目的とするため、定言命法の三つのバージョンに関する解釈上の係争点をすべて論じるだけの余裕はない。そこで『基礎づけ』の先行研究から以下の二つの解釈を前提とした上で議論を進める。

第一に、「道徳性の原理を示す前述の〔定言命法の〕三方式は、根本においては同一の法則の三つの方式に過ぎない（G4: 436）。三方式の内容に少なくとも矛盾はなく、いずれも「主観的で偶然的な条件」から独立してわたしたちに行為を命じる。第二に、それでもカントは明らかに第三方式を、すなわち「道徳性の最上の原理としての意志の自律」の意義を強調している（G4: 440）。おおまかに述べると、『基礎づけ』は「通常の道徳的理性認識」から直接に導かれる第一方式をいわば暫定的な方式として示し、さらに哲学的な洗練を加えることによって第二方式、そして第三方式に到達していると考えられるのである。[7] ただし、この第二の解釈にはさまざまな異論も提示されてきた。とりわけ第二方式と第三方式の関係は『基礎づけ』第二章の内在的な議論構造、そして第二章と第三章の論理的な関係を決定する論点となるため、本節（２・２節）と次節（２・３節）においてこの問題を再検討する。

まずは第一方式の内容を簡潔に確認しておこう。すでに述べたように、定言命法は仮言命法とは異なり「主観的で偶然的な条件」から独立したものでなければならない。それは「人間性の偶然的諸条件の下でのみ妥当する」のではなく「あらゆる理性的存在者に対する普遍的指令」を与えるものでなければならない（G4: 408）。このような普遍性の要求を『基礎づけ』の第二章は次のように表現する。「あなたの格率が普遍的法則となることを、その格率を通じてあなたが同時に意欲することができるような、そうした格率にしたがってのみ行為せよ」（G4: 421）。そしてこの方式の変形として「あなたの行為の格率が、あなたの意志を通じて普遍的自然法則となるかのように行為せよ」が挙げられる（G4: 421）。これら二つの方式においては、どのような内容を含むのであれ行為の格率はいわゆる「概念における矛盾」ないし「意志における矛盾」を含むことなく意志されうるのでなければならない。[8] ここでは格率を、個々の行為に対して「基底をなす理由」を与えるような方針と理解しておこう。

カントは四つの事例を通じて、第一方式が「わたしたちにとって現実的と認められた義務」を導出できることを示そうとする（G4: 421–424）。たとえば「借金の必要に迫られており、これを返済できないことが分かっているのに、一定期間内に返済することを約束しなければ借金ができないことも自覚している」人の事例である（G4:

422)。そのような状況において、彼が「守ることのできない約束を結ぶ」ことを行為の格率として採用すると仮定しよう。このとき、第一方式はその格率が「あたかも普遍的法則となるかのように」みなされるかどうかを問うことになる。つまり、返済する見込みがないにもかかわらず借金の約束を結ぶことが、ほかの誰にとっても等しく受け入れられうるかどうかを問うのである。この第一方式はしばしばジョン・ロールズの研究以降、わたしたちに義務として課せられる道徳法則の内容を構成する手続きとして解釈されてきた。これまで、ロールズの（あるいはその後継者の）構成主義的解釈の利点と欠点はさまざまに指摘されてきたが、近年、その手続きとしての有用性には多くの疑念が寄せられている。[9]

　ここでは、構成主義的解釈の是非を詳細に検討することはしない。ただし、たとえ第一方式が義務の内容を構成する手続きとしてそれなりに有用であったとしても、この手続きはせいぜい許容不可能な格率と許容可能な格率を区別するにとどまることは指摘しておこう。つまり、第一方式は概念あるいは意志における「矛盾」に陥るような格率を排除することによって、たとえば「守るつもりのない約束はしてはならない」といった否定的義務（許容不可能な格率）を導出することはできるものの、わたしたちがどのように行為するべきかを積極的に示すことはできない。もちろん、だからといって定言命法の理論の全体が不十分なものになるわけではない。すでに第一方式では「矛盾」の有無を問うことによって、少なくとも整合的であろうとする実践理性の行使が前提とされていた。カントはここで前提とされている実践理性そのものに照明をあてるために第二方式に進む。第二方式は否定的な義務だけでなく、積極的な義務さえ導出できるだけの「価値」をわたしたちの実践理性のありように見出そうとするのである。

　では、第二方式を考えるために行為の目的をめぐる議論に立ち戻りたい。わたしたち人間のあらゆる実践は目的の設定によって特徴づけられている。そして人間の設定する目的は、身体に根ざした欲求あるいは傾向性を前提とする限り行為者相対的な価値を持つに過ぎない。ここまではすでに確認した。だが、カントによれば、そのような目的とは本質的に区別される目的が、無条件に尊重されるべき「目的それ自体（Zweck an sich selbst）」が存在する。それは「それの現存それ自体が絶対的価値を持って (dessen Dasein an sich selbst einen absoluten Wert hat)」おり、わたしたちはこの「絶対的価値」の尊重のみを理由として行為することを命じられる (G4: 428)。このことは『基礎づけ』第二章の難解な記述において、次のような仕方で矢継ぎ早に主張されることになる。

〔1〕人間は自分の現存を必然的にそのようなもの〔目的それ自体〕として表象するが、その限りにおいてこの原理は人間の行為の主観的な原理である。〔2〕だが、ほかのあらゆる理性的存在者もまた自分の現存を、わたしにとっても妥当する同一の理性根拠にしたがってそのようなもの〔目的それ自体〕として表象する。〔3〕したがってこの原理は同時に客観的な原理であり、この原理を最上の実践的根拠として、そこから意志のあらゆる法則が導出されることができるに違いない。〔4〕それゆえ実践的命法は次のようなものになるだろう。「あなたの人格やほかのあらゆる人の人格の内にある人間性を、つねに同時に目的として扱い、決してたんに手段としてのみ扱わないように行為せよ」。(G4: 429)

第二方式を批判的に検討するためにカントの主張を四段階に区別しよう。(1) の段階で注意したいのは人間性と人格性の違いである。人格性とは道徳法則を尊敬し、尊敬に基づいて行為することができる理性的存在者の理想的性質を意味する (G4: 438, R6: 28, MS6: 223)。他方、ここでカントが想定しているのは身体をそなえ感性的な欲求に動かされる一方、目的を設定することもできる中間的な存在者としての「人間 (Mensch)」であり、その性質としての「人間性 (Menschheit)」である。

だが、このような想定に基づくカントの論証はとても明瞭とは言いがたい。(1) では、目的設定の主体としての人間が自分を「目的それ自体」とみなすのはなぜか、そしていかにしてかが不明瞭である。仮に (1) をたんなる心理的事実として、そして (2) をこの事実の一般化として解釈するとしよう。そうすると (1) と (2) を受け入れたとしても、今度はこれらの経験的な主張と (3) と (4) の規範的な主張のあいだにギャップが見出される。たとえあらゆる人間が自分を「目的それ自体」とみなすとしても、それに「最上の実践的根拠」を認めなければならないわけではない。これらの疑念は第二方式の根本を揺るがすだろう。なるほど『基礎づけ』第二章の論証は（知的であろうとなかろうと、善人であろうとなかろうと）あらゆる人間の人間性に「絶対的価値」を認めようとする平等主義につらぬかれている。だが肝心の、この平等主義の根拠が薄弱と思われるのである。

　これらの疑念に対する一つの応答は、(1)と(2)をたんなる心理的事実ではなく、(3)と(4)を導出するための規範的な主張を含んだ命題として解釈することにある。このような応答の可能性を探るために、近年の影響力ある解釈としてクリスティーン・コースガードの研究を検討しよう。[10] まずは、カントにとって目的の設定は何らかの事態をたんに欲求することではなく、意志としての実践理性の行使であったことを思い出したい（G4: 417）。この点についてコースガードは次のように述べる。「目的を意志するということは本質的に一人称的であり、また規範的な行為である。それは自分自身に法則を与えること、そして自分自身を統治することである。この法則は道具的原理ではない。それは、この目的を実現せよというかたちの法則にほかならない」（Korsgaard 1997: 245）。たとえばライブハウスでロックを聴こうとするとき、わたしはロックを聴くことを自分の目的として意識し、これを「求めるに値するもの」として積極的に認証している。そのような「規範的コミットメント」をするからこそ、この目的を実現するための手段、たとえばライブのチケットを購入することにもコミットすることになる。

　もちろん、設定される目的は道徳的なものとは限らない。ロックを聴くという目的は「絶対的価値」を持ちえないだろう。だが、話はここで終わらない。カントは具体的な状況において設定される個々の目的から、目的を設定する主体そのものの「価値付与的ステータス」に議論を移行させているように思われる。たとえば『基礎づけ』第二章では次のように述べられる。

　理性的存在者は自分自身に対して目的を設定するという点において、ほかの存在者から特に区別される。この目的はそれぞれの善意志の実質ということになるだろう。だが〔…〕善意志の理念においては、実現されるべき目的はすべて捨象されなければならないため、ここでは目的は実現されるべき目的としてではなくむしろ自立的な目的として、したがってたんに消極的に、つまりけっしてそれに反して行為してはならず、それゆえそれぞれの意欲において決してたんに手段としてだけではなく、つねに同時に目的として尊重されなければならないものとして考えられなければならない。さて、このような目的はあらゆる可能な目的の主体そのものにほかならないが、それはこの主体が同時に可能なまさに善意志の主体だからである。（G4: 437）

コースガードはこのような移行を「条件の遡及」と呼ばれる論証として解釈する。本書は前述の「規範的コミットメント」の解釈とあわせて、「条件の遡及」の内容を次のように整理したい（Korsgaard 1996: 122–123）。まず、わたしは実践において何らかの目的を設定する。目的を設定するときわたしはその目的の実現に対して規範的にコミットしており、積極的な価値評価をおこなっている。このとき同時に、わたしは規範的コミットメントを可能にしている条件としてわたし自身の「理性的な選択能力」にも価値を認めざるをえない（仮にそのような能力がそなわっていなければ、いかなる実践も不可能となるだろう）（Korsgaard 1996: 123）。設定される個々の目的とは異なり、設定する能力そのものはそれ以上条件を遡及することのできない「規範性の源泉」である。それはあらゆる価値の源泉として「無条件的な」、それゆえに「絶対的な」価値を有する「目的それ自体」にほかならない。そしてこの条件の遡及は目的を設定するほかのあらゆる存在者にも妥当する。

この解釈にしたがうならば、第二方式の主張(1)（一三二頁の引用参照）が依拠するのはたんなる心理的事実ではなく、規範的コミットメントである。さらに、カントはこの主張から「条件の遡及」をおこなうことによって主張(2)と(3)を論理的に導出していると理解することができる。しかし、この解釈にはなお不明瞭な点がある。すぐに思い浮かぶのは規範的コミットメントをめぐる疑問だろう。たしかに目的を設定することは一人称的な実践であり、主体的なコミットメントであるかもしれないが、だからといって規範的なものであるとは限らない。たとえば暴力をふるうべきではないとわかっているにもかかわらず、体罰を指導方針としている教師について考えてみよう。教師がサディスティックな欲求を抱き、しかもその欲求の不当性を自覚しつつ、それでも生徒に体罰をふるうことを目的にしていると想定することは可能である。こうしたアクラシア（意志の弱さ）の事例では、目的を設定することは規範的コミットメントと表現されるような積極的な価値評価を含んでいなければならないわけではない。それは「たんなる選択」に過ぎないのである。[11]

ここで問われているのは「目的それ自体」としての「能力」の内実だろう。コースガードが述べるように、わたしたちは欲求によってのみ動機づけられるわけではなく、欲求に抗って目的を設定することができるだけの行為者性を持っている。だがそのような目的設定の実践において、なお欲求の間接的な影響は排除されていない。サディスティックな教師が、するべきではないとわかっている体罰をあえて指導方針として選択することはありうるのである。ただしアクラシアの事例を想定するならば、この事例は「たんなる選択」の能力とは異なる能力の可能性を示唆するものでもある。それはすなわち、サディスティックな教師にさえ「本当は暴力をふるうべきではない」という規範的な命令を課すことができるような実践理性の能力である。カント自身はこのような能力を「意志」として、「客観的条件とは必ずしも調和しない主観的条件」(G4: 412) にしたがった「たんなる選択」から区別している。わたしたちはカントとともに「意志」と「たんなる選択」を区別しなければ、規範性の源泉としての「目的それ自体」の「絶対的価値」に到達することはできないだろう。

3・3　理念としての自律

意志と選択意志

そこで、カントの意志の理論に詳細な分析を加えることによって第二方式における「条件の遡及」の再検討を試みる。まず、カントの実践哲学において意志と呼ばれる能力は少なくとも二つのタイプに分類することが可能である。一つは、いわばこのわたしの意志である。それは空間・時間的に位置づけられた行為者としてのわたしが、何らかの具体的な格率にしたがって行為しようとするときに発揮される欲求能力のありようである。すなわち、「理性が傾向性に依存しないで実践的に必然的として、つまり善として認める当のもののみを選択する能力」である（G4: 412）[12]。もう一つは、意志そのものである。こちらは、このわたしのいかなる具体的な実践からも独立して、道徳法則をアプリオリに与えることができる能力として想定される。この場合、「意志はたんに法則に服従するのではなく、意志がまた自己立法的なものとして、そしてまさにそれゆえにはじめて法則に服従するとみられなければならない」（G4: 431）。これら二つの意志は『基礎づけ』において必ずしも明示的に言及され、区別されているわけではない。ヘンリー・アリソンの表現を借りるならば（Allison 1990: 129）、それらは「法則の表象にしたがって行為する能力」として、すなわち「広義の意志」において包括的に語られている（G4: 412）。

注意したいのは二つの意志の関係である。この論点は『基礎づけ』（一七八五）に先立って『純粋理性批判』（一七八一）に示唆されているが（A802–803）、もっとも明快な記述がなされているのは『道徳形而上学』（一七九七）だろう。『道徳形而上学』では、カントは二つの意志を「選択意志（Willkür）」と「意志（Wille）」として区別した上で、「選択意志を行為へ規定する根拠に関わるもの」として「意志」を定義する（MS6: 213）。カントによれば、「実践理性そのもの」としての「意志」が規範を与えることによってのみ、わたしは自分の「選択意志」を通じて行為することができる。また、このような関係に基づき、カントはしばしば逆方向の「推論」にも言及している。すなわち、このわたしによって自由に行使されている「選択意志」から、それを条件づける「意志」そのものへの遡及である。『宗教論』（一七九三）から引用しよう。

> 選択意志の自由の概念は、わたしたちにおいては道徳法則を意識することに先行するのではなく、無制約な命令としての法則によって自分たちの選択意志が規定されうることに基づいてのみ、推論される。このことは、次のように自問してみればすぐに確信できる。きわめて大きな法則違反になお向かおうとする動機のすべてを、たしかな決意によって克服するだけの能力を確実に、そして直接的に意識しているかどうか自問し

てみればよい。〔…〕みな自分はわからないと白状せざるをえないだろう。だが、にもかかわらず義務はその人に対して無制約に命令する。そしてここから、自分はそれをおこなうこともできるに違いない、したがって自分の選択意志は自由であると、その人は正しく推論するのである。（R6: 49）

ここでは、身体をそなえた行為者が目的を設定する現実的な局面において欲求の間接的な影響下にあることは否定されていない（不当な欲求に駆り立てられ「法則違反に向かおうとする動機を克服する能力」を持ちうるかどうか、少なくとも意識的な内省のレベルでは「わからない」）。だがカントによれば、行為者はそうした局面においてなお「わたしの選択意志は自由である」ことを、そして「無制約に命令する」意志そのものの規範性を「推論する（schließen）」ことができる。この主張を支えているのはたんなる心理的事実ではない。『道徳形而上学』に至って明示されるように、この主張の背景にあるのは選択意志と意志の概念的かつ論理的な関係であり、「推論」とはそのような関係に基づく「条件の遡及」であるように思われる。

カントの意志の概念をめぐる以上の見通しを携えて、再び『基礎づけ』における定言命法の理論に向かいたい。繰り返しになるが、「意志」と「選択意志」の区別は『基礎づけ』の段階では必ずしも前景化していない。以下に試みるのは、道徳性の最高原理を明らかにしようとする『基礎づけ』のプロジェクトの方法が「条件の遡及」にあるとみなした上で、さらに「意志」と「選択意志」の概念的な区別を持ちこむことによってこの遡及の方法を徹底することにある。具体的には、『基礎づけ』の第二方式における論証は次のような三段階の主張として再構成される。論証は目的設定というわたしたちの日常的な実践を出発点とするが、「条件の遡及」によって無条件的かつ絶対的な「規範性の源泉」を明らかにするに至る。

(i)　**目的設定の事実**　「理性的存在者は自分自身に対して目的を設定するという点において、ほかの存在者から特に区別される」（G4: 437）。ただし身体をそなえた人間としてのわたしは、このような目的設定の実践にあって、何らかの欲求の間接的な影響下にある可能性を否定することはできない。

(ii) **自由な選択意志の想定**　にもかかわらず、わたしは目的を設定する選択意志が欲求から自由であるとみなさなければならない[13] (G4: 412)。カントの言葉づかいによれば、「消極的な」意味において自由であるとみなさなければならない。さもなければ、わたしは自分自身を行為者とみなせなくなるだろう。

(iii) **意志の自律への遡及**　わたしが「消極的な」意味で自由であるためには、少なくとも「積極的な」意味での自由が可能でなければならない。すなわち意志の自律が可能でなければならない。自律の可能性において「実践的原理ならびに意志が服従する命法は無条件的なものになる」(G4: 432)。

コースガードの「規範的コミットメント」に基づく解釈では、カントの論証は「目的」に付与される価値から価値を付与する「能力」に議論が移行しているとみなされてきた。他方、わたしたちは第二方式において問われている能力をさらにこのわたしの意志と意志そのもの、つまり「選択意志」と「意志」に区別した上で、前者からそれを条件づけている後者に議論が移行していると解釈する。この解釈を採用するならば、目的それ自体とみなされるのはこのわたしの意志、すなわち「たんなる選択」の能力ではなく意志そのもの、すなわち「普遍的に立法する意志」である (G4: 432)。そのような意志が本格的に論じられるのは、意志の自律をめぐる第三方式であって第二方式ではないと反論されるかもしれない (G4: 431–436)。だが、『基礎づけ』において第二方式と第三方式の議論は排他的なものではない。むしろカントによれば、第三方式は「意志と普遍的実践理性が合致する最上の条件」として、目的それ自体をめぐる第二方式の議論から論理的に「帰結する」(G4: 431)。

しかし、たとえ第二方式と第三方式の議論を連続的に解釈することができるとしても、このように再構成された論証の各段階にはさまざまな批判が寄せられるだろう。まずは主張(i)から主張(ii)への移行を考えよう。アクラシアの事例が示すように、わたしたちは目的設定において欲求の影響を否定することはできない。言い換えれば、わたしの実践は「偶然的に規定されもする意志」としての「たんなる選択」かもしれない（G4: 413）。にもかかわらず、カントは『基礎づけ』において自由な選択意志を、すなわち「理性が傾向性に依存しないで実践的に必然的として、すなわち善として認める当のもののみを選択する能力」を想定している（G4: 412）。だが、わたしたちはそのような自由の想定をどうして受け入れなければならないのだろうか。なぜ、自分がどこまでも欲求の力にしたがっており、徹底して不自由であると想定することができないのだろうか。『基礎づけ』の第三章に一つの回答がある。

> 自分の意識がありながら自分の判断に関してはほかからの指導を受けるような理性を考えることは不可能だが、それというのも、それが考えられるならば、主体は判断力の規定を自分の理性にではなく何らかの衝動に委ねることになるからである。理性は自分を自身の原理の創始者であり、外的な影響には左右されないものとしてみなされなければならず、したがって理性は、実践理性もしくは理性的存在者の意志として、自分から自由とみられなければならない。（G4: 448）

有限な存在者としての人間の選択意志は、何らかの目的を設定するときに「それ自体として理性に完全に適合しているわけではない」（G4: 413）。だが、そのような目的の設定が実践理性の行使である限り、わたしたちはなお自分の選択意志が欲求から独立できるものとみなさなければならない。さもなければ、わたしたちは実践理性という概念を手放さなければならないだろう（というのも、カントによれば「ほかからの指導を受けるような理性を考えることは不可能」だからである（G4: 448））。この主張を支えているのは理性と欲求のメカニズムに関する心理的事実ではない。そうではなく、理性の担い手としてのわたしによる一人称的な自己理解である。

すでに第2章で、『純粋理性批判』の自己意識論に照らして同様の主張を抽出した。『純粋理性批判』によれば、わたしたちは理性を働かせ、何らかの対象に対して判断を下すにあたって、あらかじめ想像力の包括的綜合を遂行するのでなければならない。そしてこの遂行においては、綜合する自発性が当の綜合する主体によって意識されうる（2・3節）。つまり、わたしたちは想像力の綜合の主体であるという、そのことだけをもって自発的な主体としての一人称的な自己理解を手に入れることができるのである。『基礎づけ』の第三章においてカントが主体に「直接に意識される」自発性、すなわち「純粋な活動性」に言及するとき、このような『純粋理性批判』の自己意識論が一つの理論的背景をなしていると本書は解釈したい（G4: 451）。わたしたちは想像力の担い手である以上、とりもなおさずみずからを自発的な主体として、言い換えれば「ほかからの指導を受け」ない主体として意識しうる。

では、これらの主張を受け入れて論証(i)から(ii)への移行を認めるとしよう。わたしたちは欲求を自覚してなお、自分の選択意志が欲求から自由であるとみなすことができる。だが、たとえこのことを認めるとしても、ここからただちに(iii)が帰結するとは限らない。つまり、たとえみずからの選択意志が自由であるとみなすことができるとしても、そのような選択意志を条件づけている意志そのものを「原理の創始者」として、すなわち「普遍的に立法する意志」としてみなさなければならないとは思われない。ここにあるのは(ii)の消極的自由と(iii)の自律の自由のあいだの概念的なギャップである。このギャップが埋められなければ、わたしたちは論証(ii)から(iii)への移行をカントの議論に読みこむことはできないだろう。

自律の循環

最後に、論証(ii)から(iii)への移行をめぐるいくつかの疑問に応答したい。その上でいくつか重要な先行研究を参照しつつ、本章の応答から浮かびあがる自律の理念の問題点を指摘する。

さしあたって、消極的自由と自律の自由の関係についてわたしたちが基本的に支持するのは、後者を前者の必要条件とする解釈である。後述するように、この解釈は自律という考え方にまた別種の（そして切実な）問題を呼びこむことになるが、まずはその内容を確認しておこう。カントによれば、消極的自由とは選択意志が「外からの原因に依存しないで作動できるときに持つ特性である」(G4: 446)。仮にわたしの行為がつねに外からの原因に依存するとみなすならば、つまり欲求の因果的なメカニズムに必然的にしたがうとみなすならば、わたしにはおよそ実践理性の余地が残されていないことになるだろう。すでに述べたように、わたしたちはこの仮定を一人称的な自己理解の観点から退けたのだった。そして外的／内的というカントの修辞にそくして述べるならば、こうして消極的自由の余地を認めるとき、わたしたちは同時に自分たちが内からの原因にしたがって「作動する」可能性を認めることになる。ここで注意したいのは、カントにとって内からの原因にしたがった選択意志がけっして「無法則」な自発性ではないことである。引き続き、『基礎づけ』の第三章から引用しよう。

> 原因性の概念は、わたしたちが原因と名づけるものによって、何かほかのものが、すなわち結果が措定されなければならないという法則の概念を伴っている。そのため、たしかに自由は自然法則にしたがう意志の特性ではないが、だからといってけっして無法則ではなく、むしろ不変な、とはいえ特殊な法則にしたがう原因性なのである。なぜなら、さもなければ、自由な意志はまったく不合理なものになってしまうだろう (denn sonst wäre ein freier Wille ein Unding)。(G4: 446)

いかなる法則性にもしたがうことのない自発性を想定することはできる、そう応じたくなるかもしれない。だが、カントによれば、実践の局面においてそのように無法則な自発性を想定することはできない。「自由な意志」とは内からの原因にしたがった自発性にほかならないが、「原因性の概念は〔…〕法則の概念を伴う」からである。ここでは意志を、そして意志によってなされる行為を「不合理なもの」にしてはならないという合理性の要請が働いている。『基礎づけ』の第三章におけるカントの言い分を、アンドリュース・リースは行為の理由の観点から次のように整理する。「このことが意味しているのは、自由な意志には原則ならびに理由から行為する能力に加えて、自身に原則を与えることのできる能力が伴われるだろうことである。後者の能力は自律的でなければならず、また外的な影響による規定から独立して機能するものでなければならない」(Reath 2006: 154)。つまり、わたしたちは自分の選択意志を自由とみなすとき、自分を自律的でありうるともみなさなければならないのである。

いま、心の自発性をめぐる「合理性の要請」と表現したものは『純粋理性批判』の想像力の理論にもあてはまる。本書の第1章と第2章で論じたように、想像力の綜合もまた無法則な自発性とは区別されるべきものだった。包括的綜合、すなわちカントの主張する「超越論的綜合」は個別的綜合に先行して対象の表象に働きかけるが、けっして「無法則」な自発性の行使ではない。それは対象一般に法則的な連関を与えることによって、「自然」に対するわたしたちの理性的な認識を支えている。心の自発性と法則性の関係は『純粋理性批判』以降も放棄されていない。『基礎づけ』の第三章においても、理論理性の主体に意識される限りでの自発性が悟性の法則性から独立するものではないことに注意が促される(G4: 452)。ただし、実践哲学としての『基礎づけ』の議論では、自発性の意識が理論理性の主体から実践理性の主体に移行していることは見逃されるべきではないだろう。わたしたち人間は認識の主体として対象を綜合するだけではなく、実践の主体として行為を遂行する。そして行為者の観点において、「理性は純粋な自己活動性として、次の点で悟性すらも凌駕する」という(ebd.)。すなわち行為者としてのわたしにとって、自発性は「理念の名のもとで純粋な自発性を示す」(ebd.)。ここに言及される「純粋な自発性」とは想像力を介して自然に法則性を与える理論理性の働きではない。行為に法則性を与える実践理性の働き、すなわち自律としての自由である。

しかし、たとえこれらの想定を受け入れるとしても、あるいは、受け入れるからこそ、『基礎づけ』の意志の理論にはある奇妙な構造が与えられることになる。それは本書が「自律の循環」と呼ぶ構造である。

この循環の構造を考えるには、これまで論じてきたカントの意志の理論を論理的な観点と時間的な観点の二つから振り返ってみればよい。本節では、『基礎づけ』の第二章と第三章の記述を主張(i)から(iii)に至る連続的な論証として再構成してきた。選択意志の行使を通じた規範的コミットメントは、規範性の源泉としての意志の自律によって可能となる。これは、選択意志と意志の概念的な区別に基づく論理的な「条件の遡及」にほかならない。ただし、わたしの選択意志の自由を可能としている意志そのものは、現実のわたしにとって理想的な能力として想定されていることに注意しよう (G4: 448, R6: 49)。理想的な能力の行使はいまだに実現されていない。ここでは理論理性と実践理性のアナロジーに破れが生じている。理論理性の主体に想定される悟性の立法が学問的探究にとって前提とされるのに対し、実践理性の主体に想定される理性の立法は実践的行為にとって目標となる。この破れは、カントが実践理性に理論理性すら「凌駕する」規範的性格を与えたことによる帰結と言えるだろう (G4: 452)。だからこそ、『基礎づけ』においてカントは自律が行為者にとって所与の前提ではなく、目指されるべき「理念」であることを繰り返し強調している。

> 意志がみずからの格率を通じて可能な普遍的立法の条件の下でのみ行為する限り、わたしたち自身の意志が、つまり理念においてわたしたちに可能な意志が尊敬の本来の対象なのであり、人間性の尊厳は、この普遍的に立法する能力の内にこそ存するのであって、それはたとえこの立法に同時にみずからが服従するという条件を伴うとしても、そうなのである。(G4:440)

このような理念的、規範的性格を考慮するならば、選択意志と意志の関係は逆転する。意志の可能性は選択意志の行使に論理的に先行するが、選択意志の行使は意志の実現に時間的に先行する。「時間的に」という表現にはさらに注釈が必要だろう。アレン・ウッドは自然目的論の観点から、選択意志と意志の関係をたんなる時間的な前後関係ではなく、目的論的な関係として提示している (Wood 2008: 115–116)。ウッドによれば、『基礎づけ』において導入される意志の概念はただの選択能力ではない。意志とは「能力 (Vermögen)」であり (G4: 412)、いかなる能力も何らかの「自然目的 (Naturzweck)」をそなえている (G4: 432)。たとえば、ある種の動物は視覚に関する能力を発揮し、外的な環境を認知することによって生き残ろうとする。この場合、能力としての視覚を導くのは生存という自然目的である。そしてこの種の動物は、こうした自然目的にかなう仕方で自身の諸器官を機能させることに成功してはじめて、視覚という能力を実現することができると言えるだろう。ならば、人間の意志にとっての自然目的とは何だろうか。ウッドは、意志の自然目的にあたるのは実践理性の規範であり、その最高の規範となるものが道徳法則であると解釈する（Wood 2008: 116）。この場合、人間は自分の選択意志を通じて道徳法則にしたがった仕方で行為することに成功してはじめて、意志の能力を実現することができる。つまり、自律を実現できるということになる。

しかし、行為者としてのわたしの観点に立てば、このような実現のプロセスは明らかな循環の構造を示してもいる。つまり、(1) 一方では、わたしは自分の選択意志を道徳法則にしたがわせることによって、「理念において可能な意志」を実現しようとする。(2) だが、他方では、そもそも自分の選択意志を自由に行使し、これを道徳法則にしたがわせるためには、わたしは「理念において可能な意志」によって道徳法則を立法できるのでなければならない。

この二つの主張の関係をどう考えればよいだろうか。本章は (2) の主張を「条件の遡及」によって提示したが、次章では (1) の主張の理論的背景をなしている意志の自然目的論に取り組む。ただ、それに先立って指摘しておきたいのは、本書がすでに二つの主張と同型の循環を啓蒙のプロジェクトに見出していたことである。カントの啓蒙の思想によると、わたしたち人間は「未成年状態」の視野狭窄から脱却するために理性を公的に使用しなければならない。だが、そもそも理性を公的に使用するためにわたしたちは視野狭窄から脱却していなければならないのである。こちらの場合も、はるか向こうに見据えられていたはずの理念が、いつのまにか前提にすべりこんでくる、そういう奇妙な堂々めぐりになりかねない。理性が理性によって啓蒙する「啓蒙の循環」と同様、「自律の循環」もまた意志が意志によって自律するという自己言及的構造に由来している。かつてオノラ・オニールは、前者の循環について、理性の公的使用のための「寛容はコミュニケーション能力、すなわち理性の能力がある程度まで発展するまでは、実践されることができない」ことを指摘していた（O'Neill 1989: 40）。いまや、この主張は意志の理論にそくして次のように改変できるだろう。「自律は道徳法則にしたがって行為する能力、すなわち行為者の選択意志がある程度まで発展するまでは、実現されることができない」。

このようにカントの啓蒙思想から『基礎づけ』の議論を捉えなおすとき、理念としての意志の自律の可能性だけでなく、理念の実現に向けられた選択意志の発展に照明があてられる。選択意志、と呼ばれる実践理性のありようが「発展する」という主張には違和感を覚えるかもしれない。だが、カント自身はこのような主張をさまざまな著作に提示していた。たとえば『人間学』では、類としての人間の実践的努力として選択意志の発展が論じられる。

> 理性能力を与えられた動物（animal rationabile）としての人間は、自分自身を理性的動物（animal rationale）とすることができる。この場合、人間は第一に自分自身と自分の種とを保存し、第二にそれらを訓練と教化によって、家族的社会にふさわしいように教育し、第三にそれらを社会にふさわしい体系的な（理性の原理にしたがって秩序づけられた）全体として統治する。（VA7: 321–322）

引用に示唆されているのは、「理念において可能な意志」が、選択意志として行使されるわたしたちの実践理性の訓練や教化によって段階的に実現するという啓蒙の展望である。カントの実践哲学は、『基礎づけ』に示された意志の自律の可能性をそのようなプロセスを通じて実現することではじめて完成する。『方位論文』の表現を用いるならば、「人間理性はなお自由を求めて努力する」（O8: 145）。次章では、歴史の自然目的論の観点からこのプロセスの具体的な内容が検討されるとともに、想像力の理論が実践理性の歴史的発展にとって決定的な役割を果たすことを明らかにする。理性が理性に、意志が意志に関係づけられるという（一見したところの）堂々めぐりを、想像力という「第三項」が打開するという見通しである。

最後に、本章の歩みを振り返っておこう。わたしたちはカントの実践哲学を啓蒙の思想から捉えなおすことによって、それが無時間的なものでも、現実味を欠いたものでもないことを示した。それは歴史的に展開する実践理性の運動である（3・1節）。続いて、実践理性としての意志の役割を追究するために、『基礎づけ』における実践哲学の基礎づけのプロジェクトに目を転じた。問われたのは定言命法の第二方式において提示される「絶対的価値」の内実である（3・2節）。本章は定言命法の第二方式と第三方式を連続的に解釈し、選択意志の行使から「条件の遡及」によって明らかにされる意志そのものにおいてこの価値が見出されると主張した。だが、この解釈は同時に実践理性をめぐる「自律の循環」の問題を示唆するものでもある（3・3節）。（筆者の経験では、）しばしばカントの実践哲学は「夢物語」とか「論点先取」といった批判をこうむる。だが、これはまるで見当違いな非難というわけではなく、少なくとも「実践の理念として実現されるべきはずのものが、いつのまにか実践の前提に密輸入されているように見える」という循環の構造を的確に言い当てているのではないだろうか。この批判に応答するためには、啓蒙の思想の歴史的な前進運動に注意を払うことによって、循環の輪をほどいてやることが必要だと考える。こうして次章では批判哲学における「哲学的歴史」の検討に進むことになる。

第4章　想像力と歴史哲学——理性の発展を跡づける

カントの実践哲学は複層的な構造を持っており、そこで道徳性は段階的に実現されるものとみなされる。このことは「義務論」、「形式主義」、「厳格主義」といったイメージに抗してカントを読むために何度でも立ち戻るべき解釈の基本指針である。第3章において主に検討したのは実践哲学の「基礎づけ」の段階だった。この段階では人間本性をめぐる心理学、あるいは人間社会に関する歴史的事実からはいったん純化された、実践理性にとってのアプリオリな「基礎」が探究される。ただし、この基礎にまでさかのぼったとき、読者に示されるのは自律という「理念」である。理性以外のいかなるものにも依存せず、みずから行為の法則を打ち立てるという自律のありようは、有限な理性的存在者としてのわたしたち人間には「理念」にとどまるとカントは考える。それは実現されるべき規範的な目標である。

ならば、この目標はいかにして、いかなるプロセスを経て実現されるのだろうか。それを示すのが実践哲学の次の段階である。カントによれば、このプロセスには「基礎づけ」の段階では捨象されていた要素も含まれている。すなわち、わたしたちが社会的に協同し、さらにそのような協同が歴史的に継続するというプロセスである。このことは『道徳形而上学の基礎づけ』や『実践理性批判』といった著作だけでは十分に論じられない。行為者としてのわたしたちの社会性、そして歴史性は『啓蒙とは何か』のような批判期の小論においてはじめて考察される。そこでは理念としての自律が個人の、それも一世代の努力によっては実現されえないことが強調されることになる。「それどころか、個人は未成年状態を捨てがたく思っており、自分自身の悟性を用いることは目下のところ、現実的には不可能である」(WA8: 36)。

これより本書は「基礎づけ」の次の段階に進むために、カントの実践哲学の著作としては十分に論じられてこなかったこれらの小論、とりわけ「歴史」や「美」に関するテクストにも照明をあててみたい。この試みは、本書全体の主題でもある「啓蒙の循環」からの脱却の方策を探る上でも大きな意味を持つだろう。「啓蒙の循環」の問題とは、現実的には未成熟にとどまるはずの人間が、いかにしてみずからの理性によって自分を啓蒙しうるのか、という問いとして理解することができる。この問いに対して本書は、理性において未成熟な人間が、それでも社会的な協同を通じて歴史的に自分たちを啓蒙するというプロセスをカントの著作から読みこもうとする。啓蒙の思想は、それが孤立した人間に課せられる限り循環を呼びこむ。だが、カントの実践哲学の核心は類としての人間の歴史的な協同にあり、それがこの循環を解決しうると本書は考える。

この試みのために、本書の第4章はカントの実践哲学と歴史哲学の関係、ひいては道徳と歴史の関係を見定めることを目的とする。4・1節では、道徳形而上学、人間学、歴史哲学といった学問諸領域の見取り図を描く。これらの学際的な構想において実践理性が歴史的に発展するというカントの主張を抽出する。4・2節では、実践理性の発展の具体的なプロセスを理解するために『世界市民的見地における普遍史の理念』と『人間の歴史の憶測的始元』という二つの著作を集中的に検討する。4・3節では、この検討から浮かび上がる行為者間の社会的相互作用のありようを、想像力の理論から明示する。最終的には『判断力批判』も射程におさめつつ、実践哲学における感情論的アプローチの可能性に迫りたい。

4・1　意志の自然素質

道徳形而上学、人間学、歴史哲学

わたしたちはカントの実践哲学がその構想の「基礎（Grund）」において人間本性から独立していることを確認してきた。非社交性が「人間本性の内なる根源悪」ならば、道徳性の基礎は人間本性をめぐるいかなる経験的事実からも独立していなければならない。カントにとって、そのような基礎は「法則の表象にしたがって行為する能力」としての意志に認められる。

他方、わたしたちは『基礎づけ』の論証を「条件の遡及」にしたがって分析することによって、カントの実践哲学に自律の実現を目指す目的論的な構造も見出されることを明らかにした（3・3節参照）。この目的論的なプロセスにおいて段階的な発展を遂げるのは理性的存在者にアプリオリにそなわる意志そのものではない。そうではなく、有限な理性的存在者、あるいは理性と感情を兼ねそなえた中間的な存在者としての人間が行使する現実的能力、すなわち選択意志である。とすると、実践哲学は基礎において人間本性から独立しながら、その完成のために再び人間本性に関する経験的事実と接続されなければならないことになる。このことはすでに『基礎づけ』（一七八五）において、実践哲学の「経験的部門」としての「実践的人間学」の構想として予告されていた（G4: 388）。『人間学』（一七九八）の公刊を翌年にひかえた『道徳形而上学』（一七九七）では、カントは「選択意志の自由を対象とする実践哲学は道徳形而上学を前提とする」と述べた上で、次のように主張している。

〔自然の形而上学と同様、〕道徳形而上学は適用の原理を持たなければならない。そしてわたしたちはしばしば、経験によってのみ認識される人間の特殊な本性を対象として取り上げなければならず、それにそくして普遍的な道徳的原理からの帰結を導出しなければならないだろう。だが、にもかかわらず、それによって道徳的原理の純粋さはいささかも損なわれないし、またその原理のアプリオリな起源が疑われるわけでもない。（MS6: 216–217）

カントの考えを整理しよう。実践哲学の「純粋部門」としての道徳形而上学には「純粋実践理性のアプリオリな根拠」がある（MS6: 216）。そのような根拠に据えられるのが規範性の源泉としての意志の能力である。だがわたしたちが実際に行為しようとするとき、すなわち選択意志を働かせようとするとき、その自由な行使を妨げるさまざまな傾向性も人間本性には見出される。だからこそ、実践哲学は「経験によってのみ認識される人間の特殊な本性を対象として取り上げなければならない」。言い換えれば、道徳形而上学は人間学に接続されなければならない。カントによれば、「道徳的人間学は人間本性が道徳形而上学の法則を実行することを促すための、ないしは妨げるための主観的条件や、道徳原則の産出、普及、強化（家庭教育、学校教育、社会教育における）や、それ以外にも経験に基づけられた教訓（Lehre）や指示（Vorschrift）だけを含むことだろう」（MS6: 217）。

とはいえ、道徳形而上学と人間学の関係は必ずしも明らかではない。それどころか二つの「部門」は根本的に異なる性格を持つようにも、それゆえ結びつくことができないようにも思われる。たしかに前章で考察されたように、選択意志の現実的な行使はアプリオリな意志の規範性に条件づけられている。「意志はしたがって、〔…〕選択意志を行為へ規定する根拠に関わるものとも考えられており、それ自体ではいかなる規定根拠でもないが、その規定根拠が選択意志を規定する限りで実践理性そのものである」（MS6: 213）。だが、両者はあくまで規範的な関係を結んでいることに注意しよう。「実践的人間学」（G4: 388）にせよ「道徳的人間学」（MS6: 217）にせよ、人間学なるものが「人間とは何か」という問いに対する経験的な洞察にとどまるならば、そこから明らかにされるのは人間の生理的、心理的なメカニズムに過ぎないのではないか。そのようなメカニズムの記述は意志と選択意志のあいだの規範的な関係を明らかにすることができないのではないか。実際、ペイトンは次のように疑問を投げかけている。「こうした心理学をどうして実践的なものとみなさなければならないのか、わたしにはわからない。それは道徳的に望ましい結果を引き起こす原因を、理論的に解明しているに過ぎない」（Paton 1948: 32）。

この疑問に対するカントの応答は『人間学』の冒頭の記述に読みとることができる。二点を挙げよう。第一に人間学と生理学、あるいは人間学と心理学の違いが強調される。「生理学的人間知は自然がつくりあげている人間の面についての探究に関わるのに対し、実用的人間学は人間が自由に行為する存在者として自分自身につくりだすもの、あるいはつくることのできるもの、またつくるべきものに関わる」(VA7: 119)。カントによれば、実用的人間学は人間の心理的なメカニズムの記述を目指すものではない。それは「世界市民としての人間の認識を含む」ことによってはじめて「実用的（pragmatisch）」と呼ばれる（VA7: 120)。「世界市民として」みなすということはつまり、人間をたんなる「有機体として」ではなく「自由に行為する存在者として」、つまり自由な選択意志の担い手として探究するということである。『道徳形而上学』において示唆された「道徳的人間学」の構想は、この世界市民的見地において実践哲学と接続する。

第二に人間学の集団的、かつ歴史的な性格に注意が促される。この性格を理解するには、人間が選択意志を自由に行使することによって「自分自身につくりだすもの、あるいはつくることのできるもの、またつくるべきもの」の具体例を考えてみればよい（VA7: 119)。それは一人の職人のつくりだす工芸品、市民の織りなす人間関係といったものにとどまらず、芸術家たちがつくりあげる様式、討議によって考案される社会制度、戦争や革命を通じて樹立される国家なども含まれるはずである。啓蒙のプロジェクトと同様、これらもまた個人の、そして一世代の努力ではつくりあげられない（WA8: 36)。そこで、カントは人間学を「世界を知る（Welt kennen）」のではなく「世界を持つ（Welt haben）」という表現によって特徴づけている。というのも、「世界を知ることは傍観した営みを理解するだけだが、世界を持つことはその営みを共にしたということだからである」（VA7: 120)。このように人間学は世界市民的見地に立つだけでなく、歴史的見地から「営みを共にする（mitspielen）」人間集団を捉えようとする。ヨーベルの指摘するように、カントの人間学はこの歴史的見地において歴史哲学と関与する（Yovel 1980: chap.5)。

以上の二点から、実践哲学のプロジェクトの全体における人間学の位置づけが示される。簡潔に言えば、人間学は歴史哲学の方法と関わりながらアプリオリな道徳形而上学の構想と接続されるのである。こうした見取り図はすでに『基礎づけ』の前年に発表された『普遍史の理念』に示唆されていた。この小論を手がかりに道徳形而上学、人間学、歴史哲学の関係を考察することができる。まずは冒頭の文章を引用しよう。カントによれば、わたしたちは集団的に何かをつくりあげるとき、必ずしも集団の帰属やその調和を自覚していていない。それは「それぞれが自分の判断にしたがい、しばしば他人と対立して自分自身の意図を追求」した結果、個人の意図を離れてつくりあげられる（ID8: 17）。

> 人間は努めて何かをするとき、動物のようにたんに本能的に行動するだけではない。だが、だからといって理性的な世界市民のように取り決められた計画のとおりに全体として行動することもないため、人間については（たとえばミツバチやビーバーに見られるように）計画にそった歴史は不可能に見える。（IG8: 17）

わたしは一人の行為者として行為の目的を設定する。だがわたしたちは集団として、類として、歴史の目的を自覚的に設定することができない。わたしたちはそれぞれの目的にしたがってばらばらに行為しており、そこには一見するといかなる規則性も認められないように思われるからである。この違い、個人の行為と集団の歴史の違いにこそ歴史の根本問題がある。そして批判期のカントは歴史哲学の構想において「全体としての歴史」という理念を手放そうとしなかった。『普遍史の理念』によれば、哲学者には「全体としての人間およびその活動において」、「人間に関する事柄が持つこの矛盾した活動のなかに自然の意図を発見できないか」、あるいは「自然の特定の計画にそった歴史が可能となるか」を明らかにすることが要求されているのである（IG8: 18）。

歴史の自然目的論

この要求に応えるためにカントは歴史の「自然目的（Naturzweck）」に訴える。たしかにわたしたちの行為は一見するとばらばらであり、それらを比較しても規則性は見出せそうにない。ただしこれらの行為をマクロな観点から眺めるならば、つまり集合的かつ長期的な仕方で考察するならば、そこにはあたかも一つの目的に導かれているかのような合目的性が認められるとカントは考える。たとえば、結婚や出産といった行為はそれぞれのカップルの多様な意図によってなされ、一つとして同じ内容をもったものはないかもしれない。それでも、これらの行為はマクロな統計の観点からすると「自然の意図」に基づいているかのような規則性を示しうる（IG8: 17）。こうした規則性は天体の運行、天候の変化といった自然現象と類比的に捉えることもできるだろう（IG8: 18）。このように規模の大きい自然現象は「個々の事象を測定できないほど不安定」であり、それゆえに自然法則の因果的なメカニズムを厳密に適用することは容易ではないが、マクロな観点からは「自然の配置が斉一的に連続して働いている」ことを理解できる（ID8: 17）。

歴史の自然目的は、同様にマクロな現象としての人間の集合的行為を最大限に理解可能なものにするために導入されている。それはわたしたちの経験的探究を体系的に方向づけ、統整する「理念」にほかならない（A516–67/B543–95, A643–704/B670–704）。二点に注意しよう。第一に、カッシーラーが指摘するように、理念としての自然目的の導入によってカントの歴史哲学は『純粋理性批判』や『実践理性批判』とともに「超越論的根本思想」につらぬかれる。カントにとって歴史はあらかじめ歴史的な意味が刻印された出来事を時系列にそって記述することではない。「むしろそのような歴史的な意味を前提することの内に、歴史そのものに固有の「可能性」が存し、ここにその特殊な意義がはじめて基礎づけられるのである」（Cassirer 1921: 242（邦訳：240））。第二に、このように自然目的の理念を出来事の側に投げ入れることではじめて与えられる「歴史の可能性」なるものは、あくまで歴史を理解する可能性に過ぎない。つまり、カントの歴史哲学の方法をなしているのは天体の運行、天候の変化に類比的に適用されうるような自然目的論であって、道徳的目的論ではない。[2] 二つの目的論の調和は歴史哲学の、あるいはそれと接続する実践哲学の究極的な目標でこそあれ、その前提ではないのである。

こうして、カントの歴史哲学においては、歴史をつくりあげる人間の能力も自然目的論にしたがって捉えなおされる。歴史を織りなす出来事は行為によって、そして行為は選択意志の行使によってもたらされる。選択意志は道徳性の規範を実現するべき能力として主張されるのではない。それはただの「自然素質（Naturanlage）」として理解される。

被造物のあらゆる自然素質は、いつか完全に、そして合目的的に解きほどかれるよう定められている。このことはあらゆる動物において外からの観察と、内からの観察つまり解剖観察によってその正当性が認められている。用いられることのない器官、すなわち目的を達成していない配剤組織は、目的論的な自然学において一つの矛盾である。なぜなら、この原則から離れるならば、わたしたちの自然はもはや合法則的ではなく、目的なしに活動する自然となり、絶望的な偶然が理性の導きの糸にとって代わることになるだろうからである。(ID8: 18)

すでにわたしたちは『基礎づけ』の自律の理念を解釈するために意志の自然目的論に言及していた(3・3節)。だが本章のこれまでの議論で示したように、自然目的論が選択意志を軸として本格的に展開されているのは『基礎づけ』の道徳形而上学ではなく『普遍史の理念』の歴史哲学である。この歴史の自然目的論を採用するならば、人間を含むあらゆる有機体の発展は自然素質の概念を通じて理解されることになる。たとえばカワセミは広い視野、高度な焦点調整能力を自然素質として持っており、これらを発揮して水中の魚をとらえる。このような自然素質は生存という自然目的にかなっており(したがって「合目的的」であり)、それは個体の生を通じて発展する(そのように「定められている」)。そしてカワセミには、生存という自然目的にそぐわない自然素質はそなわっていない(「使用されることのない器官は、〔…〕目的論的自然学にとって一つの矛盾である」)。

それでは、人間の選択意志をカワセミの視覚能力と同様に理解することはできるだろうか。カントは両者には決定的な違いがあると考える。選択意志が目的を設定する能力であったことを思い出そう(G4: 412, R6: 49, MS6: 213)。カワセミのような他の生物が生存に向かう本能的衝動によって自然素質を発揮する一方、人間は自然素質としての選択能力をあくまで自覚的に行使している。そして自覚的であるからこそ、人間は自分の選択意志の行使を事後的に反省し、将来に向けて修正することができる。この反省は集団的なプロセスであってよい。むしろカントによれば、選択意志の自然素質としての発展は歴史的かつ集団的な「試み、練習、教授を必要としている」。『普遍史の理念』の第二命題から引用しよう。

（地上で唯一理性をもった被造物としての）人間において、理性の使用を目指す自然素質が完全に展開しうるのは、その類においてだけであって個体においてではないだろう。ある被造物のなかにある理性は、自分の力すべてを用いる際の規則と意図を自然本能以上に拡張する能力であり、自分の構想の限界を知らない。だが理性そのものは本能的には活動せず、段階的に理解を深めるために、さまざまな試み（Versuch）、練習（Übung）、教授（Unterricht）を必要とする。（ID8: 18–19）

こうして、選択意志の発展は歴史的な展望のなかに位置づけられることになる。「地上で唯一理性をもった被造物」としての人間の自然目的はたんなる生存、生殖にとどまるものではない。人間は自然素質を発揮することによって「理性の使用を目指す」。つまり、自然素質としての選択意志は歴史的かつ集団的な「試み、練習、教授」を通じて「自然本能」の直接性を離れ、規範的能力としての実践理性の使用を目指すのである。このような自然目的論はカントの批判哲学のさまざまな局面に前提され、論じられている。たとえば『基礎づけ』では「有機的に組織されている存在者の自然素質」がその自然目的にかなっていることが確認されたのち、人間の自然目的が幸福の実現にはないことが主張されている。

ところで理性と意志を持つ存在者において、その存在者が維持され順調であることが、一言で言えばそれが幸福であることが、自然の本来の目的であるとすれば、自然はこの被造物の理性を自然のこうした意図の遂行者として選ぶことによって、きわめてまずい措置をとったことになるだろう。なぜならこの被造物がこのような意図の下になさねばならないあらゆる行為と、その振る舞いのすべての規則とは、理性によるよりも

本能によるほうがはるかに正確に被造物に指示できただろう〔…〕からである。(G4: 395)

もちろん『基礎づけ』とは違い、『普遍史の理念』の歴史哲学では人間の自然目的としての「理性の使用」が意志の自律として同定されることはない。それは『基礎づけ』第二章、第三章の論証によってはじめて確立される道徳形而上学の最高原理である。繰り返し述べるならば、この点についてカントの自然目的論と道徳目的論は区別されなければならない。あるいはこう言い換えてもよいだろう。歴史的見地から類としての人間の営みを理解しようとするとき、人間があらかじめ道徳的であると前提する必要はないし、道徳的でなければならないと主張する必要もない。人間の道徳性は歴史を理解可能なものにするために、自然素質の発展の先に見据えられているに過ぎない。しかし、だからこそわたしたちはカントの歴史哲学を手がかりとして、あるいは歴史哲学にしたがった人間学を手がかりとして実践哲学の課題に取り組むことができる。すなわち、あらかじめ道徳性を前提とすることなく、意志の自然目的論によって「啓蒙の循環」の問題に応答することができる。

4・2　非社交的社交性

『普遍史の理念』第四命題

それでは、具体的にはどのような道程をたどって人間の自然素質は発展するのだろうか。一見すると『普遍史の理念』の記述は独断的である。このテクストにおいてカントはときに自然素質が発展することは端的に「摂理」にかなっていると主張する(ID8: 18)。ルドルフ・マックリールの指摘するように、この主張を支えているのは神学的と形容されてよい目的論であり、それは後に『判断力批判』に提示される反省的な目的論の水準に達してはいない(Makkreel 1997: 169)。神学的な目的論は客観的な「摂理」として自然にあらかじめ埋めこまれており、自然に相対する人間の主観的な「反省」との関係において考察されていないのである。ただし、他方で『普遍史の理念』には歴史哲学をめぐるカントの基本思想も含まれており、いくつかのアイデアは批判後期まで継承される。その中心をなすのが非社交的社交性（ungesellige Geselligkeit）の思想である。長文になるが、それがはじめて提示される『普遍史の理念』の第四命題の前半部分を引用しよう。

〔１〕自然のあらゆる素質の発展を実現するために自然が用いる手段は、社会における自然素質の敵対関係であるが、ただしこれは、敵対関係が最終的に社会の合法則的秩序の原因となる限りのことである。わたしがここで敵対関係ということで理解しているのは、人間の非社交的社交性である。非社交的社交性とはすなわち、人間が社会に入っていこうとする性向であるが、他方では社会をたえず引き裂こうとする一般的抵抗とも結びついている性向のことである。〔２〕明らかに、そのような素質は人間本性にある。〔３〕〔一方で〕人間には、社会をつくりあげようとする傾向性がある。なぜなら、人間はそのような〔社会的〕状態において、自分がいっそう人間としてあること、すなわち自然素質が発展するのを感じるからである。しかし〔他方では〕、個別化しようとする（孤立しようとする）性向も、人間には大きい。なぜなら、人間はあらゆることを自分の思いのままにしようとする非社交的性質を同時に自分のなかに見出し、そのために、他人に対する抵抗が自分の側にあることを自覚しているのと同様、〔他人の自分に対する〕抵抗も至るところにあるだろうと予想するからである。〔４〕ところで、この抵抗は人間のあらゆる力を目覚めさせ、怠惰に傾く性向を克服させる。人間はこの抵抗によって、一緒にいるのは嫌だけれど、放ってもおけない仲間のもとで、名誉欲、支配欲、あるいは所有欲に駆りたてられ一つの地位を手にするよう促されるのである。〔５〕このとき粗野な状態から、人間の社会的価値を本質とする文化への、本当の第一歩が生じる。そしてこのとき、あらゆる才能が少しずつ伸ばされ、趣味が形成され、繰り返される啓蒙によって思考方法がつくりあげられるのである。思考方法とはすなわち、〔善悪をめぐる〕道徳的区別をおこなうにはまだ荒けずりの自然素質をしだいにはっきりとした実践的原理に変え、生理的心理的に強制された社会との合致を最終的には道徳的全体に変え

うるものにほかならない。(ID8: 20–21)

非社交的社交性は(1)においてその内容がおおまかに示されたのち、(2)から(4)にかけて補足の説明がなされ、(5)ではこのアイデアにしたがって歴史の展望が語られる。(1)から検討しよう。まず、カントは社交性に両面性を認める。わたしたちは孤独をつらぬくことはできないものの、他人と交わるとうまくいかないことも多い。だから「一緒にいるのは嫌だけれど、放ってもおけない仲間」と小競りあいを重ねながら生きることになる。この両面性の片面、すなわち非社交的傾向性の内容はすでに前章で述べた。もう一度確認すると、人間は実践理性を怜悧に働かせることでそれぞれの目的を設定するだけでなく、社交と呼ばれる社会的相互作用を通じてお互いの目的を比較し、目的を体系的に把握しようとする(3・1節参照)。このような相互作用において「他人と比較することでのみ自分の幸・不幸を判定する自己愛」が育まれ、自己愛から「他人の意見において自分に価値を与えようとする傾向性」が生まれる。『宗教論』では「根源悪」として論じられるこの傾向性を、『普遍史の理念』は「名誉欲、支配欲、所有欲」として提示する。

しかし、ここから一種の発想の転換がなされる。(1)によれば、これらの「不当な欲望」は社会をばらばらに引き裂こうとする傾向性でありながら、他方ではまとまりのある社会をつくりあげる原動力にもなる。「敵対関係は最終的に社会の合法則的秩序の原因となる」というのである。残念ながら、この主張の根拠は少なくとも『普遍史の理念』では十分に示されているとは言いがたい。なるほどいくつかの重要な示唆は与えられているものの、それらは自然哲学、法哲学、美学といった学問諸領域にまたがっているため、それぞれの領域にそくして論点を整理しなければならない。まず引用全体の論調から抽出できるのは、時間をかけた社会的相互作用からもたらされる「思考の拡張」とも言うべきものである。カントによれば、わたしたちは敵対関係において他人にも自分と同様の力がそなわっていることを経験的に知ることができる。そのような経験は他人の力に対抗するかたちで各自の力を「目覚めさせ」つつ、一種の他者理解にも結びつくことになるだろう。『判断力批判』の表現を借りるならば、社交はたとえ敵対的なものであったとしても、「ほかのあらゆる人の立場に立って考えよ」という理性の格率にしたがい、それを具体的に実現することができる（KU5: 295）。

もちろん、こうした通俗心理学のストーリーだけが非社交的社交性の思想を支えているわけではない。注目されるのは(3)と(4)の論述における自然哲学との類比である。「力（Kraft）」や「抵抗（Widerstand）」といったカントの言葉づかいに注意しよう。『普遍史の理念』の二年後に公刊される『自然科学の形而上学的原理』（一七八六）では、自然界の物質を構成する根源力として引力と斥力が挙げられている。カントによれば、「物質はそのたんなる現実存在によってではなく、ある特殊な運動力によって空間を満たしている」（MN4: 497）。この「特殊な運動力」にあたるのが斥力であり、「物質はその空間をただ斥力によって満たす」（MN4: 499）。ただし、斥力だけでは物質は無限に広がり消失してしまうため、それが存立するためには斥力と対抗する力、すなわち引力が根源力として必要とされる（MN4: 509）。引力とは斥力に対する「抵抗」なのである（MN4: 498）。白水士郎によれば、カントは『負量の概念を哲学に導入する試み』（一七六三）以来さまざまな局面において抵抗の類比を用いており、『実践理性批判』では「実践理性の作用が〔…〕傾向性に対する「抵抗」に即して、推論を経た間接的な仕方で認識される」（白水 1996: 11）。つまり、実践哲学においても引力と斥力の抵抗が類比として用いられ、「実践理性の実在性」あるいは「純粋理性の現事実」が心の根源力として論じられている（KpV5: 78）。

同様に、『普遍史の理念』では社交性と非社交的傾向性が引力と斥力の関係と類比的に提示されている。この類比から浮かびあがるのは社交をめぐるカントの見解の独自性である。カントはグロティウス、プーフェンドルフ、ビュルラマキのような伝統的自然法学者とは異なり、社交性そのものから法的秩序や道徳的秩序が直接に導かれるとは考えていない[3]。人間本性にそなわる社交性に委ねているだけでは「人類にあるすぐれた自然素質はすべて永久に発展されずにまどろんでいるだろう」（ID8: 21）。そこで、物質がかたちあるものとして存立するために斥力と抵抗する引力が要求されるように、社会が秩序あるものとして存立するために社交性と抵抗する非社交的傾向性が要求されることになる。「非社交性や一般的抵抗は〔…〕多くの災禍が生まれてくる源であるが、同時に新たに人間の力を引き締め、したがって自然素質をさらに発展させるよう駆り立てる」(ID8: 21)。こうして、カントは自然哲学との類比に訴えることで伝統的な自然法論とは異なる仕方で社会の複雑な形成過程を、そして自然素質の歴史的発展を説明しようとするのである。

とはいえ、この説明はあくまで類比に過ぎない。いくつかの疑問がなお残されている。たとえ社交性に対する抵抗として非社交的傾向性が要求されるとしても、後者の傾向性はいかにして「自然素質をさらに発展させるよう駆り立てる」のだろうか。また、たとえ自然素質が発展することを認めるとしても、どうしてそのような発展が非社交的傾向性のもたらす「多くの災禍」を克服できるとまで主張することができるのだろうか。

法的自然状態と倫理的自然状態

これらの問いに対する応答は、少なくとも部分的には第四命題の引用部(5)に示唆されている。まず、自然素質の発展のプロセスには趣味の契機が含まれることが主張される(「あらゆる才能が少しずつ伸ばされ、趣味が形成され、繰り返される啓蒙によって思考方法がつくりあげられる」)。後述するように、この主張は『判断力批判』の構想を(部分的にせよ)予告するものである。また、(5)では自然の素質の発展が趣味の形成を経て、歴史の終局に際して道徳的目的論と調和することも示唆される(新たにつくりあげられた思考方法は「自然素質を〔…〕最終的には道徳的全体に変えうる」)。したがって、カントの見通しによれば、人間はいつまでも非社交的傾向性のもたらす敵対関係にとどまるわけではない。歴史の始元において「荒けずり」だった人間の素質は趣味の洗練、文化の成熟によって段階的な発展をとげ「実践的原理」に合致する。この合致、つまり道徳性の究極的な実現において人間は非社交的な敵対関係から生じる「多くの災禍」を克服することができる。

ただし、この見通しは『普遍史の理念』の自然目的論では十分に論じられなかった。第五命題以降、この小論に提示される「自然の最高の課題」の具体的内容は道徳的というよりもむしろ法的な枠組みのなかに位置づけられる。すなわち「外的な法のもとにある自由が誰も反抗できない力と最大限結びついて見出される社会、つまり完全に法にかなった市民的体制」の実現という課題である（ID8: 22）。「外的な法のもとにある自由」は「自律としての自由」と異なることに注意しよう。両者の違いは『道徳形而上学』では次のように整理される。

自由の法則がたんなる外的行為とその合法則性とに関与する限り、それは法的（juridisch）と呼ばれ、しかしこの法則がまた、それ自身が行為の規定根拠となるべきだと要求するならば、それは倫理的（ethisch）である。（MS6: 214）

法的法則と道徳法則はいずれもその法則性によってわたしたちの選択意志を制約する。ただし、法的法則はこの制約において外面的にのみわたしたちの行為に関与する。たとえば約束の遵守という格率を考えよう。「自由の法則」としての道徳法則は外面的に約束を守るだけでなく内面的に、つまり「義務から」それをなすことを行為者に命じる。他方、法的法則は行為者の内面に立ち入らないし、立ち入る必要もない。たとえ「義務から」行為することなく、たとえば刑罰に対する恐怖心から約束を遵守したとしても法的法則の命令には反していない。「完全に法にかなった市民的体制」では、このような法的法則が強制力をもって市民に課せられる。その結果として市民の財産と安全が保証されるのである。

とすると、裏を返せば、そうした市民的体制が実現されない限り自然的な権利は保証されることがない。身体をそなえ、欲求に動かされる人間は互いの権利を侵害しあう不法の状態にとどめおかれる。そこで、『普遍史の理念』は第五命題以降の論述において不法の状態が正当な市民的体制の実現によって解決されなければならないと主張する。

完全に法にかなった市民的体制こそ、人類にとっての自然の最大の課題でなければならない。なぜなら、自然はこの課題の解決、そして実行によってはじめて、わたしたち人類に関するほかの意図を達成できるからである。ふだん奔放な（ungebunden）自由にはなはだとらわれている人間は、必要に迫られてこうした拘束状態に入らざるをえなくなる。（ID8: 22）

不法の状態において「奔放な自由にはなはだとらわれている人間」は「共存を不可能にする傾向性」、すなわち非社交的傾向性の影響を受けざるをえない。このことは、人間が非社交的傾向性のもたらす敵対関係によって不信と暴力にみちた自然状態に陥ることを意味する。そしてカントによれば、人間は自然状態の苦境から脱却するために「必要に迫られて〔…〕拘束状態に入らざるをえなくなる」。オットフリート・ヘッフェをはじめ、いくつかの先行研究はこうしたカントの主張に自然状態をめぐるホッブズの思想的な影響を見出している（Höffe 1979）。実のところ（一般的なイメージに反して）カントはさまざまな局面でホッブズに言及し、そのアイデアを称揚していた。たとえば『宗教論』では「ホッブズの命題「人間の自然状態は万人の万人に対する戦争である」は、〔「自然状態」という言葉の代わりに〕「戦争状態である云々」というべきだったこと以外に誤りはない」とまで述べられる（R6: 97）。

しかし、だからといってカントはホッブズの社会契約論をそのまま踏襲するわけではない。[4] 第一に、「非社交的傾向性」、あるいはそれによってもたらされる「敵対関係」に基づく自然状態の描出はあくまで『普遍史の理念』における「哲学的歴史」の観点からなされる歴史記述であることに注意しよう。網谷壮介が指摘するように、「こうした記述と『法論』で示されるア・プリオリな理念としての自然状態の記述を同一のものとして解釈する必要はない」（網谷 2018: 151）。第二に、たとえ「哲学的歴史」の観点に立ったとしても、ホッブズの社会契約論はカントの実践哲学のプロジェクトにとって明らかに不十分である。すでに述べたように、「必要に迫られて」実現する市民的体制とは強制力をもってわたしたちの行為を制約する「拘束状態」だった。他方、『普遍史の理念』の第四命題において歴史の終局に見据えられていたのはそうした法的な「拘束」をもはや必要としないような道徳性の実現、すなわち「社会との生理的心理的に強制された社会との合致を最終的には道徳的全体に変えうる」局面である（ID8: 21）。ならば、たとえ「完全に法にかなった市民的体制」が実現されたとしても、類としての人間には道徳性の観点から克服するべき課題が残されていることになる。この課題の解決は『普遍史の理念』の第四命題に予告されながら第五命題以降では十分に論じられることがなかった。[5] だが、カントは『普遍史の理念』以降、批判哲学の進展とともにこの課題を繰り返し追究することになる。たとえば『宗教論』では自然状態が「法的自然状態（juridischer Naturzustand）」と「倫理的自然状態（ethischer Naturzustand）」に区別され、二種類の自然状態からの二段階の脱却も主張されている。

法的自然状態が万人の万人に対する戦争状態であるのと同様、倫理的自然状態も、いかなる人間の内にもある善の原理が、やはり人間の内に、そして同時にほかのいかなる人間の内にも見出される悪により（前述のように）つねに戦をしかけられる状態であって、人間たちは相互に相手の道徳的な素質を腐敗させあい、各人それぞれには善意志があってもなお、彼らを統一する原理がないので、あたかも悪の道具になったかのように、相互のトラブルによって善の共同体的な目的から遠ざかり、逆に相手への支配を手中におさめようとして、互いに相手を危険に陥れあう。（R6: 96–97）

二つの自然状態の関係に注目しよう。[6] カントによれば「存立している政治的公共体において、すべての政治的市民はそれとしては（als solche）倫理的自然状態にあり、そこにとどまる権利も与えられている」（R6: 95）。つまり、仮に法的自然状態から脱却したとしても、人間はなお「内的な没道徳的状態（Zustand der innern Sittenlosigkeit）」としての倫理的自然状態のただなかにありうる（R6: 97）。「相手への支配を手中におさめようとして、互いに相手を危険に陥れあう」という『宗教論』の記述に明らかなように、非社交的傾向性の影響が人間に対する法的な強制力をそなえた「法的状態＝市民的状態」において排除されていないからである。ここにカントの実践哲学の課題が浮き彫りにされる。このような非社交的傾向性の克服こそ、言い換えれば「たんなる徳の法則下で人間が統一されている状態」としての「倫理的市民社会（ethisch-bürgerliche Gesellschaft）」の実現こそ、「人類の人類自身に対する義務」である（R6: 94）。

『人間の歴史の憶測的始元』

これまでの議論を歴史の自然目的論の道筋にしたがって整理しよう。(1) 人間は自然素質として選択意志の能力をそなえており、この能力は社交と呼ばれる社会的相互作用を通じて歴史的に発展する。(2) 他方、この発展のプロセスにおいて選択意志は怜悧に行使され、結果として人間は自己愛に基づく非社交的傾向性も抱くことになる。(3) だが、非社交的傾向性のもたらす法的自然状態は逆説的な仕方で自然素質の発展に拍車をかける（それは斥力と引力によって物質が存立することと似ている）。(4) というのも、人間は法的自然状態に際して法的社会を設立するよう促され、この社会では法的法則にしたがうことが強制されるからである。(5) しかし、法的法則が外的に強要されたものである限り非社交的傾向性は克服されておらず、人間はなお倫理的自然状態にとどまりうる。(6) この倫理的自然状態からも脱却するためには、人間は社交を継続して趣味を洗練させ、啓蒙をさらに前進させなければならない。

このうち『普遍史の理念』で論じられているのは(1)から(4)の段階である。(5)は明示されておらず、(6)は第四命題において示唆されているに過ぎない。(6)の問題、いかにして倫理的自然状態において社交は継続されうるかという問題にはいくつかの応答が考えられるし、事実、解釈者によって提案されてきた。たとえばジェローム・B・シュニーウィンドは『普遍史の理念』において欲求や感情の分析が十分になされておらず、それゆえ社交に促される動機づけの論点が曖昧にとどまることを指摘した上で次のように述べる。「概してカントは次のように考えている。道徳法則を認知することによって、行為者には自分に要求されていることをおこなうための十分な動機が与えられることになる。この場合に要求されていることはすなわち、社交的に生き始めるということにほかならない」（Schneewind 2009: 107）。シュニーウィンドが描き出しているのは啓蒙された人間の社会的相互作用である。道徳法則を認知し、それにしたがって選択意志を自由に行使することによって倫理的自然状態からの脱却をはかる。一見するとこの解釈は『基礎づけ』の主張にも忠実であるように思われる。

しかし、もちろんわたしたちはこのような解釈を採用できない。なぜなら、『普遍史の理念』の自然目的論において想定されているのは、自然素質としての選択意志がいまだ十分に発展していないような歴史の段階だからである。第七命題から引用しよう。「わたしたちは芸術学問によって高度な文化をもち、さまざまな社会的礼節や上品さにおいて煩わしいほど文明化されている。だが、わたしたちがすでに道徳化されていると考えるためには、なおきわめて多くのものが欠けている」(ID8: 26)。つまり、「煩わしいほど文明化され」た人間は選択意志を怜悧に行使するとしても、それを道徳的に行使できるとは限らない。この点について、シュニーウィンドのような解釈は「わたしたちがすでに道徳化されている」ことを前提することによって「わたしたちはいかにして道徳化されるか」という問いに答えようとするに等しい。それは「啓蒙の循環」に巻きこまれることにほかならないが、この循環こそ本書が一貫して回避しようとしてきたものである。

では、ほかにどのような解釈があるだろうか。一つの解釈は(6)の問題をそれ以降の批判哲学の進展から、とりわけ『判断力批判』(一七九〇)の目的論にそくして解決しようとするものである。すでに『普遍史の理念』では「趣味の形成」が言及されていたことに注意しよう (ID8: 21)。『判断力批判』は趣味判断の批判を通じて人間の感性を捉えなおし、『普遍史の理念』に示唆されていた「趣味の形成」と「啓蒙の前進」の関係を探究する。カントは「わたしたちがすでに道徳化されていると考えるためには、まだ非常に多くのものが欠けている」と述べるが、趣味判断の批判はまさにこの欠落を埋める可能性を持っているのである。この可能性を検討するために、まずは『普遍史の理念』の二年後に発表された『憶測的始元』(一七八六)を分析することから始めたい。この小論は同時期に公刊されたヘルダーの『人類史の哲学考』に対する反論を含み、「哲学的歴史」の論考として『普遍史の理念』の続編とも言うべき性格を持っている。簡潔にその論旨を述べると、それは『普遍史の理念』に提示された自然素質の発展プロセスを旧約聖書の創世記にそくして語りなおすものである。

二つのテクストの異同に注目したい。『憶測的始元』では『普遍史の理念』と同様に歴史の自然目的論が主張されており、この目的論は社交の継続によって進展することになる。たとえば、『憶測的始元』は歴史の始元における「人間の現実存在」を孤立した自然人ではなく、少なくとも言葉を交わしあい関係を結ぶことのできる「一組の夫婦」として提示する。カントはその理由を以下のように説明している。

> つまり、自然は相異なる血統を設けることによって、人間の使命の最大の目的である社交性（Geselligkeit, als dem größten Zwecke der menschlichen Bestimmung）のための最適の準備措置を怠ったのだ、などと言って、自然を責めたりしないようにするためである。実際、あらゆる人間がただ一つの家族に由来するということは、疑いなく社交性のための最高の配置だった。（MA8: 110）

ただし、このように社交性にそくした目的論を展開するとき、『憶測的始元』には『普遍史の理念』に認められないアイデアも含まれている。第一に、論文の冒頭では「熟練を必然的に前提とする人間のおこないのうちで道徳的なものが展開していくさまを注視する」ことが宣言され（MA8: 111）、論述の進展とともに「人類の道徳的な使命」が言及される（MA8: 118）。つまり、カントは歴史哲学の領域において倫理的自然状態からの脱却を『普遍史の理念』の二年後に試みているのである。『普遍史の理念』ではホッブズ的な自然状態の描出がなされていた。他方、『憶測的始元』が繰り返し参照するのは「道徳的な類としての人類の素質をこの類の使命に適合したかたちで展開させ」ようとするルソーの「課題」である（MA8: 116）[7]。

第二に、ルソーの「課題」を解決するために『憶測的始元』は欲求、傾向性、感情といった心の層に照明をあてる。これらは伝統的な経験的心理学では心の「下層」に分類され、『純粋理性批判』においても超越論的哲学の探究から排除されていた（A15）。だからこそシュニーウィンドが指摘するように、『普遍史の理念』では感情面における社交の描出、社会的相互作用の具体的分析が十分になされていなかったのである（Schneewind 2009: 105）。

だが、カントは『憶測的始元』において「自由がはじめて展開してくる際の歴史」のプロセスをこれらの心の「下層」にさかのぼって明らかにする（MA: 109）。プロセスには四つの「移行」が含まれる。(1) 本能から欲望、(2) 欲望から傾向性、(3) 傾向性から怜悧、(4) 怜悧から道徳性への移行である（MA8: 109）。『憶測的始元』において実質的な議論がなされているのは (1) から (3) であり、いずれの移行にも想像力が関与する。次節では歴史の自然目的論における想像力に注目し、それが「啓蒙の循環」を考察する上で決定的な役割を果たしていることを示す。

４・３　「実践的想像力」の可能性

社交的伝達

まず、自由の歴史の第一段階として描きだされるのは欲望（Begierde）の発生である。すでに述べたように、カントは歴史の始元においてさえ「自然本性が完全に未開な状態」を想定していない（MA8: 110）。想定されているのは本能によって導かれながら、人間本性において実践理性を潜在させている「経験未熟な人間」である。カントによれば、実践理性が自由の歴史において「活動を開始する」とき、それは「想像力の助力によって（mit Beihülfe der Einbildungskraft）欲望をつくりあげる」（MA8: 111）。ここでは「対象が現前していなくても直観しうる能力」としての想像力が実践において果たす役割が強調される。たとえば食料の探索について考えてみよう。動物が視覚や嗅覚を通じて食料を探しもとめる一方、人間は感官では直接に捉えられない食料すら思い浮かべ、それに欲望を覚える。すなわち「食料に関する人間の知識を、本能の限界を超えて拡張しようと試みる」。このように、人間は想像力を行使することによって「すべての動物をつなぎとめている制限を超えて広がることのできる能力として、自分の理性を自覚する」（MA8: 111–112）。

続く歴史の第二段階においても想像力は重視される。欲望から傾向性への移行である。「動物たちの場合、性の刺激はたいてい周期的に訪れる一時的な衝動に基づいているが、人間の場合は、想像力によって (durch die Einbildungskraft) 性の刺激を長引かせたり増大させたりする」(MA8: 112)。ここで例示されているのは食料の探究ではなく「性の刺激」である。

想像力は、対象が感官から遠ざかるにつれて、いっそうの節度を持ちつつも、しかし同時に、いっそう持続的に一定の調子で自分の仕事にあたり、このことによって、たんに動物的な欲望の充足につきものの、あの倦怠感が防止される。〔…〕〔このことは「理性の表出 (Äußerung der Vernunft) の産物」であるが、なぜなら〕傾向性の対象を感官から遠ざけることで、その傾向性をいっそう内発的で持続的なものにすることには、理性が衝動を支配する意識 (Bewußtsein einiger Herrschaft der Vernunft über Antriebe) が、すでにいくらか認められるからである。
(MA8: 112–113)

注意したいのは、想像力の行使が性的な欲望のいたずらな喚起ではなく、むしろ欲望のおだやかな制御に関与していることである。想像することは対象を感官から遠ざける。わたしたちは何らかの対象を思い浮かべるとき、対象から反省的な距離を取りつつ、そのイメージを吟味することができる。カントが(いたってまじめに)主張するところによれば、わたしの目と、あなたの性器を隔てる「イチジクの葉」こそ想像力のひらめきであり、また「理性の表出の産物なのである」(MA8: 113)。この点について、サラ・ギボンズは歴史の第一、第二段階において「想像力と理性が緊密に結びついており、二つを区別することは難しい」と指摘する (Gibbons 1994: 185)。本書はこの第二段階において理性と「緊密に結びついて」いる想像力の活動を「反省」の作用と理解しておきたい(この作用の内実は『判断力批判』をめぐる次章の分析から示す)。

想像力の意義は非社交的社交性の理論と接続することによっていっそう明らかになるだろう。さまざまな局面で、カントは人間の性的欲求が動物の性的衝動と違って「不自然 (unnatürlich)」であることを糾弾する。たとえば『道徳形而上学』によれば、「情欲（Wollust）が不自然であるといわれるのは人間が現実の対象によってではなく、対象を想像することによって、それゆえ〔生殖という自然な〕目的に反して対象を自分でつくりあげて、情欲を覚える場合である」（MS6: 424–425）。人間は想像力をいたずらに行使して数限りない相手を思い浮かべ、彼あるいは彼女を欲望にしたがって性的に支配しようとする。『人間学』ではっきりと述べられるように、それは性の局面における人間の非社交的傾向性にほかならない（VA7: 270）。ところが『憶測的始元』では、「対象を想像することによって」むしろ欲望を制御する可能性が主張されている。同じ想像力が、どうして逆方向の役割を担うことができるのか。それは想像力が対象を与えられるまま受動的に思い浮かべ、再生するだけでなく、それを反省的に吟味するだけの自発性をそなえているからである。この自発性には「理性が衝動を支配する意識が、すでにいくらか認められる」。それは「まったく新しい方向性を思考様式に与える」（MA8: 113）。

想像力をめぐるこのような考察を経て、わたしたちは社交性に新たな光をあてることができる。たしかに、カントは社交性を想像力から切り離して論じることもある。たとえば『宗教論』では、「ほかの人間たちとの共同への素質、すなわち社会への衝動」が「人間における動物性の素質」として言及される（R6: 26–27）。ただし、これは生殖のために同種の個体が結合するような動物的、本能的衝動に過ぎない。言い換えれば、このレベルの社交性にはいかなる実践理性の行使も伴われていない。他方、『憶測的始元』によれば「理性を伴う想像力」の行使は社交性に「まったく新しい方向性」を与えることになる。それは社交的伝達（gesellige Mitteilung）の可能性である。自由の歴史の始元において人間は「自分の思うことを伝達しようとする衝動」を抱いたとしても、わきあがる欲求、欲望、感情を他人に伝達することができない（MA8: 110）。これらは人間の身体に根ざした「感官感覚」に依拠しており、この感覚は身体の個別性に応じて相対的だからである（MA8: 111, KU5: 217）。だが、想像力は対象から反省的な距離を取り、「対象が感覚から遠ざかる」ことを可能にする（MA8: 112）。人間は想像力によって感官感覚の相対性を克服し、欲求、欲望、感情すら他人に伝達する可能性にひらかれる。

もちろん、想像力と伝達可能性の関係の明瞭な分析は『判断力批判』を待たなければならない。「美感的判断力の批判」では反省によって美的対象の表象に「形式」がもたらされ、形式を媒体とした感情の伝達可能性が主張される（KU5: 190）。だが、すでにこの考えの萌芽は『憶測的始元』に見出される。カントは想像力の行使に「理性が衝動を支配するという意識が認められる」ことを主張したのち、次のように述べている。

たんに感覚的な刺激から観念的な刺激に移行し、たんに動物的な欲望から段階的に愛に移行し、この愛によって、たんに快適の感情から美に対する趣味に移行し、しかもはじめのうちはただ人間の美に対する趣味だったのが、やがては自然に対しても美を見出すようになる。礼節とは、よい作法（軽蔑の念を引き起こしうるものを隠すこと）によって、わたしたちに対する尊敬をほかの人々にも抱かせようとする傾向性であり、あらゆる真の社交性の本来的な基礎である（als die eigentliche Grundlage aller wahren Geselligkeit）。（MA8: 113）

ここで「礼節（Sittsamkeit）」が「あらゆる真の社交性の本来的な基礎」として理解されていることは重要である。想像力はむきだしの感情を反省することによって「礼節」、すなわち「軽蔑の念を引き起こしうるものを隠すこと」を可能にしている。この意味での礼節をそなえた人は、自分のプライベートな感情さえ「軽妙な」社交において他人に伝達することができるだろう（それどころか、「笑いを引き起こす」ことさえあるかもしれない）（KU5: 336）。カントによれば、人間はこのような社交を通じて本能から欲望に、欲望から愛に、そして愛から趣味に移行する（MA8: 113）。この移行に語られているのは想像力を介した社交の洗練であり、社交を介した趣味の涵養にほかならない。こうして『憶測的始元』は法による外的な強制とは異なる観点から非社交的傾向性の克服を、すなわち啓蒙の歴史的進展の可能性を提示しているのである。

感情の伝達

これまで本章は『普遍史の理念』に提示された非社交的社交性の思想を選択意志、想像力、感情といった批判期カント哲学の心のモデルにしたがって考察してきた。その内容を『憶測的始元』に見出される社交的伝達の観点から整理しておこう。まず、人間には論理的な思考、感情的な反応を問わず自分の心のありようを他人に伝達しようとする衝動がそなわっている（動物性の素質としての社交性）。ただし、人間は社交において自己愛や支配欲を免れることはできず、そのために互いの人間性を毀損しあう倫理的自然状態が帰結する（非社交的傾向性）。他方、倫理的自然状態にあってなお人間は想像力を働かせ、自己愛や支配欲をコントロールしようと試みる（反省に基づく社交性）。なるほど個人の才覚や努力だけではそのような試みは成功せず、社交的伝達は頓挫するかもしれない。だが、類としての人間は歴史的に法的状態をつくりあげ、また趣味を洗練させることによって非社交的傾向性に抵抗するだけの社交性を育むことができる（啓蒙の前進）。

こうした歴史のプロセスにおいて決定的な役割を担っているのは想像力である。たとえ自然素質としての選択意志が十分に発展していなかったとしても（それゆえ尊敬の感情に基づく社交に失敗するとしても）、人間は想像力によって対象から反省的な距離を取ることができる（それゆえ伝達可能な感情に基づく社交を継続できる）。再びオノラ・オニールの表現を借りるならば、たとえ「公的な討議」の理想には到達していなかったとしても、人間は想像力を行使することによって実践理性を「ある程度まで」発展させることができるのである。

従来、このような社交的伝達の思想、感情伝達のアイデアはカントの実践哲学に関するほとんどの先行研究において看過されてきた。実際、批判期初期の著作においては感情にいかなる伝達の余地も認められていない。なぜなら『純粋理性批判』で繰り返し強調されるように、欲求、欲望、感情といったものはことごとく「経験的な起源」を持つはずだからである。

> したがって道徳性の最高原理そして根本概念はアプリオリな認識ではあるが、それでもなお超越論的哲学には属さない。なぜなら、快と不快、欲求、傾向性、恣意などの、ことごとく経験的な源泉に由来する諸概念が前提されなければならなくなるだろうからである。（A14–15）

『純粋理性批判』によれば、感性とは「対象に触発される仕方によって表象を受けとる能力」である（A19/B33）。カントは「超越論的哲学に属する」ものを見定めるためにこの能力をさらに形式と質料に区別する。すなわち「現象の多様なものがある種の諸関係において秩序づけられうるようにするもの」としての形式と、「現象において感覚に対応するもの」としての質料である（A20/B34）。すでにわたしたちは感性の形式を「直観形式」と「形式的直観」に区別し、後者が想像力の超越論的綜合によって産出されることを示した（1・2節参照）。だがアンジェリカ・ヌッツォが指摘するように、カントは感性の質料を超越論的哲学の探究から排除することで新たな課題を抱えこむことにもなった（Nuzzo 2006: 583）。感情の伝達はいかにして可能か、という課題である。欲求、欲望、感情といったものが「経験的な源泉に由来する」ならば「このバラは美しい」という趣味判断に際してわたしの感情はいかにして伝達されうるのか。

この課題に対するカントの見解は、少なくとも『純粋理性批判』の段階においては否定的なものにならざるをえない。

バウムガルテンは美しいものの批判的判定を理性原理のもとにもたらし、判定のための規則を学問にまで高めようと期待した。だが、この努力は無駄なものである。なぜなら、こうした規則あるいは基準は、そのもっとも主要な源泉からすればたんに経験的であり、したがってわたしたちの趣味判断がしたがわなければならない一定のアプリオリな法則として役立つことができないからである。（A21/B35）

しかし、感情の伝達可能性をめぐるカントの思索は批判哲学の進展とともに深まる。思索の軸をなすのは感情の「源泉」である。まず『基礎づけ』（一七八五）の道徳形而上学では『純粋理性批判』の経験的な感情論と対比的に尊敬（Achtung）の感情が主張される。「尊敬は感情であるが、しかしそれは〔感官の〕影響によって受け入れた感情ではなく、理性概念によってみずから引き起こした感情であり、それゆえ、傾向性や恐れに自身を委ねてしまう前者の類の感情のいっさいから種的に区別される」(G4: 401)。カントによれば、理性を源泉とする感情は感官感覚の偶然性と相対性を克服する。『実践理性批判』(一七八八)で繰り返し論じられるように、「道徳法則に対する尊敬は知性的根拠を通じて引き起こされる感情であり、それはわたしたちがまったくアプリオリに認識でき、またその必然性を洞察できるただ一つのものである」(KpV5: 73)。仮にわたしたちが十分に啓蒙されていたならば、そのような感情に基づく社交こそ「目的の国」における理性的存在者の相互作用をあらわすものになるだろう。それは趣味の批判とは異なる仕方で感情の伝達可能性を示すことになる。

だが、啓蒙の歴史的見地に立つならば、人間は有限な理性的存在者としてそのような仮定を受け入れられない(「わたしたちがすでに道徳化されていると考えるためには、まだ非常に多くのものが欠けている」(ID8: 26))。「すでに道徳化されている」という仮定から出発することは啓蒙の循環に巻きこまれることを意味する。だからこそ、カントは『憶測的始元』において想像力に照明をあてる。想像力の中間的性格は理論哲学では上位認識能力と下位認識能力の中間性として、つて人間の感情の源泉となる。想像力の中間的性格は理論哲学では上位認識能力と下位認識能力の中間性として、心的能力をめぐるスコラ的な価値序列の発想をとどめていたことに注意しよう。それに対して歴史哲学の、あるいはその方法を援用する実践哲学のプロジェクトでは想像力の中間的性格が歴史的な時間軸からも捉えなおされる。すなわち「歴史の始元」と「歴史の終わり」の中間、「自然の後見」と「自由の状態」の中間の期間である(MA8: 115)。そうした期間において人間は選択意志を自由に行使できなかったとしても、想像力をなお反省的に行使することができる。この反省は「あらゆる真の社交性の本来的な基礎」となって人間の感情に伝達可能性を与えるだろう(MA8: 113)。

なるほどそこで伝達されているのは感情に過ぎない。感情には論理的思考の整合性が欠けている。そして『憶測的始元』における性や愛の言及が示唆するように、これらの話題に際してわたしたちが感じる欲求、欲望、感情の内容は道徳的とは限らない(これらがワイングラスを片手に語られるとき、わたしたちは「惚れっぽく」なつたり「大言を吐い」たりすることさえある）（VA7: 172）。だが、啓蒙のプロセスにおいて重要なのは伝達されるものの「内容」ではなく、その「相手」だったことを思い出そう（3・1節参照）。カントは『憶測的始元』と同年に出版された『方位論文』において自分の思考を公衆に向けて「方向づける（orientieren）」ことの意義を次のように強調している。

たしかに人の言うように、話す自由、あるいは書く自由は、上部の権力によって奪われることがあっても、思考の自由はそれによって奪われることは決してないかもしれない。しかしわたしたちが、他人に自分の思想を伝達しまた他人が彼らの思想をわたしたちに伝達するというようにして、いわば他人と協同して考えることがなければ、わたしたちはどれほどのことを、どれほどの正しさをもって考えるだろうか！（O8: 144）

方向づけるということは「この言葉の元来の意味からすれば、一つの与えられた方角から〔…〕ほかの方角を見出すことを意味する」。そしてカントは「そのためにわたしに必要なのは自分の主観における区別の感情、つまり左手と右手の区別の感情である」と主張する（O8: 134）。この感情の理論に関して、マックリールは想像力に固有の意義を見出している。すなわち、想像力は感情によってわたしに直接的に与えられたものを間接的に与えられるものに関係づける役割、つまり「知覚的自己」を「自然的環境に（auf eine natürliche Umgebung）」方向づけ、自己を拡張する役割を担っている（Makkreel 1997: 200）。同様の役割を、わたしたちは社交的伝達における想像力の行使に認めることができるだろう。想像力は感官感覚から反省的な距離を取ることによって、いわば「感覚的自己」から「公衆」に向けて感情を方向づける。こうして方向づけられた感情の伝達は、わたしたちが「他人と協同して考えること」を「準備する」のである。

想像力と実践理性

以上の議論によって「啓蒙の循環」ないし「自律の循環」から脱却するための手がかりは示された。しかし実のところ、想像力と感情をめぐる本書の分析はカントの超越論的哲学の水準にいまだ達していない。言い換えればわたしたちは、「感情の伝達はいかにして可能なのか」という問いに対して、感情をめぐる「アプリオリな原理」をもって答えるに至っていない。

このことは『憶測的始元』における想像力の内実を検討すれば明らかだろう。自由の歴史の第二段階に続き、第三段階で論じられるのは傾向性から怜悧への移行である。前章で確認したように、怜悧とは社会関係のなかで目的を設定し、諸目的を比較する人間性の「実用的素質」だった（G4: 416, VA7: 323–324）。『憶測的始元』によれば、この素質は「将来的なものへの熟慮された期待」に関与し、この期待を可能にするのが「はるか先のことを現下に思いみる能力」としての想像力である（MA8: 113）。ただし、このような想像力の作用が経験的なものに過ぎず、それゆえ歴史の第三段階の記述が経験的心理学の水準にとどまることに注意しよう。それは「はるか先のことを現下に思いみる能力」が形象能力の先形成（Vorbildung）の作用として前批判期に論じられていたことからも明らかである（VA25: 76）。そして本章において強調してきた想像力の「反省」もまた、このような経験的性格を必ずしも免れてはいない。もし反省が『イェッシェ論理学』で言及されるような作用、すなわち「対象が相互に共通に持っているもの」を把握する論理的操作に過ぎないならば、『憶測的始元』の社交的伝達の理論は経験的に理解されるほかないだろう（Logik9: 94–95）。

ここで問われているのは想像力の経験的性格そのものではない。そのような想像力を「源泉」とする感情の伝達可能性が経験的にのみ考察されることが問題なのである。『純粋理性批判』の「三重の綜合」に主張されたように、想像力の経験的な再生は超越論的綜合（包括的綜合）を「可能性の超越論的根拠」とすることによって認識の普遍性を獲得する（A103–104）。さもなければ、わたしの認識判断は普遍的に伝達されえないだろう。経験的概念にしたがった綜合の統一はまったく偶然的だろうし、これらの概念が統一の超越論的根拠となることはないから、そこからはけっして経験は生まれないような現象の錯綜がわたしたちの魂を満たすこともあるだろう。だが、そうすると、認識の対象へのいっさい関係もなくなるだろう。なぜならこのような認識には普遍的で必然的な法則による結合が欠けているからであり、したがってそうした認識は思考の伴わない直観であってもけっして認識ではなく、それゆえわたしたちにとってはまさに無に等しいものになるだろう。（A111）

同様の懸念が『憶測的始元』の社交的伝達の理論に指摘されることになる。もし想像力の反省が経験的なものにとどまるならば、わたしの感情は普遍的に伝達されえないだろう、という懸念である。もちろん心理学の枠内において感情の伝達を論じることはできる。わたしたちの多くは礼節をわきまえた社会的相互作用を通じて自分の感情を他人に伝達した実感を持っている（MA8: 113）。だが、このような経験的事実は啓蒙のプロジェクトにとって明らかに不十分である。そのマニフェストとも言うべき『啓蒙とは何か』の記述を思い出そう（3・1節参照）。カントが「思考を公的に伝達する自由」を主張するとき、意図されているのは理性以外のいかなる「外的な権力」にも服することのない「本来の公衆」に向けられた伝達だった。そして「本来の公衆」とは「全共同体の構成員、そればかりか世界市民社会の構成員」にほかならない（WA8: 37）。つまり、カントは啓蒙のプロジェクトにおいて経験的に観察されるような感情の伝播ではなく、普遍的な伝達可能性をこそ主張しているのである。ここに『啓蒙とは何か』と『憶測的始元』のギャップがある。

では、いかにして感情の普遍的な伝達は可能だろうか。そのような伝達を可能にする「アプリオリな原理」とは何だろうか。少なくとも『憶測的始元』においてこれらの問いに対する回答は与えられていない。実際自由の歴史の第四段階、すなわち怜悧から道徳性への最終的な「移行」においてカントの記述は独断的な調子さえ帯びている。

第四の、そして最後の歩みにおいて、理性は人間を動物たちとの仲間づきあいを完全に超えた高みに置く。ここで人間は（ただおぼろげながら）次のことを理解した。まさに人間が本来の自然の目的であり、地上の生きるもののなかには、この点で人間の競争相手になりうるものはいない。〔…〕このような見方は（やはりおぼろげながら）次のような反対命題の思考を含んでいる。すなわち、人間はそのようなことを人間にむかって言ってはならず、むしろ人間は人間を、自然の贈り物を平等に分ちあうものとみなさなければならない、という考えである。この考えは、はるか先を見越しての準備である。この準備のもと、理性は将来的に同胞たちに関して、意志にさまざまな制限を課すことになる。そして社会の建設のためには、愛着や愛情にもましてこの準備のほうが必要なのである。（MA8: 114）

歴史の第一段階から第三段階にかけてそれぞれの「移行」を担ってきた想像力は、第四段階において言及されることがない。いまやその不在の理由は明らかだろう。『基礎づけ』の定言命法の各方式が示すように、道徳性はわたしたちに普遍性の要求を課す。「理性的存在者はそれぞれ、みずからの格率を通じてつねにあたかもみずからが目的の普遍的な国の立法的成員であるかのように行為しなければならない」（G4: 438）。たしかに歴史の第二段階において、わたしたちの感情は想像力の反省によって「公衆」に方向づけられていた。だが、反省の作用が経験的な次元にとどまるならば（つまり何らかの「アプリオリな原理」を持っていないならば）、そのような「方向づけ」は普遍性の要求に応えるには至らない。『憶測的始元』は「歴史の終わり」に道徳性を見据えつつ、その実現を経験的に「準備する」ほかないのである。

ここに至って、わたしたちは『憶測的始元』と『判断力批判』の関係、そして「啓蒙のプロジェクト」と「趣味判断の批判」の関係を理解することができるだろう。一言で述べるならば、後者は前者の目的論の実現に貢献しうるのである。以降の第三部では『判断力批判』の趣味判断の批判に焦点をしぼり、感情の普遍的伝達可能性を超越論的哲学の課題として検討する。

最後に、本章の歩みを振り返っておこう。カントの実践理性の構想を歴史哲学、人間学を含む実践哲学の全体像から捉えなおしてきた（4・1節）。歴史的な観点から示したのは、人間にそなわる「自然素質」としての選択意志が非社交的社交性によって段階的に発展するという啓蒙のプロセスである（4・2節）。とりわけ『普遍史の理念』、『憶測的始元』といった歴史哲学のテクストは、このプロセスの初期段階に「理性を伴う想像力」の行使が組みこまれていること、そして想像力を介して感情の伝達が可能となっていることを示唆している（4・3節）。ただし、感情の普遍的伝達可能性はこれらのテクストでは十分に示されておらず、その詳細な論証は超越論的哲学の到達点とも言える『判断力批判』の感情論に委ねられる。それは本書の第III部、『判断力批判』に取り組む第5章と第6章の課題となる。

第III部

想像力と『判断力批判』

第5章　美感的判断の構造――「想像力の自由」とは何か

批判哲学をつらぬくのは「人間とは何か」という問いである。この問いはさまざまに取り組まれているが、少なくとも人間本性をめぐるカントの態度は楽観的なものではない。人間は徒党を組めば非社交性にとらわれ、自身の目的のために他人を利用しようとするが、かといって孤立を守ることもできず、「一緒にいるのは嫌だけれど、放ってもおけない仲間」と共存するほかはない（ID8: 21）。しかし、このように厭世的な印象すら与える洞察はカントの啓蒙の思想の独自性とも結びついている。（同時代の急進的な理性主義者とは異なり、）カントは理性なるものが個人に内蔵されているとも、個人の理性によって万事がうまくいくとも思っていない。わたしたちは一人ではまるで頼りなく、人生は短い。この苦い認識を啓蒙の思想は出発点とする。脆弱な人間本性を認容しつつ、平たくいえば、それでもなんとかやっていくためにはどうすればよいかを問いかけている。

この問いに応答するにあたって、本書は想像力という能力を基軸として批判哲学を領域横断的に検討してきた。そして、これまでの検討によって応答の指針は定まりつつある。それは啓蒙の原動力を、わたしたちがお互いに想像力を働かせ、社会的相互作用が継続することに見出そうとするものである。「このとき粗野な状態から、人間の社会的価値を本質とする文化への、本当の第一歩が生じる」（ID8: 21）。「文化」は完全な理性的存在者の一声によってすぐさま成立するものではない。不完全であったとしても、人間は時間をかけて集団的な営みとしての「文化」をつくりあげる。このプロセスを理性の発展というマクロな観点から捉えるのが啓蒙の思想であり、その展望のさきには自由な市民社会の実現という理念が据えられている。

しかし、わたしたちが理性的存在者として不完全、未成熟であるならば、そこで交わされる社会的相互作用とは具体的にいかなるものだろうか。これは批判哲学から社会形成の理論を取り出そうとする問いであるが、本書の第Ⅲ部はカントの Ästhetik に光をあてることでそれに答えてみたい。カントの著作において Ästhetik は多義的である。『純粋理性批判』(一七八一)では ästhetisch なものは「わたしたちの認識能力の受容性」として「感性」の意味に用いられていたが(A44/B61)、『実践理性批判』(一七八八)と『判断力批判』(一七九〇)では「感情」にそくして論じられる(KpV5: 90, KU5: 228)。とりわけ『判断力批判』においては Ästhetik に一種の転回が生じていると言ってよい。それは感情を主観的な身体的反応ではなく、想像力を介して間主観的に共有されるものとみなす発想の転換である。ここに認められる感情の共有、共感といった事態は人間の社会的相互作用のありようを明らかにしてくれる。啓蒙の思想における感情論的アプローチとも言うべきものが『判断力批判』にはある。

本書の第5章は『判断力批判』における Ästhetik の内容に迫ることによって、この著作の感情論的アプローチを見定めることを目的とする。5・1節では ästhetisch な判断、すなわち美感的判断の構造を考えるために、「合目的性」の概念を検討することから始める。それは『判断力批判』の全体の構想に Ästhetik を位置づけることでもある。5・2節では美感的判断をめぐる先行研究の係争点を整理した上で、この判断を二層構造において理解することを試みる。5・3節では、この美感的判断において想像力が「自由」であるとはどういう意味なのかを検討し、「崇高論」におけるカントの議論を手がかりに一つの解釈を提示したい。

5・1　合目的性概念の問題圏

美感的判断をめぐる論点整理

『判断力批判』は一見すると実践哲学を論じる著作ではない。この著作の前半部は自然美や芸術作品を、そして後半部は生物学や目的論を探究しているように思われる。哲学史になじみのある読者には、美学という学問の成立に貢献した著作として記憶されているかもしれない。

だが実のところ、『判断力批判』は実践哲学と無縁のものではない。それどころか、この著作は前半部と後半部を問わず実践哲学に対する言及をさまざまに含んでおり、「判断力（Urteilskraft）」という主題も理論哲学から実践哲学への「移行（Übergang）」を可能にする能力として導入されている。[1] たとえば「序論」では、「判断力はそれが論理的使用において悟性から理性への移行を可能にするのと同様に、純粋認識能力から、すなわち自然概念の領域から自由概念の領域への移行を引き起こすことになるだろう」ことが予告されている（KU5: 178–179）。認識が問われる理論哲学の領域から、自由が問われる実践哲学への「移行」である。また、テクスト生成史の観点から、ジョン・ザミートは「倫理的転回」と形容されるカントの実践哲学の深化が『判断力批判』の公刊直前に生じており、それが「天才論」や「崇高論」の記述の内容に反映されていることを指摘する。ザミートによれば、倫理的転回の「内在的な理由は、自由をめぐる現象的／叡智的な理論を道徳的善の実現をめぐる問題と調和させようとする、〔カントの〕欲求と関与していたはずである」（Zammito 1992: 264）。

このように「移行」が批判哲学の進展とともに準備されていたとすると、次のような問いが提起される。すなわち「道徳的善の実現」をめぐる実践哲学の移行、あるいは深化とは具体的にいかなるものだろうか。そしてこういった移行のプロジェクトにおいて「趣味」はいかなる役割を果たしているだろうか。これらは『判断力批判』の注釈を超えて、カントの批判哲学全体の整合性、あるいはその連続性を問いかけるものである。わたしたちはこの問いに応答するため、美感的判断をめぐる『判断力批判』の前半部の記述に焦点をしぼり、この能力の構造を明らかにすることから始めたい。

まず、美感的判断と呼ばれる能力を(1)目的なき合目的性、(2)反省、(3)感情という三つの要素から特徴づけることを試みてみよう。これら三つの要素は『判断力批判』において批判的に吟味され、それぞれ『純粋理性批判』や『実践理性批判』の段階では認められなかった新たな意義を獲得している。このうち(1)の『判断力批判』

の全体をつらぬく基本概念が合目的性である。アルフレート・ボイムラーとエルンスト・カッシーラーが指摘するように、合目的性（Zweckmäßigkeit）は当時のヴォルフ学派において広く用いられていた概念であり、それはライプニッツによって調和と表現されていたものをドイツ語に翻訳したものに過ぎない（Baeumler 1967: 57; Cassirer 1921: 307（邦訳：306））。むしろ『判断力批判』の独創性は伝統的な思想としての合目的性に「目的なき（ohne Zweck）」という但し書きを加えたところにある。カントによれば、この但し書きによって美的対象は目的を有した（zweck-haft）対象から概念的に区別され、その特異なありようを明らかにする。たとえば、ハンマーのような道具は釘を打つといった目的にしたがって制作され、使用される。この場合、ハンマーは制作者あるいは使用者の設定する目的によって外的に規定されている。他方、ある絵画が美的対象とみなされるならば、それは合目的的（zweck-mäßig）なものになる。この場合、芸術作品としての絵画は必ずしも明確な目的を有しているわけではないが、それを構成する部分的要素（たとえばその色彩、その構図）が作品の全体に調和を与えている。つまり、美的対象は外的にあてがわれる目的・手段の連関ではなく、内的な諸部分が持つ連関によって調和する。このように道具的な連関から独立してなお保たれる調和こそ、カントが目的なき合目的性と表現するものである。

(2) ただし批判哲学に立脚する限り、こうした合目的性が美的対象そのものに素朴に帰属されることはない。『純粋理性批判』のいわゆるコペルニクス的転回と同様に、目的なき合目的性は対象の表象と相対する判断主体の心の自発性から説明される。『判断力批判』の「美の分析論」から引用しよう。

> 知りたいことは、わたしがこの表象の対象の現存に関してどれほど無頓着であったとしても、対象のたんなる表象がわたしのなかで適意を伴っているかどうか、ということに過ぎない。そしてすぐにわかるのは、この対象は美しいと述べ、自分が趣味を持っていることを証明するためには、わたしがこの表象から自分自身においてつくりだすものが問題であって、わたしがそのものにおいて対象の現存に依存するものが問題ではない、ということである。（KU5: 205）

『判断力批判』では、美的対象の表象に働きかける心の自発性は「反省」として論じられる。カントは『純粋理性批判』において反省概念の多義性に注意を払いつつ、表象される対象だけでなく、表象する主体の心に考察を導くような作用として反省を論じていた（A269–270/B325–326）。このように客観の側から主観の側にとってかえす、反省をめぐるカントの考察の経路は『判断力批判』にも受け継がれている。後述するように、美感的判断の主体は反省によって美的対象を表象するが、この表象の作用を介して主体の心に立ち戻り、自身の状態を感じとるのである。ひとまず、ここでは反省する主体が美的対象の現存に対して「無関心」であることを強調しておこう（KU5: 204–205）。カントによれば、「このバラは美しい」と判断するとき、そのバラの表象に向けられた反省の作用は実践的関心（選択意志の対象としてのバラに向けられた関心）からも、経験的関心（感覚器官を惹きつける対象としてのバラに向けられた関心）からも独立する。そのような場合、わたしたちはそのバラが存在しているかどうか、何かの役に立つかどうかはどうでもよく、ただ目に映る限りのバラの表象と戯れる（spielen）に過ぎない（KU5: 189–190）。

(3) こうして、美感的判断を構成する(1)と(2)の要素が『判断力批判』の感情論を準備する。わたしたちが美感的判断を下すとき、反省の作用は理論的判断や実践的判断とは根本的に異なるかたちで理解される。すでに述べたように、美的対象は目的・手段のいかなる概念的な連関からも独立しており、そのような対象の表象に働きかける反省の作用もまた、概念によって規定される客観性に至ることはない。美感的判断は美的対象の表象を反省する主体の主観性にとどまり続け、合目的性は主観的にのみ表現されうるものになる。カントによれば、こうした主観的な表現を担うことができる心の働きは感情のほかにない。「ある表象においてまったく認識要素となることができない主観的なものは、その表象と結合している快もしくは不快である」（KU5: 189）。したがって、正確に述べるならば、純粋な美感的判断は「このバラは美しい」といった命題的構造をそなえた文によって表現されうるものではない。美感的判断とは、そのような文を発話する判断主体が感じているはずの感情、概念によっては規定されえない快の感情によってのみ表現されうる。「対象が合目的的と名づけられるのは、その対象の表象が直接の快の感情と結びついているときであり、またそうした理由のみによっている」（KU5: 189）。

たしかに(3)の要素だけを考慮すれば美感的判断はおよそ伝達不可能なものに思われる。通常の感情は感覚器官に基づいており、感覚器官のメカニズムは身体の個別性に応じて相対的だからである。だが、本書は『憶測的始元』や『方位論文』といった批判期の小論を検討し、感情の相対性が想像力の反省的な行使によって克服される可能性を提示してきた。そして『判断力批判』においても、(3)の「感情」は(2)の「反省」に基づくものとして提示されている（KU5: 192）。反省の契機によって、美感的判断における感情は通常の身体的反応よりも高次の状態として捉えなおされるのである。この点について『判断力批判』は『憶測的始元』よりも踏みこんだ主張をおこなっており、反省によって快の感情が普遍的に伝達されうることが主張されている（「感情の普遍的伝達可能性」については本書の第6章の主題として詳細に論じる）。たとえば「このバラは美しい」という判断を下すとき、わたしはそのバラの表象を反省し、この反省において快の感情が感じられる。そして、ほかの人も同様にそのバラの表象を反省することができるのならば、わたしの感じた快の感情は、バラの表象を媒体とすることによってほかのあらゆる人に伝達されうることになる。

> 何かを美しいと言明するあらゆる判断において、わたしたちは誰にもそれと異なった意見であることを許さない。にもかかわらず、わたしたちの判断は概念ではなく、むしろ自分たちの感情にのみ基づいている。したがってわたしたちはこの感情を私的な感情としてではなく、共通の感情として基礎に置くのである。
>
> （KU5: 239）

(1)から(3)によって、美感的判断に関するおおまかな見取り図が得られるだろう。美感的判断は反省の作用においてほかのタイプの判断から区別され（形相因）、目的なき合目的性を（目的因）、感情によって表現する（質料因)。感情は反省に基づくことで身体の相対性を克服し、美的対象についての規範的判断となる(「趣味判断はあらゆる人に賛同を要求する」)(KU5: 237)。[2]

とはいえ、以上の整理は曖昧な点を多く残している。とりわけ、先行研究においても係争点となってきたのは美感的判断の形相因としての反省の契機である。『判断力批判』では、反省は想像力の「純然たる覚知(Auffassung; apprehensio)」として同定される(KU5: 189, 251)。一見すると、これは『純粋理性批判』の「三重の綜合」における「覚知の綜合」を意味しているように思われる。実際、後述するように、少なからぬ『判断力批判』研究は「純然たる覚知」を綜合の一種として捉え、認識判断との類比に訴えることで美感的判断の普遍性を説明しようと試みてきた。だが、この解釈には難点がある。というのも、『純粋理性批判』における「覚知の綜合」が概念に基づく「再認の綜合」に依拠する一方、『判断力批判』における「美感的覚知」はいかなる概念からも独立するからである。カントの言葉を用いるならば、美感的判断において想像力は自由でなければならない(KU5: 287)。ここに『判断力批判』における想像力の理論の特徴がある。以下、わたしたちは「想像力の自由」の内実を明らかにすることによって、美感的判断における「目的なき合目的性」と「快の感情」を分析する。

合目的性概念の導入

すでに述べたように、合目的性とは調和した全体に対して帰属される概念である。たとえ対象においてその各部分が並存していたとしても、並存によって各部分がいかなる影響もこうむらず自律性を保持するならば、それらがつくりだすのはたんなる寄せ集め(Aggregat)に過ぎない。他方、各部分が並存するだけでなく相互に影響をおよぼしあい、何らかの法則によって連関するならば、それらは合目的的な体系的全体をつくりだす(A644/B672, KU5: 183)。[3]

したがって、合目的性は美的経験に特有の概念ではない。『判断力批判』の「序論」五節では、合目的性はまずもって自然に対する認識諸能力の問題として論じられる。自然はいかにして合目的的な体系的全体でありうるかが問われるのである。この問題は『純粋理性批判』においてすでに提起されており、超越論的演繹の遂行によって解消されたようにも見える。本書の第1章で示したように、自然は想像力によって包括的に綜合され、その各部分はカテゴリー的秩序にしたがって相互に連関するからである。ただし、このような連関に現れるのは「自然一般（Natur überhaupt）」と呼ばれる対象の一般的次元に過ぎず、そこでは自然の特殊なありようが問われないまま残されていることに注意しよう（KU5: 182）。このことは「演繹論」においてはっきりと明記されている。「たんなるカテゴリーによって現象にアプリオリに法則を指示する純粋な悟性能力でさえ、自然一般が空間・時間のなかでの現象の合法則性としてそれに依拠している法則以上の法則には到達することはない。特殊な法則はたとえそのすべてがカテゴリーに従属しているとしても、経験的に規定された現象に関わるものだから、カテゴリーから完全に導き出されることはできない」（B165）。ポール・ガイヤーが指摘するように、カントの述べる「特殊な法則」は数学や純粋物理学ではなく、化学や生物学の探究の対象となる。たとえばペニシリンがバクテリア細胞壁合成を阻害することは、因果性のカテゴリーから直接に導出することはできない（Guyer 2005: 39–40）。カントによれば、このように「特殊な法則」を各部分とするような体系的全体は現実に経験されうるものではない。それは経験を超えた統整的理念として、わたしたちの経験的認識を方向づけるにとどまる（A644/B672）。

こうした体系的自然が『判断力批判』に至って再考される。[4] すなわち『純粋理性批判』が示すカテゴリー的秩序にしたがいながら、さらに特殊化され、多様化された各部分の合目的的全体としての自然である。この自然を認識することの不可能性は、『判断力批判』では人間の悟性の有限性の観点から説明される。どれほどその多様性において錯綜をきわめる自然であっても、それは「人間の悟性とは別の（より高次の）悟性」、たとえばスピノザの依拠した直覚的悟性によって把握されるだろう（KU5: 406）。だが「わたしたちの悟性は概念の能力、つまり論弁的悟性であり、この悟性にとっては自然においてこの悟性に与えられ、悟性の概念の下にもたらされることができる特殊なものが、どのような種類であり、どれほどさまざまに異なっているかは、実際には偶然的であらざるをえない」（ebd.）。ならば、自然の合目的全体は有限なわたしたちによっていかに探究されるのだろうか。カントは「序論」五節で次のように述べる。

したがってわたしたちは自然において、自然のたんに経験的な諸法則に関して、無限に多様な経験的諸法則の可能性を考えなければならないが、これらの諸法則はそれでもなおわたしたちの洞察にとっては偶然的である（アプリオリに認識されることができない）。そしてこれらの諸法則との関係において経験的諸法則にしたがった自然の統一と、経験の統一（経験的諸法則にしたがった体系として）の可能性を偶然的なものとして判定する。だが、そのような統一はそれでも必然的に前提され、想定されなければならず、さもなければ、経験が一つの全体をなすための経験的諸認識の全般的関連は生じないだろう〔…〕。（KU5: 183）

ここで、カントは自然の無限の多様性と人間悟性の有限性をともに受け入れながら、それでも合目的的全体に対する探究を諦めてはいない。この探究を動機づけているのは、「さもなければ（sonst）」帰結するだろうカオスに対する「恐怖」とも表現されうるものである。同様の議論は『純粋理性批判』にも認められる。カテゴリー的秩序がなければ「知覚はいかなる経験にも属さないし、したがって客観を持たず、表象の盲目の遊びに過ぎず、つまり夢にも劣るものになるだろう」（A112）。『判断力批判』はこの想定をさらに進める。たとえカテゴリー的秩序を適用したとしても自然の、合目的的全体の可能性が示されなければ、結局のところ自然は「むきだしの、カオティックな寄せ集め」に陥るだろう（EE20: 209）。

この苦境を打開するために導入されるのが「判断力」である。よく知られているように、カントは「特殊なものを普遍的なものの内に含まれるものとして思考する能力」を規定的／反省的判断力の二つのタイプに区別している。まず、あらかじめ普遍的なものが与えられている場合、わたしたちは規定的判断力によって「特殊なものをその下に包摂する」（KU5: 179）。カテゴリーが普遍的なものとして提示され、いかにして自然一般がそれに包摂されうるかを論じたのが『純粋理性批判』だった（A138–140/B177–180）。他方、『判断力批判』では「ただ特殊なものだけが与えられていて、判断力がこのもののために普遍的なものを見出さなければならない」場合も想定される。それは自然の無限の多様性に直面して、なおその合目的性を探究せざるをえない局面である（たとえば、生物学者が新大陸で未知の生物を発見するような状況を思い浮かべればよい）。この場合、わたしたちは自然の多様性に同質性を発見しようと努め、それを相対的に高次の類、高次の秩序に上昇させようと試みるほかはない（EE20: 215, KU5: 183）。ここで特殊なものに対して働きかけ、普遍的なものを目指そうとする探究を導くのが反省的判断力と呼ばれる能力である。反省的判断力を行使することで、わたしたちはあたかも直覚的悟性を発揮しているかのように自然を探究することができる（KU5: 180–181）。それゆえに自然もまた、あたかも「一つの経験において全般的体系的に連関している」かのように考察されることができる（EE20: 209）。

もっとも、カントは反省的判断力を導入することによって人間悟性の有限性を踏み超えているわけではない。繰り返し述べるならば、この能力は直覚的悟性であるかのようにわたしたちの経験的探究を導くに過ぎない。[5] 事実、カントは「序論」五節において反省的判断力が自然に対して立法的には行使されえないことを強調する。

> したがってまた判断力は自然の可能性にとってのアプリオリな原理を、たんに主観的な観点においてではあるにせよ自身の内に持っている。判断力はこの原理によって、自然に（自律として）ではなく、自身に（自己自律として）、自然に対する反省のためにある法則を指示するのであり、この法則は、自然の経験的諸法則に関する自然の種別化の法則と名づけられうるだろう〔…〕。（KU5: 185–186）

自律（Autonomie）と自己自律（Heautonomie）の対比に注意にしよう。それは客観的に立法する悟性と、立法に基づく自然一般を「たんに主観的な観点において」考察する反省的判断力の対比である。反省的判断力は自己自律によって対象に客観的な法則を与えることはなく、「もっぱら自分自身に法則を与える」に過ぎない（EE20: 225）。仮に客観的な法則を与えうると主張するならば、『判断力批判』の議論は人間悟性の有限性に対する批判的制約を失い、「原型的知性（intellectus archetypus）」に依拠する形而上学に逆行することになるだろう（KU5: 408）。カントは反省的判断力の自己自律を強調することで客観的な自然そのものではなく、自然に相対する人間の心の「主観的諸制約」から合目的性の問題を捉えようとするのである（EE20: 225）。

認識判断と美感的判断

このような批判哲学の方法に基づき、『判断力批判』の記述は合目的性を発見しようとするわたしたちの心のありようにその重心を移行させる。それは『純粋理性批判』が自然一般の超越論的親和性を明らかにするために、想像力の超越論的綜合に議論の重心を移行させるのと同様である。『判断力批判』においてこの移行は「序論」五節から六節にかけて周到におこなわれる。

これまでの議論で示したように、「序論」五節は無限に多様な自然を探究しようとする有限な人間の苦境を、反省的判断力というアイデアによってくぐり抜けるものだった。わたしたちは「〔自分たちの〕悟性に関して偶然的であるような、そうした自然の特殊な諸規則における自然のある種の秩序を必要とする」（KU5: 184）。秩序が反省的判断力によって発見されるならば、「わたしたちはそれがあたかも自分たちの意図を引きたてる幸運な偶然であるかのように喜ぶ（本来は必要から解放される）」（ebd.）。次の六節はこの「喜び」をめぐる心の「主観的諸制約」に照明をあて、これを快の感情の喚起として分析する。まず、人間心理の事実として「意図の達成には快の感情が結びついている」ことが確認される。ただしカントによれば、「わたしたちは知覚と普遍的な自然諸概念（カテゴリー）にしたがう諸法則の合致から、快の感情に及ぼすささいな結果も自分たちの内に見出さない」（KU5: 187）。というのも、ある事態に対する意図を抱くためにはそれとは異なる事態も可能でなければならないが、カテゴリー的秩序を持たないような事態はおよそ不可能だからである（そのような事態は少なくとも人間には想像できない）。他方、反省的判断力が発見しようとする自然の秩序は「〔わたしたちの〕悟性に関して偶然的である」（KU5: 184）。「自然の特殊な諸法則の多様における自然と、そのような自然のために諸原理の普遍性を見出すというわたしたちの必要との前述の合致は、わたしたちのあらゆる洞察からして偶然的と判定されなければならない」(KU5: 186)。偶然的だからこそ、「喜び」が喚起される。合目的性が見出されたときには、実践において具体的な意図が達成されたときのように「きわめて著しい快」が感じられるのである(KU5: 187)。

合目的性の表象は快の感情を伴う。「序論」五節、六節で確立されたこのテーゼが七節の議論を準備する。本書の解釈では『判断力批判』の「序論」の議論はきわめて構築的になされており、感情をめぐる六節の分析が『純粋理性批判』の認識論的問題を発展的に継承する五節の議論、そして『判断力批判』の美学的問題の導入部としての七節の議論を架橋する役割を果たす。すでに述べたように、美的対象は『判断力批判』において表象の合目的性によって特徴づけられる。たとえば「このバラは美しい」という美感的判断は、そのバラの表象の各部分が相互に連関し全体として合目的的に調和していることを表現している。合目的性の概念を軸に類比を試みるならば、無限の多様性を含む自然の調和はあたかも一つの芸術作品であるかのように、細部において複雑をきわめる芸術作品の調和はあたかも自然の全体であるかのように判断される。そして反省的判断力が自然を客観的に規定しないのと同様、反省的判断力の一種としての美感的判断もまた、美的対象を主観的にのみ表象する。美感的判断は「対象に関するいかなる手持ちの概念にも基づいておらず、また対象に関するいかなる概念も調達しない」(KU5: 190)。想像力が導入されるのはまさにこの局面である。カントによれば、想像力は「概念を顧慮しない」仕方で美的対象の表象に働きかける。想像力は「純然たる反省において(in der bloßen Reflexion)」美的対象を表象する。

ある対象の形式が(その対象の表象の実質的なもの、すなわち感覚ではなく)、その形式についての純然たる反省において(その対象から獲得されるべき概念を意図することなく)、そのような客観の表象に対する快の根拠と判定されるならば、この快はまた客観の表象と必然的に結びついたものとして判断され、したがってこの形式を把握する主観にとってではなく、あらゆる判断者一般にとってそのようなものとして判断される。対象はその場合に美しいと呼ばれ、こうした快によって（したがって普遍妥当的に）判断する能力は、趣味と呼ばれる。（KU5: 190）

ここでなされている論述は必ずしも明瞭なものではない。さしあたって「ある対象の形式」を美的対象の合目的的なありかたを指示する表現として理解しておこう（KU5: 220）。カントによれば、対象の質料、すなわち対象によって与えられる感覚内容は「個人的妥当性しか持ちえない」（KU5: 217）。そこで、美感的判断は認識判断と同様に判断対象の形式を反省することによって普遍的妥当性を主張する。他方、美感的判断は認識判断とは異なり、美的対象の形式を反省するにあたって「その対象から獲得されるべき概念を意図しない」。しかし、だとすれば、美感的判断において行使される想像力の「純然たる反省」（「純然たる覚知」）とはいかなる作用なのだろうか。「純然たる反省」がいかなる概念からも独立して行使されるならば、それほど奔放な作用がいかにして美的対象の形式を表象するのだろうか。この問いは認識判断と美感的判断の異同をめぐる難問として、近年の『判断力批判』研究における係争点となってきた[6]。

この難問に対する一つの応答は認識判断と美感的判断を対比させるのではなく、むしろ両者の連続性において解釈するものである。たとえば「序論」七節では、美感的判断が次のように論じられる。(1) 合目的性は「知覚において表象される限り〔…〕客観そのもののいかなる性状でもありえない」。(2) したがって「合目的性はある客観の認識に先行して（vorhergehen）」いる。(3) とすると、合目的性が表象されるならば、それは「どのような認識要素にもなりえないような、その表象の主観的なもの」を媒介とするはずである。(4) そしてカントの心的能力の理論においては、そうした「表象の主観的なもの」は感情に見出される（KU5: 189）。すでにわたしたちは、このうち (3) と (4) の主張が「序論」六節によって支えられることを確認してきた。ここで注意したいのは (2)、すなわち合目的性の表象が客観の認識に先行するというカントの主張である。このような記述を手がかりに、少なからぬ先行研究は美感的判断を認識判断の一種と捉え、前者が後者に論理的に先行すると解釈してきた（Henrich 1992; Posy 1991; Gasche 2003)。一例として、ヘンリッヒによれば美感的判断は「概念形成プロセスと両立可能であるけれども〔…〕、原則的にはそうした概念形成プロセスに先行するような認知的プロセスから十分に説明される」(Henrich 1992: 38)。このような解釈を、本書では「前認知的《プレ・コグニティブ》解釈」と呼ぶことにしよう。前認知的解釈を採用するならば、「このバラは美しい」という美感的判断は「バラ」という経験的概念の形成に先行する。想像力の「純然たる反省」とは、バラの表象が「比較・反省・抽象」という論理的操作を通じて経験的概念に仕立て上げられる以前の、認知的に未成熟な段階に想定されるのである。

前認知的解釈によれば、想像力はまったく奔放な、無秩序な状態に置かれるわけではない。想像力の「純然たる反省」は経験的概念の形成に先行しており、それゆえ経験的概念から独立しているが、それはあくまで認識判断の成立を目指して行使される(反対に経験的概念に依拠する場合、想像力はたとえば「バラ」という概念にしたがって目の前のバラの表象を再生し、「バラは赤い」といった認識判断を下す)。実際「序論」七節では、次のような記述において美感的判断が「客観一般の認識」を目指すことが述べられている。

> したがって、たしかに快は趣味判断においては経験的表象に依存しており、いかなる概念ともアプリオリに結びつけられえない〔…〕。だがそれでも、快がこの判断の規定根拠であるのは人が次のこと、つまり快が純然たる反省と、そしてこの反省が客観一般の認識と合致するための普遍的な、とはいえたんに主観的な制約とに基づいていることを意味することによってのみであり、このような反省に対して客観の形式が合目的的なのである。(KU5: 191)

「客観一般」は経験的概念によって規定された個々の客観的対象ではない。それは対象の客観性が成立する一般的構造を指示する表現と解釈される。この一般的構造に寄与する限り、想像力の「純然たる反省」は認識判断一般の成立する必要条件として個々の認識判断に論理的に先行する。[7] 以上の議論をまとめよう。「序論」五節から七節の記述に基づき、合目的性の問題を認識論的な文脈から美学的な文脈への移行として描出してきた。この移行は「序論」の議論の前後関係だけでなく、美感的判断と認識判断の関係をも反映するものである。二種類の判断の関係をめぐって、一つの有力な解釈は美感的判断を認識判断の前段階に位置づけ、想像力の「純然たる反省」を経験的概念の形成に先行する前認知的作用と理解するものだった。この解釈の特徴は、美感的判断における合目的性を対象の客観的側面にそくして論じる点に認められる。本章の論点整理にしたがって言い換えるならば、前認知的解釈は美的経験をめぐる「序論」七節の記述を、経験的認識をめぐる五節の文脈にそくして理解しようとするものである。

５・２　反省と調和

主観的合目的性

しかし、この解釈は美的経験における客観的な側面に照明をあてる一方、その主観的な側面を見落としてしまう懸念もある。主観的側面とは「序論」五節ではなく六節に論じられる、判断対象よりはむしろ判断主体の内面に関与する問題である。具体的には、前認知的解釈は美的対象の合目的性を説明できるとしても、判断主体における感情の喚起を説明することができない。この点について近年の論争から二点を挙げよう。第一に、この解釈は肯定的な美感的判断によって引き起こされる感情がどうして「快い」かをうまく説明することができない。わたしたちが美的判断を下すとき、対象の表象に働きかけているのは想像力の「純然たる反省」である。この場合、たとえ想像力の「純然たる反省」が「客観一般の認識」を目指すとしても、反省される表象が美的なものにとどまる限り、当然のことながら何らかの経験的認識が実現されることはない（もしその表象をバラの表象として認識してしまえば、この判断はもはや美感的判断ではない）。ハンナ・ギンスボルグの指摘によれば、そのような活動は「試みてはそれが失敗に終わることが判明する」ような経験的認識の頓挫にたえず直面することになる。

そこから判断主体に喚起されるのは快の感情ではなく、むしろ不快の感情ではないだろうか（Ginsborg 2003: 168）。

第二に、前認知的解釈は美的経験の固有性を十分に説明することができない。仮に、ヘンリッヒの主張するように美感的判断が「概念形成プロセスに先行するような認知的プロセス」であるとしよう。また、肯定的な美感的判断を下すことで判断主体に快の感情が因果的に喚起されるとしよう。だがこれらの主張を受け入れるならば、美感的判断に伴われるはずの快の感情が原理的にはあらゆる認識判断の初期段階において喚起されることになる。それればかりではない。カントによれば、わたしたちは美感的判断を下すとき通常の感情、たとえば特定の意図が行為の実践によって達成されたときに喚起される感情とは異なる状態におかれる。それは、この快の感情をいつまでも感じていたいという「自己保持」の状態であり、そこから帰結する「自己強化」の感覚である。

だがこの快はそのものの内に原因性を、つまりは表象そのものの状態と認識諸力の活動性を、それ以上の意図を欠いたままに保持する（erhalten）という原因性を持っている。わたしたちは美しいものを観察するときにしばしとどまるけれども、それはこの観察が自身を強化し、また自身を再生産するからである。（KU5: 222）

前認知的解釈を額面どおりに受けとめるならば、「このバラは赤い」や「石は太陽に暖められる」といった認識判断には「自己保持」と「自己強化」の状態が伴われることになる。この主張は『純粋理性批判』や『プロレゴーメナ』の記述だけでなく、わたしたちの日常的な実感にも反する。

他方、むしろ美感的判断のこのような主観的状態から出発して、美的経験の固有性を際だたせようとするのがアクイラやギンルボルグの解釈である（Aquila 1982; Ginsborg 2015）。これらの解釈は美感的判断を認識判断との前後関係から切り離し、前者を「主観的合目的性」の観点から説明しようと試みる。そこで文献的な根拠となるのは「序論」七節、そして「美の分析論」における第三契機の記述である。第三契機では、美的経験における自己保持の契機が「主観の状態に関する表象の原因性の意識」として次のように提示される。

主観をそのままの状態に保持しようとする、主観の状態に関する表象の原因性の意識は、ここでは一般に、快と呼ばれているものを示すことができる。これに反して不快とは、諸表象の状態をそれら表象自身の反対に規定する（それらの表象を妨げたり除去したりする）ことの根拠を含んでいる表象のことである。（KU5: 220）

ここでは、快の感情が「主観」の内面にそくして論じられていることに注目したい。快の感情が表象しているのは主観が認識しようとしている（だがそれでも規定的認識には至っていない）「異種的な経験的自然諸法則」の客観的合目的性ではない（KU5: 187）。表象されているのは主観の意識に認められる「原因性」であり、「主観をそのままに保持しようとする」目的に対する適合的状態である。カントはこの状態を主観的合目的性という概念を用いて表現する（KU5: 221）。

ギンスボルグとアクイラは、このように主観内在的な『判断力批判』の感情論に「自己参照的」な美感的判断のモデルを読みとろうとする。ギンスボルグによれば、美感的判断において感情の喚起と認識諸能力の活動はけっして別個のものではない。判断主体に喚起され、その状態のままにみずからを保持しようとする快の感情は「それ自身の普遍的妥当性に対する主張を含みうる」ものである（Ginsborg 2003: 172）。そして美感的判断の自己参照的構造を受け入れるならば、想像力はある種の内省の能力として理解され、その「純然たる反省」はもっぱら主体自身の心の状態に向けられることになる。この点についてギンスボルグは次のように述べる。「快の原因である反省の作用、すなわち自分自身の普遍的妥当性を主張することに対して文字どおり反省的である作用は、同時に快の普遍的妥当性を主張する作用でもある」（Ginsborg 1991: 303）。たとえばある美しいバラを目の前にしたとき、わたしは自分の心の状態を反省的に意識する。ギンスボルグによれば、そのように自己参照的な反省は「同時に」バラを目の前にしてわたしが意識し、また保持しようとしているわたし自身の感情の普遍的妥当性を主張することでもある。こうして「このバラは美しい」という美感的判断は、感情の自己参照的な反省という「単一の作用」から「成立する」とみなされるという（Ginsborg 2003: 175）。

この解釈から得られるものはたしかに少なくない。一つは美的経験に固有の合目的性の所在を明らかにする点にある。ギンスボルグらは美感的判断の主観的状態に着目することによって、合目的性の問題を対象の体系的認識の文脈から、対象と相対する主体の自己参照的反省の文脈に移行させる。もう一つは美的経験における感情の特徴に関わる。自身を保持しつつ「とどまる（weilen）」感情の内的合目的性は、その感情を感じる判断主体の「平静な観照の心（Gemüt in ruhiger Kontemplation）」を説明するだろう（KU5: 247, 258）。これらの説明上の利点はいずれも認識論的解釈には欠けていたものである。

以上、美感的判断における合目的性を前認知的解釈と自己参照的解釈の二つの主張から検討してきた。前者の解釈は判断対象の表象の合目的性をめぐる記述に力点を置き、後者の解釈は判断主体の心の合目的性をめぐる記述を重視する。なるほど美感的判断の固有性を浮き彫りにするのは後者の解釈だが、だからといって『判断力批判』が美感的判断を認識論的文脈から論じていなかったわけではない。前節で述べたように、カントは「序論」の六節と七節、あるいは「美の分析論」の第二、第四契機では美感的判断が「客観一般の認識」を目指すことを強調する。これまでの研究史において美感的判断の構造が十分に明確化されず、現在もなお論争が続けられている理由の一つは、このように二つの解釈を許容する、一見すると曖昧な『判断力批判』の性格にあった。

ただし、二つの解釈は必ずしも矛盾しない。むしろ『判断力批判』は批判哲学の立場から二つの解釈を美感的判断における二つの異なる「観点」として、あるいは二つの異なる「層」として包含するだけの可能性を持っている。繰り返し述べるならば、それは『純粋理性批判』で論じられた対象の超越論的親和性と主体の超越論的綜合の相関関係と同様である。実際『判断力批判』では美感的判断において「客観一般」と「認識一般」という二つの概念が言及されるものの、両者は別個のものではない。「客観一般」が対象の客観性が成立する一般的構造を指示するのに対し、「認識一般」はそのような構造化を目指す主観の諸能力に照明をあてる。ここでは客観の側に帰属されている合目的性と主観の側に帰属されている合目的性が、「美的対象の表象」を軸として向かいあい、相関している（対象の表象の合目的性を反省しようとするとき、反省する主体の心は合目的的であると表現される）。この意味で、カントの合目的性の概念において特徴的なのは合目的性をめぐる二つの主張の両立、すなわち「主観の諸能力と対象との合致」において「主観の認識諸能力に関する対象の合目的性」が表象されるという一見するとアンビバレントな主張なのである（KU5: 190）。

二層構造解釈

近年、ヘンリー・アリソンやベアトリス・ロングネスはこの相関関係を美感的判断の二層構造において示す解釈を提示している。それは合目的性に関する『判断力批判』の多角的な記述を多層的な美感的判断の構造として解釈するものと言えるだろう。以下、二層構造解釈の大枠を示しつつ、想像力の「純然たる反省」をめぐる独自の分析をこの解釈に付け加えることを試みる。まずはテクスト上の証拠を整理しよう。美感的判断の構造がもっとも詳細に論じられているのは「美の分析論」の第二契機、とりわけ九節の論述である。少なくとも九節からは、(a) 美感的判断の「根底」に認識諸能力の内的連関がなければならないこと、(b) この内的連関から快の感情が帰結すること、(c) そのような連関は「想像力と悟性の自由な戯れ」であることが明らかにされる。

〔a〕したがって、与えられた表象における心的状態の普遍的な伝達可能性こそが趣味判断の主観的条件として趣味判断の根底になければならず、〔b〕〔そこから〕対象に対する快を結果させるのでなければならない。（KU5: 217）

〔c〕趣味判断における表象様式の主観的な普遍的伝達可能性は、ある規定された概念を前提することなく生じなければならないから、それは想像力と悟性の（認識一般のために必要とされているように、この両者が互いに合致する限りにおいて）自由な戯れにおける心の状態でしかありえないが〔…〕。（KU5: 217–218）

わたしたちは「序論」七節の読解を通じて、想像力が美感的判断力の行使に際して「概念を顧慮しないまま」に対象の合目的性を「反省する」ことを確認した。「序論」の段階では不明瞭にとどまっていた想像力と美感的判断の関係を、「美の分析論」の九節は「根底（Grund）」という表現を用いて明確にする。前掲の引用 (a) と (c) によれば、美感的判断力は「根底」と呼ばれる心的状態に根拠づけられており、この心的状態に該当するものが想像力と悟性の「自由な戯れ」である。ここでは、想像力の「純然たる反省」が「自由な戯れ」として捉えなおされており、この作用が美感的判断の成立にとっての必要条件であることが示されている。このように複雑化された美感的判断力の構造は、カントが（必ずしも一貫しない仕方ではあるが）用いる「自由な戯れ（Spiel）」と「調和（Harmonie）」という言葉づかいによっても示唆される。同じく九節から引用しよう。

〔d〕対象あるいは対象がそれによって与えられる表象についての、このたんに主観的な（美感的な）判定は、対象に対する快に先行するものであり、そして認識諸能力の調和に対するこの快の根拠である〔…〕。（KU5: 218）

引用 (b) の記述と考えあわせるならば、(d) において「たんに主観的な判定」と表現されているのは美感的判断そのものではなく、むしろその「根底」に置かれるべき「想像力と悟性の自由な戯れ」である。この「自由な戯れ」は「認識諸能力の調和」に対する快の感情に先行し、その「根拠」となる。以上の (a) から (d) の記述を考慮するならば、カントはギンスボルグが提示したような一枚岩の「自己参照的な判断」ではなく、少なくとも二層構造の判断を考えていたように思われる。すなわち、(1) 美感的判断の「根底」に認められる認識諸能力の

「自由な戯れ」と、(2) この戯れによって「根拠づけられ」、そこから「結果する」心的状態としての認識諸能力の「調和」の状態である。[8]

九節をめぐる本章の読解と構造的に合致した解釈を提示しているのがアリソンである。アリソンは想像力と悟性の「戯れ」と「調和」に該当する二層を美感的判断力に認め、前者を想像力の「「純然たる反省」の作用」として特徴づける（Allison 2001: 116）。[9] アリソンによれば、判断主体は美的対象の表象を反省するが、この作用にさらに反省を加え、これを規範的に認証する。この「認証」あるいは「評価」の基準となるのが想像力と悟性の「なめらかな調和」であり、調和そのものは「認識を最大限に促進する」状態として同定されることになる（Allison 2001: 75）。カントの表現を用いるならば、この状態は「認識一般に関して二つの〔想像力と悟性の〕心の力にとってもっとも有効な連関」に該当する状態と言えるだろう（KU5: 238–239）。たとえばあるバラを目の前にしたとき、(1) わたしはまず想像力と悟性の「自由な戯れ」においてそのバラの表象を反省する。このとき、バラの表象が想像力と悟性に「豊かで未展開の素材を〔…〕もたらし」、二つの能力にとって「もっとも有効な連関」がもたらされるとしよう（KU5: 317）。(2) 判断主体はそのような調和を快の感情によって意識することで、美的な対象としてバラの表象を「規範的に認証する」ことになる。アリソンによれば、(2) の階層において感情は「当人の心的状態についての（それが合目的的であるかどうかについての）評価に関与するのである」（Allison 2003: 190）。[10]

この解釈を援用することによって、合目的性をめぐる『判断力批判』の多角的な議論を美感的判断の二層構造において理解することができるだろう。つまり、(1) の段階では想像力によって反省される美的対象の表象の客観的側面に、そして (2) の段階では、この反省を通じて到達される判断主体の心の主観的側面に議論が移行するのである。簡潔に言うと、反省によって対象のありようが把握され、把握を通じて主体の心が調和する。そして調和によって、対象は美しいものとして感じられる。このように判断の対象へ、そして判断の主体へとって、かえす反省の運動に合目的性の相関関係が反映している。

しかし、この解釈は (1) と (2) のそれぞれの段階に解釈上の難点を抱えている。とりわけ (2) を (1) の作用に対する規範的なメタ認証の段階とみなすアリソンの主張は文献的な根拠に乏しく、その解釈には少なからぬ異論が寄せられてきた[11]。従来の解釈では、「自由な戯れ」が具体的にいかなるものなのか、そして「調和」と呼ばれる心的状態がいかにして普遍的に伝達されるものなのかが十分に問われてこなかったのである。そこで、本書は美感的判断を二層において捉えるアリソン、ロングネスらのアイデアを共有しつつ、この解釈を可能な限り『判断力批判』の記述にそって再構成することを目指す。具体的には、本章の残りの論述において(1)の段階の係争点と解決策を、次章において(2)の段階の係争点と解決策を提示する。(1)の解釈に関して問われ、論じられてきたのは「想像力と悟性の自由な戯れ」の内実である。「序論」七節では「反省的判断力のうちで戯れている」認識諸能力の作用が想像力の「純然たる反省」として表現され、それは「純然たる覚知」とも呼ばれる(KU5: 189–190)。そして「美の分析論」に付記された「一般的注」では、想像力の「純然たる反省(覚知)」が諸能力の自由な戯れと表現される理由が、次のように説明される。

> 趣味とは、想像力の自由な合法則性との関係において対象を判定する能力である。さて、趣味判断において自由な状態にある想像力が考察されなければならないとすると、想像力は第一に、それが連想諸法則に服する場合のように再生的ではなく、生産的で自発的として(可能な諸直観の随意な諸形式の創始者として)想定される。(KU5: 240)

カントは想像力と悟性の自由な戯れを「生産的で自発的」なものとして特徴づける。だが注意したいのは、そのような「自由な戯れ」が「再生的ではない」と述べられていることである。つまり美感的判断の(1)の段階において、想像力は経験的概念だけでなく、再生の規則からも独立することが主張されている。これまで理論的な「綜合」にせよ、実践的な「予期」にせよ、想像力は通常の経験において連続的・前進的な継起の関係を含む作用として解釈されてきた。対して「自由な戯れ」においてはそのような作用、マルティン・ハイデガーの表現を借りるならば「時間形成的」な作用とは異なる働きが示唆されているのである。

５・３　想像力の自由

想像力の暴力

では、わたしたちは美感的判断における「想像力の自由」をいかに解釈すべきだろうか。実のところ、この問いに対する明快な回答は「美の分析論」の論述には見当たらない。だが、カントは「美の分析論」に続く「崇高の分析論」において「想像力の自由」を詳細に分析しており、わたしたちはこの分析を手がかりに『判断力批判』の想像力の理論を考察することができる。まずは『純粋理性批判』の想像力の理論を簡潔に振り返っておこう。「演繹論」における「条件の遡及」によれば、「覚知の綜合」は「再生の綜合と分かちがたく結びつ」き、思考において「再認の綜合」にしたがうものだった（A103）。「再認の綜合」とは「一つの意識」の働きであり、言い換えれば「カテゴリーにおいて思考される超越論的統一」である（B151）。つまり、綜合の理論は悟性のカテゴリー的秩序に制約されており、この点において想像力は一種の不自由を余儀なくされている。さらに、ロングネスは「覚知と再生の綜合」と「再認の綜合」の制約関係を複数あるカテゴリーの種類に応じて細分化し、とりわけ量のカテゴリーの役割を次のように強調する。「量のカテゴリーにおいて反省されるのは同種的な量一般の綜合であり〔…〕、これなくしては現象にいかなる判断も下すことができない」。とりわけ全体性（Allheit）のカテゴリーはその「最初の適用」（B152）において空間・時間を「無限の与えられた量（quanta infinita）」として構成する（B40）。ロングネスの解釈によれば、想像力は「覚知と再生の綜合」に際してほかのあらゆるカテゴリーに先行し、量のカテゴリーにしたがって「空間・時間というもっとも純粋で最初の基本表象」をもたらすことになる。[12]

ところが、カントは『判断力批判』に至って想像力と悟性の関係を新たな展望から論じ始める。カントによれば、美的経験においては「悟性が想像力に仕えるのであり、想像力が悟性に仕えるのではない」（KU5: 242）。その結果、想像力は「連想諸法則に服している場合のように再生的ではなく、生産的で自発的」なものとなる（KU5: 240）。これらの記述が示唆しているのは、量のカテゴリーの適用から独立し、それゆえに「空間・時間というもっとも純粋で最初の基本表象」にしたがった再生からも独立した想像力の、きわめてラディカルな自由である。

ならば具体的に、そのような自由において想像力はいかに作用するのだろうか。「数学的に崇高なもの」をめぐるカントの分析にしたがって実例を挙げてみよう。カントによれば、崇高とは絶対的に大きいものである。どれほど大きなものであっても、たとえば「尼崎市の総面積は五十平方キロメートルである」のように数概念によって数量的に計測されるならば、それは相対的に大きいものに過ぎない。対して絶対的な大きさとは、たとえば視界を圧してそびえるピラミッドに直面したとき、あるいは装飾をきわめた聖ピエトロ大聖堂の内部に足を踏み入れたときに感じられる（KU5: 252）。それは対象をこれ以上は自分の目でたどることができない、これ以上は自分の力がおよばないという直観である。カントは量をめぐるこのような美感的評価がいかなる数量的な評価にも、いかなる「悟性評価」にも先行して前提されると主張する。

> したがって基本尺度の大きさの評価が成立するのは、その大きさが直観において直接的に把握され、想像力によって数概念の表出に用いられることができるという点においてのみでなければならない。すなわち、自然の対象の大きさの評価はすべて、結局のところ美感的なのである（つまり主観的に規定され、客観的に規定されるのではない）。（KU5:251）

カントはこの「美感的評価」を説明するにあたって、『純粋理性批判』には見出されなかった作用を想像力に与えている。すなわち絶対的に大きいものに対して働きかけるとき、想像力は「覚知（apprehensio）」に加えて「総括（美感的総括）（Zusammenfassung; comprehensio aesthetica）」の作用を伴うのである（KU5:251）。このうち、覚知は「三重の綜合」におけるそれと同じように、与えられた表象にそくして「無限に進行することができる」。だが、『純粋理性批判』の「三重の綜合」において覚知が「見とおす（durchlaufen）」ことと「あつめ・取る（zusammen-nehmung）」という二契機を包括していた一方、『判断力批判』では「あつめ・つかむ（zusammen-fassung）」こと、すなわち「総括」が覚知から独立して記述されている。カントによれば、「悟性評価」に先行してなされる「美感的評価」にあたって「総括は覚知が進むにつれてますます困難になり」、最終的には「想像力がそれ以上進むことができない、ある最大の大きさ（Größtes）」に達することになる（KU5: 252）。たとえば「聖ピエトロ寺院に足を踏み入れた見物人」について考えよう。なるほど、見物人は量のカテゴリーを適用して数量的に内部を計測することができる。だが、仮にそのような「悟性評価」以前に対象と美感的に向かいあおうとするならば、その人は寺院の内部を「見とおそう」として、次々に目にとびこんでくる装飾の細部を結局のところ「あつめ・つかむ」ことができない。「悟性評価」から独立することによって想像力は「自由な状態」に置かれるが、それゆえに、与えられた表象の全体性をめぐって「最大の大きさ」に突きあたるのである。

こうして想像力の新たな作用を提示した上で、「崇高の分析論」は次の二段階の主張を提示する。主体は対象の絶対的な大きさに接したとき(1)感性的表象の全体を総括できない想像力の挫折を経験するが（不快の感情の喚起）、(2)その挫折を通じて、全体性を志向する主体自身の超感性的な能力が快の感情を伴って自覚される（快の感情の喚起）（KU: 254）。

まず、(1)の主張は想像力と時間の関係に関与する。「崇高の分析論」によれば、想像力は対象の全体性の総括を試みながらそれを完遂できず、ついには限界に突きあたる。このような想像力の、いわば自壊の運動をカントは「想像力の暴力（Gewalt）」と表現する。もちろん、ここで言われる暴力とは主体に対して外的に加えられる身体的な危害ではない。それは与えられた対象の表象を見とおそうとする想像力が自壊することによって主体の経験する、強烈なフラストレーションである。このように苦い自覚を呼びおこす想像力の作用、与えられた対象の表象をとりもなおさず「あつめ・つかむ」ことを試みる総括の作用を、カントは想像力の「客観的な働き」と次のように対比させている。

ある空間を測定すること（覚知としての）は同時にその空間を描くことであり、それゆえ想像力の作用（Einbildung）における客観的な働きであり、また一種の前進（Progressus）である。これに反して、多を思考内容の単一性の内にではなく直観の単一性の内に総括することは、したがって継起的に＝覚知されたものを一瞬間の内に総括することは、一種の背進（Regressus）である。そして背進は想像力の前進の際の時間の制約を再び廃棄し、同時存在を直観的なものにする。それゆえ総括は（時間継起は内感とそれぞれの直観との制約だから）想像力の主観的な働きであり、この動きによって想像力は内感に暴力をふるう〔…〕。（KU5: 258–259）

ここで総括は綜合の理論からはっきりと区別されている。『純粋理性批判』における超越論的綜合、すなわち本書が包括的綜合と呼ぶ作用は多様を「一つの意識」において関係づけ、それによって思考の可能性を与えるものだった。それに対して、総括はそのような「思考内容の単一性」をもたらすものではないとカントは断る。総括が関与するのは「直観の単一性」であり、そこでは通常の綜合が前提とするような前進的・連続的な「時間の制約を廃棄」することになる。カントによれば、わたしたちは絶対的に大きなものに接したとき、大量に覚知された表象をある時点、ある一瞬において一挙に「あつめ・つかむ」よう迫られる。それは前進的・連続的な時間の制約に対して、一種の「背進」として作用するというのである。一見すると、このように「時間の制約を廃棄し」、それゆえに「再生的ではない」想像力の作用は唐突に主張されているように思われるかもしれない。しかし前批判期にさかのぼるならば、わたしたちは同様の作用を「形成能力」に認めることもできるだろう。本書の第1章で述べたように、カントはヴォルフ、テーテンス、バウムガルテンといった哲学者たちの著作の影響下にあって、『純粋理性批判』以前から形成能力（Bildungs-vermögen）と呼ばれる能力のもとに想像力の前身となる理論を練り上げてきた。とりわけ一七七〇年代の講義の記録には「再生的ではない」作用、たとえば喜劇のシナリオの補完、詩人の創作といった芸術的創造も形成能力に帰属されている[13]。カントによれば、このような芸術的創造の局面において発揮されるのは「現在でも未来でも過去の対象の形象でもない。それはフィクションであり、象徴である」(XXV: 511)。

従来、多くの研究は『判断力批判』における想像力の作用を綜合の理論の延長線上において捉えてきた。その代表は本章で検討してきた前認知的解釈である。この解釈を採用するならば、わたしたちは「想像力の自由」をせいぜい「経験的概念からの自由」として理解するにとどまるだろう。それはそのバラがバラとして認識される以前の、認知的に未熟な作用に過ぎない。他方、カント自身は『判断力批判』において「想像力が悟性に仕えるのではない」こと、それゆえ「再生的ではない」ことを繰り返し主張している。それは経験的概念どころか、純粋悟性概念（量のカテゴリー）からも独立するラディカルな自由である。わたしたちはその具体的なありさまを崇高の経験における「総括」に見た。総括とはすなわち、カテゴリー的秩序に先行して対象の表象を「あつめ・つかむ」作用である。この作用は『純粋理性批判』の綜合のように「時間に関係する」理論ではなく、無時間的な創造に関与する形成能力の理論に思想的な源流を有している。

理性の関心

とはいえ、だからといって「想像力の自由」が形成能力をめぐる前批判期のカントの発想、あるいはバウムガルテンをはじめ、この発想に影響を与えた啓蒙主義美学の思想と同じ水準で論じられているわけではない。まず、「崇高の分析論」において想像力は自在に全体性を総括するのではない。総括はいずれ限界に突きあたる。そのとき主体は強烈なフラストレーションを覚え、逆説的な仕方で総括を試みる想像力の作用に気がつく。ここから、悟性の「再認の綜合」から独立した想像力に対する『判断力批判』の批判的な洞察を読みとることもできるだろう。

また、想像力の挫折が理性の行使と結びついているところにも『判断力批判』の理論的進展が認められる。もう一度「崇高の分析論」の議論構成を確認するならば、主体は(1) 想像力の挫折を経験するだけでなく（不快の感情の喚起）、(2) 挫折を通じて、全体性を志向する自身の超感性的な能力が快の感情を伴って自覚される（快の感情の喚起）。カントによれば、(1) の「挫折」に至るまで総括を駆り立て、「無限なものを全体として考える」よう導くのは実のところ想像力そのものではなく、「理性の声（Stimme der Vernunft）」にほかならない（KU5: 254）。すでに想像力の総括において理性が協同しているからこそ、(1) から (2) への移行、不快から快への転換が可能になる。(1) わたしたちは並はずれた大きさの対象を目の前にして、その表象をたどってゆき、対象の全体を総括しようとして挫折に追いこまれる。(2) だがこの挫折によって「想像力の暴力」をこうむるとき、一転、わたしたちは想像力を表象の全体へ方向づけていた「理性の声」に気づく。「したがって崇高の感情は、大きさの美感的評価において想像力が理性による評価に不適合なことから生じる不快の感情であるが、しかしまた、その際同時に目覚めさせられた快でもあ」る（KU5: 257）。

わたしたちはこれまで、批判哲学において全体性の問われるさまざまな局面に「理性の声」を認めてきた。理性はその理論的な使用において経験的認識を自然の体系的全体性に向けて統整し（A644/B672）、その実践的な使用において理性的存在者を構成員とする包括的共同体、すなわち「目的の国」の実現を要請する（G4: 439）。また『実践理性批判』ではただの理性的存在者ではなく、身体と欲求をそなえ、幸福を追求する人間の「実践理性の全体的対象」として最高善の理念が提示された。イルミヤフ・ヨーベルによれば、人間理性の本質はこのように全体性に対して関心を抱き、たえざる拡張運動によってその実現を目指す運動にある。それはスタティックな計算能力、推論機能ではない。わたしたちは「理性の声」によって全体性を渇望し、そこから体系が生じる。「カント主義的理性はたんなるロゴスではなく、プラトンのロゴスとエロスの融合である」（Yovel 1980: 15）。たとえ経験的概念（「バラ」という概念）どころか純粋悟性概念（量のカテゴリー）の適用から独立しても、想像力はこのようにダイナミックな理性の拡張運動によって対象の表象に働きかける。

もちろん、理性と想像力の協同は「崇高の分析論」を待ってはじめて明示される。それに先立つ「美の分析論」ではもっぱら想像力と悟性の自由な戯れが論じられており、そこに「理性の声」をはっきりと聞きとることはできないようにも思われる。[14]だが、カントが「崇高の分析論」の論述を経た四十二節において再び美感的判断を論じるとき、この判断を理性、正確には「自然美に対する理性の関心」の観点から捉えていることに注目したい。

理性は、自然がみずからの内に、いかなる関心にも依存しないわたしたちの適意〔…〕に自然の諸産物が合法則的に合致していると想定する何らかの根拠を含んでいることについて、自然が少なくともその手がかりを示すか、あるいは目配せを与えるということに関心を抱く。そうした理由から、理性はこの合致に類似した合致を示す自然のあらゆる現れに対しても関心を抱かざるをえない。したがって心は、自然美について考えをめぐらすとき、その際同時に関心を抱いていることに気づかないでいることはできない。（KU5: 300）

すでに述べたように、「美の分析論」では美感的判断が美的対象の現存に対するいかなる経験的関心にも基づかないことが主張されていた。たとえば「このバラは美しい」と判断するとき、わたしはバラそのものの有用性や、バラそのものの感覚的な魅力については無関心をつらぬいている（KU5: 204–209）。ところが、この主張に反するかのように、「自然美に対する関心」が語られる。

この問題を考えるためにいったん『判断力批判』を離れ、関心（Interesse）という概念を明確にしておこう。おおまかに述べるならば、関心とは、有限な存在者がその有限性ゆえにいまだ到達していない対象に対して抱く心のありようである。

たとえば『基礎づけ』では、関心が人間の実践理性に特有のものであり、神聖な存在者においては生じえないことが主張されている。「偶然的にも規定可能な意志の、理性の諸原理への依存性が関心と呼ばれる。したがって、関心はおのずからつねに理性にかなっているわけではない従属的な意志においてのみ生じる。神的意志においてはいかなる関心も感じられない」(G4: 413)。つまり、カントによれば、実践理性とその対象としての道徳法則のあいだのギャップが人間の有限性においてあらわれるとき、それを埋めようとする自発性として関心が抱かれる。さらに、この自発性は『実践理性批判』では理性の「拡張 (Erweiterung)」運動としてあらゆる心的能力の行使に伴われることが主張される。関心は道徳だけでなく、認識や美が問われる場面においても等しく見出されるのである。[15]「心のあらゆる能力に関心、すなわちその条件の下のみ、この能力の行使が促されるような原理が付与されうる。〔…〕自分自身とのたんなる一致ではなく、ただ拡張のみが理性の関心に数え入れられる」(KpV5: 119–120)。いったん整理しよう。人間の心のあらゆる能力、すなわち認識能力、欲求能力、感情はそれぞれ固有の対象を持っており、かつ、それぞれの能力と対象とのあいだにはギャップがある (たとえば高次の欲求能力としての実践理性と道徳法則の関係のように)。そのようなギャップを埋めようとする理性の拡張運動が関心と呼ばれるのである。

ならば、自然美をその固有の対象とする能力は何だろうか。カントによれば、それは「美しいものに対する感情」、すなわち想像力の反省によって自発的に喚起される高次の感情である (KU5: 298)。高次の感情の対象となるのはたんなる自然現象ではない。あくまで「想像力と悟性の自由な戯れ」において反省され、主体の心に「想像力と悟性の調和」をもたらすような自然美のありさまである。ただし、美感的判断において感情はいかなる客観的立法もおこなわないため (反省的判断力の自己自律)、感情の対象を客観的に捉えることはできない (したがって感情の対象に対する理性の関心は、美的対象の現存に対する無関心と両立する)。この点に配慮して『判断力批判』を読むならば、わたしたちはカントが感情の対象を自然美そのものではなく、正確には自然美をもたらす自然の形成活動に見出していたことを認めるだろう。「自然がかの美を生じさせたのである、というこの考えが、直観と反省に伴っていなければならない。そしてこの考えにのみ、人が自然美に対して抱く直接的な関心が基づくのである」(KU5: 299)。有限な人間は、現実的には「想像力と悟性の調和」の状態に至っていない。それゆえ、人間の理性はそのような主観的合目的性をもたらす自然の形成活動に対して関心を抱き、それを実現しよう自然美の合目的的表象に働きかける。[16] ここに美感的判断の発生因がある。

このような理性の関心の所在に注目するならば、「想像力の自由」の主張が理性の関心に基づくことが明らかになる。美感的判断における想像力の「純然たる反省」（あるいは「想像力と悟性の自由な戯れ」）はいかなる対象の現存にも無関心であり、またいかなる悟性概念の規定からも自由でありうる。しかし、だからといって想像力はまったく奔放に、アナーキーにふるまうわけではない。理性の関心によって想像力は「純然たる反省」に駆り立てられ、それは理想的な調和の状態、すなわち主観的合目的性に向けて方向づけられている。このような批判的構造において『判断力批判』の想像力の理論は前批判期の形成能力の理論から明確に区別されるだろう。「想像力の自由」は理性の関心に制約されつつ「想像力と悟性の調和」を目指す、批判的かつ目的論的な主張として理解されなければならない。

美感的判断の構造

以上、わたしたちは二層構造解釈を援用しつつ「想像力の自由」に独自の考察を加えることで美感的判断の構造を明らかにした。最後に本章の分析の成果を具体的な事例にそくして提示したい。

まず美感的判断の発生因となるのは理性の関心である。この関心が向かうのはスタティックな個体としての美的対象ではなく、自然における美の産出というダイナミックな事態である。美感的判断力の発生の地点を見極めようとして、ジル・ドゥルーズは五十八節の記述に注意を促している。ドゥルーズによれば、「美へと結びつけられた関心は、したがって、美的形態そのものへ向かうのではなく、形式的に反省されうる諸対象を産出するために自然によって用いられた素材（matière）へと向かう」（Deleuze 1963: 77（邦訳：109））。この発生の局面において例示されるのは流動的な素材が「結晶化」しようとする「飛躍」の瞬間である。

わたしは自然の自由な形成（Bildung）ということで次のような形成を、すなわちその形成によって静止した液体が、その一部分が（ときにはたんに熱物質が）発散もしくは分離して、残りの部分が凝固に際して一定の形態もしくは肌理（模様や筋目）をなし、それらが物質の種別的差異に応じて異なるが、しかし同一の物質においては正確に同一であるような、そうした形成を理解する。〔…〕このとき形成は凝集によって、つまり突然の固化によって生じるのであり、液体状態から個体状態へと次第に移行することによってではなく、いわば一つの飛躍（Sprung）によって生じるのであって、この移行はまた結晶化（Kristallisieren）と名づけられる。（KU5: 348）

ここで形成の局面が「突然の固化」あるいは「一つの飛躍」として特徴づけられていることは重要だろう。結晶化という事態は時間軸にしたがった連続的な継起から離れて捉えられている。このことは理性の関心の対象だけでなく、関心を発生因とする美感的判断の対象においても同様である。二層構造解釈によれば、美感的判断において想像力はさしあたり美的対象の表象を反省する。この「純然たる反省」はいかなる悟性概念の適用からも独立しているため、「再生的ではない」。そして「崇高の分析論」に示されたように、想像力の非再生的な作用は「時間の制約を廃棄し」ており、表象の連続的な継起にしたがって対象に反省を加えることができない（それに対して「三重の綜合」の「覚知の綜合」は「再生の綜合と分かちがたく結びついて」いた）。したがって、純粋な美感的判断の対象となるのは空間・時間的に秩序づけられた「バラの花の形態」ではない。「バラの花」ならば「純然たる色」、交響曲ならば「ヴァイオリンの音」がその対象になるはずである（KU5: 224）。「美の分析論」の十四節から引用しよう。

しかしなお同時に気づくのは、色の感覚にしても音の感覚にしても、それらが純粋である限りにおいてのみ正当に美に値すると思われることである。このことはすでに形式に関わる規定であり、そしてまたこれらの表象に関して確実に普遍的に伝達されることができる唯一の事柄である。（ebd.）

もちろん、『判断力批判』はけっして造形芸術を美感的判断の対象から排除していない。同じ「美の分析論」の十四節に挙げられているように、「想像力と悟性の自由な戯れ」に際しては対象の表象を区切り、輪郭づける悟性の働きによって「デッサン」、あるいは「〔楽曲の〕構成」が美感的判断の対象になりうる（KU5: 225）。だが、それでも「想像力の自由」をめぐるカントのラディカルな主張を受け入れるならば、純粋な美感的判断の本来的な対象は空間・時間的な秩序の「手前」にあるものでなければならない。理性の関心の対象と同様、美感的判断の本来的な対象は量のカテゴリーにしたがった想像力によって綜合される以前のもの、いわば「かたち（Bild）」をなす以前のものでなければならない。芸術鑑賞の常套句を用いて言い換えるならば、それは美的対象の表象の「豊かさ」や「深さ」に該当するものである[17]。

こうして、美感的判断は概念の客観的適用から独立した「想像力の自由」によって認識判断ならびに実践的判断から区別される。この意味において想像力の「純然たる反省」あるいは「想像力と悟性の自由な戯れ」は美感的判断の形相因と言える。そしていかなる概念の適用にも依拠しない限り、当然、純粋な美感的判断は概念によって言明されるものではない。それはあくまで表象における主観的要素、つまり判断主体の感情によって表現される。「序論」七節によれば、美感的判断は認識判断と同様に「あらゆる人に妥当することを要求する」。ただし、「〔認識判断と〕異なる点はただ次の点、すなわちそれは趣味判断によって、あたかも客観の認識と結びついている述語であるかのように、あらゆる人に要求され、客観の表象と結びつけられるべきであるとされるのが経験的概念ではなく、快の感情である（それゆえにけっしていかなる概念でもない）という点である」（KU5: 191）。四原因説にしたがって整理するならば、感情こそ美感的判断の質料因となる。

しかしなお、いくつかの問題は解決されないままに残されている。第一に、美感的判断の質料因としての感情が、いかにして普遍的に伝達されうるのかを十分に説明していない。第二に、このような感情を喚起する心的状態としての「調和」の内実もまた不明瞭にとどまる。これまで二層構造解釈によって示されたのは「調和」が

「想像力と悟性の自由な戯れ」によって目指されるべき状態であること、したがって美感的判断の目的因としての役割を担っていることに過ぎない。カント自身は、この目的因をしばしば「共通感覚」という謎めいた概念を用いて表現している。たとえば「美の分析論」の二十節によれば、「わたしたちはこの共通感覚によって何ら外的感官を理解しているのではなく、わたしたちの認識諸力の自由な戯れから生じる結果を理解している」(KU5: 238)。では、「想像力と悟性の自由な戯れ」の結果として獲得されるべき「共通感覚」とはいかなるものだろうか。そしてこの「共通感覚」を通じて、わたしたちの感情はいかにして普遍的に伝達されうるのだろうか。次章では本書の締めくくりとして、これらの問題に取り組みたい。

第6章　想像力と感情──啓蒙の原動力を探る

「コペルニクス的転回」で知られる『純粋理性批判』以降も、カントはいくつかの領域において自身の思想を刷新し続けた。一つは「感情（Gefühl）」をめぐる見解の更新であり、その成果は『判断力批判』の前半部「美感的判断力の批判」において示されている。本書では第5章において『判断力批判』の主張に分析を加え、美感的判断を根拠づけている「想像力の自由」、そして美感的判断の目指す「調和」の状態について考えてきた。だが、美感的判断において感じられる「感情」については手つかずのままである。そもそも「感情」とは何か、そして感情の「伝達」とはいかなる事態なのかを示していない。本章の目的は残されたこの問題、「感情はいかにして普遍的に伝達されうるのか」を明らかにすることにある。

感情の普遍的伝達可能性を考えることは、『判断力批判』に注釈を加えること以上の意味を持っている。それは、本書全体のテーマである「啓蒙の循環」からの脱却に関わる。仮にわたしたちが十分に成熟した理性をそなえているならば、道徳や法の立法によって、あるいは自由な言論活動によってみずからを啓蒙することができるだろう。だが、そのように理想化された仮定に反して、わたしたちは現実的には未成熟な段階にある。自分の利害にとらわれる視野狭窄の状態にあって、お互いをおとしめる非社交性に陥ってしまう。ここにはルソーから継承されたカントの文明批判の洞察がある。この批判を前にして、「いや、自分たちは十分に理性的である」という（根拠を欠いた）開きなおりを封じられ、それでもなお、視野狭窄の状態からいかにして脱却できるかが問われている。

第4章以降、本書はカントの実践哲学がアプリオリな道徳形而上学の構想を「基礎づけ」つつ、他方では理性の歴史的発展のプロセスを跡づけようとしていることを論じてきた。それはカントの実践哲学を社会的かつ歴史的な啓蒙のプロジェクトとして捉えなおすための試みである。そしてこの試みにおいては、「想像力」の行使、そしてこの能力を媒介とする「感情」の伝達から社会の成り立ちに迫ろうとする『判断力批判』の着想が大きな役割を果たす。『判断力批判』において想像力は感性的なものと理性的なものを架橋するという『純粋理性批判』の主張にとどまるものではない。想像力は歴史の始まりと終わり、個人と集団、未成熟な人間と成熟した理性的存在者の中間に位置づけられ、両者のあいだを架橋する能力として理解される。

最終章はこうした見通しをもって『判断力批判』を考察する。6・1節では、感情の普遍的伝達可能性が「共通感覚」の生成として論じられていることを確認する。6・2節では、『判断力批判』の共通感覚論が想像力の理論に接続されていることを示し、それに伴って「感情」の概念を想像力の主体の身体、そして生命といったトピックから再考する。そこでは本書の第1章や第2章の知見も動員しつつ、感情の普遍的伝達可能性が『純粋理性批判』の自己意識論との比較を通じて論じられる。6・3節では、以上の議論をもって示された想像力と感情の関係がカントの啓蒙思想において有する意義を明らかにする。最終的には、有限な人間理性がいかに「啓蒙の循環」から脱却しうるのか、という本書全体の問いに答えたい。

6・1　共通感覚の理念

普遍的伝達の可能性

本章の目的は、「感情はいかにして普遍的に伝達されうるのか」という問いに答えることにある。この問いの難しさは、「伝達する（mitteilen）」という言葉からも見てとることができるだろう。自分とは異なる他人と一緒に

(mit) みずから部分 (Teil) として参画し、何ごとかを共有する (mit-teilen) という含意がそこにはある。この含意は、何ごとかがわたしたちに「妥当する (gültig)」とだけ言われる場合とはいくらか事情が異なる。後者の場合、妥当する「わたしたち」の身体や感覚といった個別的な性質は捨象されており、「わたしたち」は理性を働かせることのできる存在者として一様に捉えられる。つまり、普遍的に妥当するという主張はこのわたしやあなたの「個別」を捨象した「一般」のレベルにおいて成立する。それは個別性を捨象することによって、いつ、どこでも妥当する法則の普遍性を説明する超越論的哲学に固有の方法と言えるだろう。

ところが『判断力批判』において「伝達する」ことの可能性が論じられるとき、超越論的哲学においてひとたび捨象されたはずの、このわたし、あなたといった「個別」が問われることになる。そこでは、あえて何ごとかを共有しようとする複数の主体の個別性が浮き彫りとなる。伝達される「感情」のありかたについて考えてみればよい。感情はわたしたち一般に妥当する理性の働きとは異なる。感情は身体に依存しており、身体は個々人によってばらばらである。したがって、感情がわたしたち一般に等しく感じられることはありそうになく、身体の個別性に応じてばらばらに感じられるはずである。だからこそ、「あなたはこう考えるべきだ」という発話に比べると、「あなたはこう感じるべきだ」という発話には違和感がある。「どう感じるかは人それぞれだろう」と言い返したくなる。「趣味については議論することができない」という古くからの格言はこの実感にかなっている。つまり、感情の伝達は「個別」のレベルにおいてのみ問われるように思われるのである。そして「個別」のレベルにとどまるのならば普遍性を主張することはできない。とすると、当然のことながら「感情は普遍的に伝達されうるのか」という問いには否定的に答えるほかないだろう。『判断力批判』においてカントが「趣味判断はあらゆる人に賛同をあえて要求する」と述べるとき、およそ不可能なことが要求されているかのように見える (KU5: 237)。

いや、不可能ではないかもしれない。たとえば、「共通感覚 (Gemeinsinn)」という考え方がある。共通感覚と呼ばれる特別な能力がわたしたちにはそなわっており、この能力のおかげで感情を共通の (gemein) ものにする、すなわち共有する（mitteilen）ことができると考える余地があるかもしれない。

実際、カントにとってもギリシア語のコイネー・アイステーシス（koine aisthesis）、そしてラテン語のセンスス・コムニス（sensus communis）にさかのぼる「共通感覚」の思想は無縁のものではなかった。この概念がさまざまな学術的、宗教的、政治的背景のもと十八世紀のドイツ語文化圏において用いられていたことは先行研究の指摘するところである（Ritter 1974: 243）。本書では共通感覚の概念史を詳細に論じることはできないが[1]、少なくとも当時、シャフツベリやトマス・リードといった哲学者がアリストテレスに由来する共通感覚の伝統、すなわち五感に共通する属性を感受するコイネー・アイステーシスの伝統とは異なる共通感覚論を展開していたことは確認しておこう。それは共通感覚を精神的かつ社会的な徳として捉え、これを道徳的ないし美学的な思想の支点として積極的に打ちだそうとする立場である。この立場において、共通感覚は修辞学に関する古代ローマ・ルネサンス人文主義の伝統を受け継ぎながら、共感（sympathy）、良識（good sense）、常識（common sense）といった社会的、政治的内容を含み持つことになった。ガダマーの指摘するように、このような共通感覚の思想には人間性（humanitas）から遊離した思弁的形而上学を牽制しようとする批判的意識もこめられていたと考えてよいだろう。

しかし、やはりガダマーの分析によれば、同時代のドイツにはそうした共通感覚の思想を受容するだけの「社会的政治的条件がまったく欠如していた」。それゆえ共通感覚の概念は「なるほど取り入れられはしたが、すっかり脱政治化されたために、それ本来の批判的意味を失ってしまった。ここでは共通感覚はもっぱら一つの理論的な能力、つまり道徳的意識（良心）および趣味と並べられる理論的な判断力と理解されたのである」。ドイツ語で言うところの共通感覚、すなわち Gemeinsinn はこうして「骨抜き」にされてしまう。それは「基本的諸能力に関する机上の学問に組みこまれてしまった」のである（Gadamer 1960: 32（邦訳：38））。

このような Gemeinsinn の考え方を、『判断力批判』は「卑俗な（vulgar）」ものとして退ける（ドイツ語の gemein には vulgar というニュアンスも含まれている）。カントの苛立ちは、共通感覚をいわば出来合いの能力として実体化しようとする風潮に向けられていると言ってよい。共通感覚をめぐって「人は判断力の反省〔の作用〕よりはむしろたんにこの反省の成果に注目して、しばしば判断力に「感（Sinn）」という名を与え、真理の「感」とか、礼儀の「感」、正義の「感」などについて語る」（KU5: 293）。対して、カントによれば、共通感覚はわたしたちにあらかじめそなわった感官でもなければ、特定の文化、特定の共同体に共有されている「健全な常識」でもない。それは「判定能力の理念」として理解される。

だが共通感覚というもので理解されなければならないのは、ある共通の感の理念、すなわち次のような判定能力の理念であって、この判定能力は、その反省においてほかのあらゆる人の表象様式を思想のうちで（アプリオリに）顧慮するが、それはいわば自分の判断を全体的な人間理性と照らしあわせ、このことによって、客観的とみなされかねない私的な個人的諸条件から発して判断に不利な影響を及ぼすかもしれない錯覚から免れるためなのである。（KU5: 293）

共通感覚に対するカントの態度は一筋縄ではいかないものになっている。いったん整理しよう。(1) まず、カントは「感情はいかにして普遍的に伝達されうるのか」という問いに対して、出来合いの共通感覚（Gemeinsinn）に訴えるつもりはない。わたしたちにはすでに共通の（gemein）感覚がそなわっているという卑俗な（gemein）考え方は周到に退けられている。(2) しかし、だからといって共通感覚という思想そのものが放棄されるわけではない。引用によれば、カントは共通感覚を「判定能力の理念」としてたしかに承認する。(3) この理念は出来合いのものではなく、「判断力の反省〔の作用〕」によってもたされる（KU5: 293）。(3) の論点は、とりわけ『判断力批判』の「美の分析論」において強調されている。

したがって共通感覚が存在する（だがわたしたちはこの共通感覚によって外的感官を理解しているのではなく、わたしたちの認識諸力の自由な戯れから生じる結果を理解しているのであるが（wodurch wir aber keinen äußeren Sinn, sondern die Wirkung aus dem freien Spiel unserer Erkenntniskräfte verstehen)）という前提の下でのみ、わたしは言うが、まさにそのような共通感覚の前提の下でのみ、趣味判断は下されうるのである。（KU5: 238）

共通感覚が「わたしたちの認識諸力の自由な戯れから生じる結果」と理解されていることに注目したい。このことは、同じく「美の分析論」の二十二節において「理性のいっそう高次の原理が、はじめていっそう高次の諸目的のために共通感覚をわたしたちの内に生み出す（hervorbringen）」という表現によっても強調されている（KU5: 239–240）。つまり、共通感覚は「いっそう高次の諸目的」に方向づけられた認識諸能力の「自由な戯れ」によって「生み出される」ものである。[2] 本書の第5章で論じたように、美感的判断において想像力は悟性との「自由な戯れ」においていかなる概念的規定からも独立する（KU5: 240）。したがって、共通感覚の生成は「それによって何らかの対象の概念が与えられる」構成的原理ではありえない（A644/B672）。それは認識諸能力を「ある種の目標に向ける統整的使用を有する」ような「超越論的理念」と考えられる（ebd.）。

ここから得られる見通しはどのようなものだろうか。本章は、伝達することと普遍的であることのギャップを確認することから出発した。日本語で「伝達する」、あるいは英語で“communicate”と書けば、何らかのパイプのような媒体によって異なるものが結びつけられる状況、あるいはそのあいだに情報が行き交う事態を思い浮かべるかもしれない。だが『判断力批判』で用いられるドイツ語のmitteilenに関しては、（「伝達する」という定訳はあるけれども）「共有する」、あるいは「分有する」のように何ごとかを「共にする（mit）」事態をイメージしたほうが理解しやすいだろう。そして伝達することをめぐる『判断力批判』の問題は、普遍的な伝達可能性（Mitteilungsfähigkeit）を主張する限り経験的な次元にとどまることを許さない。それは普遍的に「共にする」ことの可能性の条件を明らかにする超越論的哲学の課題として考察される。ただし、この課題は『純粋理性批判』における超越論的演繹のように意識一般、あるいはそれと相関する自然一般に関して遂行されるものではない。問われているのは「感情」の伝達可能性であり、感情はひとまずわたしたちの個別的な身体において感じられるからである。

では、いかにして「個別に」感じられるはずの感情が「普遍的に」伝達されうるのだろうか。『判断力批判』はこの問いを共通感覚の思想にそくして論じようとしている。その発想の表面をなぞると、「わたしたちは自分たちが共通感覚を有することに基づき、自分の感情が普遍的に伝達することをあえて要求することができる」というものになるだろう。これだけを読めば、まるで「共通」感覚という都合のよい道具立てを引き合いに出すことで、感情の「共有」を主張しているように思われるかもしれない。だが、共通感覚に関するカントの記述を追跡してゆくと、共通感覚という伝統的な思想が『判断力批判』において新たに捉えなおされ、感情の普遍的伝達可能性をめぐる超越論的哲学の構想に導入されていることが見えてくる。以下、カント自身の説明にしたがってこのことを示していきたい。

共通感覚の生成

第一に検討されるのは、共通感覚の生成というカントの謎めいた主張である。わたしたちは『判断力批判』における共通感覚が身体にそなわった「外的器官」でもなければ、特定の共同体に蓄積された「健全な常識」でもないことを確認してきた。それは「理念」である。しかも、この「理念」は「認識諸力の自由な戯れから生じる結果」であり（KU5: 238）、「理性のいっそう高次の原理が、はじめていっそう高次の諸目的のために〔…〕わたしたちの内に生みだす」ものである（KU5: 239–240）。

だが、それこそ「健全な常識」からすれば、「認識諸力の自由な戯れ」から共通感覚が「生じる」といった言明は理解しがたいものだろう。この表現について『判断力批判』は必ずしも十分に説明を尽くしているわけではなく、カントの言葉づかいはときに曖昧である。そこで共通感覚の生成というカントの主張を解釈するために、本章では『判断力批判』の美感的判断の理論を援用することを提案したい。このアプローチが有効なのは、カントの共通感覚論が単独のトピックとして論じられたわけではなく、美感的判断における感情の普遍性、そして規範性を説明する文脈において考察されているからである。共通感覚は美感的判断において生み出され、機能する。このような背景理論に照らしてカントの共通感覚論を解釈してみたい。

本書の第5章では、美感的判断を「想像力の自由」と「二層構造解釈」にしたがって特徴づけた。「想像力の自由」のテーゼによれば、純粋な美感的判断において想像力はカテゴリー的秩序から独立しており、悟性との「自由な戯れ」の状態にあるとされる（KU5: 240）。「想像力の自由」を受け入れるならば、そもそも美感的判断において何かが「生じる」という事態はカテゴリーに基づく『純粋理性批判』の第二類推の説明、すなわち因果性の原則にしたがった生起とは異なる観点を要求するだろう。この要求に「二層構造解釈」は応えることができる。二層構造解釈によれば、(1) 美感的判断の主体は想像力と悟性の戯れにおいて対象の表象を反省する。その上で(2) 反省が「認識一般に関して二つの〔想像力と悟性の〕心の力にとってもっとも有効な連関」をもたらすとき、判断主体は「調和」と呼ばれる心的状態に置かれることになる（KU5: 238–239）。ここではヘンリー・アリソンにならい、調和という概念を主体にとって規範的な状態として理解しておこう（Allison 2001: 75）。それは美感的判断の主体が生みだすべき状態であり、それゆえこのわたしだけでなく、あなたたちもまた目指すべき状態である。だからこそ、「わたしたちが何かを美しいと言明するすべての判断において、わたしたちは誰にもそれとは違った意見であることを許さない」（KU5: 239）。したがって、(1)から(2)の段階への移行は通常の因果関係からは区別される。それは前件が後件を因果的に規定しているのではなく、後に実現されるはずの後件によって前件が目的論的に規定され、方向づけられている。

このような解釈を援用すると、共通感覚の理念的性格は美感的判断の(2)の段階、すなわち「調和」と呼ばれる心的状態の規範的性格から理解することができるだろう。簡潔に言えば、わたしたちは共通感覚の生成を調和の実現として解釈しようと試みているのである。実際、この解釈によって共通感覚をめぐる『判断力批判』の難解な記述のいくつか、とりわけ「美の分析論」における説明を整合的に読み解くことができる。たとえば「共通感覚によって〔…〕認識諸力の自由な戯れから生じる結果を理解する」という二十節の文の意図は、「自由な戯れ」と「共通感覚」のあいだに時間的に前後して生じるような原因・結果の因果関係ではなく、前者から後者に向かう目的論的関係を示すものと説明される。加えて二十二節のいささか唐突な主張、共通感覚が美感的判断に「範例的妥当性を付与する」という主張もまた、(2)「調和」の段階に帰属される規範的なステータスを指示するものとして解釈される。

したがって共通感覚、ここでわたしは自分の趣味判断を共通感覚の判断の一事例として示し、また共通感覚のゆえにわたしの趣味判断に範例的妥当性を付与するが、そうした共通感覚はたんなる観念的規範であって、人はこの規範の前提の下で、この規範と合致した判断と、この判断において表現された、ある客観に対する適意とをあらゆる人に対して正当に規則とすることができるだろう。(KU5: 239)

こうして、美感的判断をめぐり第5章で示した知見を動員することによって、「感情はいかにして普遍的に伝達されうるのか」という問いに答えるための準備が整えられる。一見すると、カントは「ともかく「共通」感覚があるのだから、わたしたちは感情を「共有」することができる」という、同語反復とは言わないまでも、少なくともトリヴィアルな説明をおこなっていると思われた。しかし美感的判断の構造を考慮すると、共通感覚という概念は感情の伝達をめぐる説明の行き止まりではない。むしろ、共通感覚はより基礎的な理論によってバックアップされるような被説明項である。カントによれば、美感的判断において共通感覚は「生み出される」。それを生み出すのが、想像力と悟性という「認識諸力」の連関である。

共通感覚の生成を、美感的判断における「認識諸力」の「調和」の実現とみなすことの解釈上の利点はそれだけではない。このアプローチをおしすすめると、共通感覚において伝達される感情がいかなるタイプの感情であるかを特定することができる。たとえば「美の分析論」の十節の説明にそくして「このバラは美しい」という判断を考えてみよう。純粋な美感的判断が下されるならば、(1) 判断主体は想像力を介してそのバラの色彩の表象を反省することによって（自由な戯れ）、(2) そのようなバラの色彩をいつまでも表象しつづけていたいと感じる、つまり、快の感情を意識する（調和の状態）。興味深いのは、(2) の調和の段階における感情的状態が、同じく「美の分析論」の十二節では「自己保持」や「自己強化」という「主観的合目的性」の観点から特徴づけられていることである。美しいものを前にして感動するとき、わたしたちは痛みのような感覚とも、恐怖のような感情とも異なる独特の状態にあるとカントは考えている。言うなれば美しいものに心を働かせ、働かせることで心が「活気づけ」られ、それゆえいっそう美しいものに没入してゆくエネルギッシュな充実である。

だがこの快はそのものの内に原因性を、つまりは表象そのものの状態と認識諸力の活動性を、それ以上の意図を欠いたままに保持するという原因性を持っている。わたしたちは美しいものを観察するときにしばしとどまるけれども、それはこの観察が自身を強化し、また自身を再生産するからである。（KU5: 222）

ある対象がそれによって与えられる表象を機縁とする、主観の認識諸力の戯れにおけるたんに形式的な合目的性の意識は快そのものだが、それというのもこの意識が、主観の認識諸力を活気づけること（Belebung）に関して、主観の活動性（Tätigkeit）の規定根拠を含むからである〔…〕。（ebd.）

カントの批判者たちは、しばしば批判哲学において感情が（不当にも）排斥されたかのように喧伝する。だが『判断力批判』の記述を読みこむと、カントが批判哲学の後期にさしかかってきわめて精緻な、そして豊かな感情論を展開していたかがわかるだろう（KU5: 204, 238, 243–244, 277–278）。一言で述べるならば、それは美的対象の表象をめぐる想像力の反省を通じて判断主体の心が「活気づけ」られ、その「活動性」が感情として意識されるという主張である。こうした「活気づけ」の感情論は、「美の分析論」の冒頭において「快あるいは不快の感情」が「生命感情（Lebensgefühl）」として言及されたときに早くも予告されていた。カントによれば、美感的判断を下すとき「表象はまったく主観へと、しかも快または不快の感情という名の下にある主観の生命感情へと関係づけられるが、このことはまったく特殊な、判別し判定する能力を根拠づけるのであって、この能力は認識には何ら寄与せず、ただ与えられた表象を主観のうちで、心がみずからの状態について持つ感情のうちで意識するようになる全体的な表象能力と照らしあわせるのである」（KU5: 204）。ここでは、美感的判断において「共通」に「感覚」されるものが「生命感情」という特殊なタイプの感情であることが明らかになる。そしてこのことは、感情の伝達をめぐる『判断力批判』の主張が「生命（Leben）」、あるいはそれを感じとる人間の「身体（Körper）」の次元に接続されることを示唆する。

これまでの検討を振り返ろう。かつてポール・ガイヤーは『判断力批判』における共通感覚は構成的原理か、それとも統整的原理かという問題を提起したが（Guyer 1997）、テクストの分析は後者を支持する。この解釈は美感的判断の二層構造解釈によっても間接的に支持される。それによれば、共通感覚とは想像力の反省によって生み出されるべき美感的判断の目的因、すなわち心的状態の理想的な調和の段階に想定される。そしてこの調和の具体的内容は、主観的合目的性の観点から次のように示されるだろう。たとえば「このバラは美しい」という判断を下すとき、(1) 判断主体は想像力を通じてそのバラの色彩の表象を反省することによって(2) そのような色彩の表象にいつまでもとどまろうとする。こうした自己保持の状態において、判断主体は自身が活気づけられ生命が促進されていることをたしかに感じとる。身体の全体を揺るがすこの生命の感覚こそ、美的経験における感情の正体である。

したがって、「感情はいかにして普遍的に伝達されうるのか」という本章の問いは次のように書き換えられる。「生命感情はいかにして普遍的に伝達されうるのか」。

6・2 感情の伝達

生命感情

さて、問われているものがただの感情ではなく、生命感情であることがどれほどの意味を持つのだろうか。このことを考えるには、カントが「生命」という概念をいかに理解していたのかを明らかにする必要がある。

カントは「生命」を『判断力批判』においてはじめて論じたわけではない。たとえば一七六六年に公刊された『視霊者の夢』を考えてみよう。『視霊者の夢』は当時の人々の話題をさらったスウェーデンボリの霊視を主題としており、異色作と受けとめられがちだが、生命についてのカントの基本的な考えが述べられる著作でもある。その第一章では「世界に非物質的な本性のものが存在する」かどうかを検討するにあたって、「この世界において生命の原理を含むものは、非物質的な本性のものであると思われる」と主張される (TG2: 327)。なぜなら、「あらゆる生命が基づいているのは、自分自身を選択意志にしたがって規定する内的な能力だからである」。そしてその直後、カントは次のように述べている。

> それに対して物質に本質的な指標は、何か必然的な力によって空間を満たすという点にあり、この必然的な力は外的な反対作用によって制限されている。したがって〔…〕自分自身で活動し、また自分の内的な力に基づく働きによって生命の根拠を内に持つ本性のものは、すなわち、それ自身の選択意志がみずからを規定したり変えたりする能力を持つ本性のものは、まず物質的本性のものではありえない。(ebd.)

ここでは外的な作用によって必然的に制約されるものが「物質的なもの」として、反対に内的な作用によって自発的に活動しうるものが「非物質的なもの」として区別される。後者の自発性に「生命」がある。さらに、引用部の直後には次の但し書きが挿入される。「動物的生命の根拠を内に有する非物質的な存在者は、みずからの活動において理性を含み魂と呼ばれる非物質的な存在者とは区別される」(ebd.)。カントによれば、動物と理性的存在者はいずれもその自発性において「生命の原理」を含んでおり、それゆえに物質的なものから区別される。ただし、理性的存在者は自発的に活動するだけでなく、活動する自分自身を理性的に意識することができる。生命をめぐるこの発想は、基本的には『視霊者の夢』以降も維持されることになる。

ただし、生命の概念が『視霊者の夢』から『判断力批判』に至るまで何も変わらなかったわけではない。一つの違いは、生命が実践理性の領域において論じられるかどうかにある。『視霊者の夢』をはじめ、前批判期からカントは生命がやどる内的な作用として「選択意志」を挙げていた(TG2: 327)。実践理性の働きを「意志(Wille)」と「選択意志(Willkür)」に区別した第3章の議論を思い出してほしい(3・3節)。前者が道徳法則を立法する「意志そのもの」の能力である一方、後者は空間・時間的に限定され、身体をそなえた「このわたしの意志」である(G4: 412–413, MS6: 213)。後者の選択意志は、有限な理性的存在者としての人間の自発性にほかならない。そしてカントが選択意志に注目するのは、この選択意志の実践的行使において人間の自発性が「動物的生命」から区別されると考えたからである。この点について、『純粋理性批判』では選択意志を次のように特徴づけている。

> なるほど人間の選択意志は感性的な随意(arbitrium sensitivum)ではあるが、しかし動物的(brutum)ではなく、自由な(liberum)ものであり、というのも、感性は人間の選択意志の働きを必然的なものにせず、人間には感性的刺激による強制から独立に、自分をみずから規定する能力がそなわっているからである。(A534/B562)

『純粋理性批判』以降も、カントは「生命の原理」を人間の選択意志の観点から提示している。[3] たとえば『自然科学の形而上学的原理』では、生命が「ある内的原理から行為へ規定する実体の能力」と定義された上で、「わたしたちは欲求以外に、実体の状態を変化させる実体の内的原理を知らない」と述べられる（MN4: 544）。また『実践理性批判』では、「生命とは、ある存在者が欲求能力の法則にしたがって行為する能力である」ことがはっきりと主張される（KpV5: 9）。これらの著作において「生命」と「感情」が乖離していたことに注目しよう。選択意志がその自発的な行使によって行為者に「生命」を意識させるのに対し、感情はどうだろうか。仮に感情が（通常考えられているように）身体に依存した受動的反応に過ぎないならば、そこに自発性の余地はない。

対して、まさにこの仮定をくつがえそうとするのが『判断力批判』である。『判断力批判』において感情は「外的な作用」に対する受動的反応ではない。だからといって、想像力や悟性といった認識諸能力の「内的な作用」と混同されるわけでもない。カントが注意を促すのは、美しいものを前にしたときのわたしたちの感情のありようである。感情は「外的な作用」に対して機械的に反応するのではなく、美しいものを把握しようとする「内的な作用」に対して応答する。第5章で論じたように、このことは「美の分析論」の九節において明記されていた。美しいものに対する感情の「根底」には想像力の自由な戯れがある。

> したがって、与えられた表象における心的状態の普遍的な伝達可能性こそが趣味判断の主観的条件として趣味判断の根底になければならず、〔そこから〕対象に対する快を結果させるのでなければならない。（KU5: 217）

この主張は「感情」だけでなく「生命」の概念にとっても革新的な意味を持っている。生命のやどる「内的な作用」と感情のあいだに内在的な関係を認めることで、両者の結合としての「生命感情」の概念が新たに発想されたからである。それは美感的判断の成り立ちにそくして構造的な結合であると言えるだろう。生命感情は美感的判断においてそれを根拠づける想像力、悟性といった「内的な作用」に対する「応答」、より比喩的に述べるならばこれらの作用の「しるし」である。美感的判断の主体はこの「しるし」を手がかりとしてみずからの生命を感じとる。

もちろん、カントは『判断力批判』において生命感情をこのように詳述しているわけではない。わたしたちは「美の分析論」の議論を援用してその輪郭を描いてきたに過ぎない。だが、「内的な作用」に対する「応答」としての感情論はカントのほかの著作にも示唆されている。たとえば、ルドルフ・マックリールによれば、「覚書」や「人間学講義」に記録された内感の理論は注目に値する。[4] とりわけ重要なのは、『人間学』の十五節における「内的感官（inneren Sinn, sensus internus）」と「内面的感官（inwendigen Sinn, sensus interior）」の区別に関するカントの説明だろう。前者が『純粋理性批判』において論じられた「経験的直観」である一方、後者は「快の不快の感情」を通じた「主体の感受性」である。カントによれば、内面的感官における「感受性」とはたんなる受動性ではなく、「主体の状態への注意を喚起する（Aufmerksamkeit auf den Zustand des Subjects erregen）」（VA7: 153）。本章の表現に言い換えるならば、それは主体の状態に対する応答の役割を担うのである。また、マックリールは内面的感官によって「注意を喚起される」ものとして「生命感覚」を挙げている。この特殊な感覚は内面的感官が論じられた直後、『人間学』の十六節においてはじめて導入される。

> 第一に人は身体感覚の器官を、生命感覚（Vitalempfindung, sensus vagus）の感官と器官感覚（Organempfindung, sensus fixus）の感官に分類することができる。そしてまたそれらの感官は、ただ神経のある場所にのみ見出されるのだから、これらを神経の全組織を触発するものと、身体のある特定の部分に属する神経のみを触発するものとに分類できる。（VA7: 153–154）

器官感覚とは異なり、生命感覚は身体において局所化された神経組織に依存しているわけではない。それは「神経の全組織を触発する」主体の状態を感覚する。カントによれば、そのような感覚の事例は「崇高なものを表象するにあたってさえ人間の身体を満たす、ぞくっとする感じ」にあり、この「ぞくっとする感じ（Schauer）」は「身体中のどこでも生命のあるところにはいきわたる」（VA7: 154）。これら、内面的感官と生命感覚はいずれも

『判断力批判』における生命感情の解釈に手がかりを与えてくれるだろう。つまり、生命感情は「身体の全体をみたすぞくっとする感じ」を通じて主体を触発し、この感情をもたらした主体の内的な状態、すなわち「全体的な表象能力」へ主体自身の「注意を喚起する」ものと推察されるのである。

こうして、生命感情という特殊なタイプの感情の内容を突きとめることができる。第一に、生命感情は美感的判断において主体の「内的作用」に対する応答としての役割を果たす。第二に、この応答において美感的判断の主体は自分の身体全体が震えるような状態に置かれる。まとめて言うと、わたしたちは美しいものを前にしたときの「身体の全体をみたすぞくっとする感じ」によって、自分の心的状態が「調和」と呼ばれる理想的状態に置かれていることに気づく。「調和」とはすなわち、「認識一般に関して二つの（想像力と悟性の）心の力にとってもっとも有効な連関」である（KU5: 238–239）。この解釈を受け入れるならば、「生命感情はいかにして普遍的に伝達されうるのか」という問いに答えることも不可能ではないだろう。生命感情が「内的作用」にとって「もっとも有効な連関」、すなわち認識一般を目指す想像力と悟性の「連関」によってもたされるならば、それはわたしたち一般に共有されうると言えるかもしれない。生命感情はわたしたち一般に共有され、かくして「共通感覚」が生成されるのかもしれない。繰り返し指摘してきたように、何ごとかが普遍的であることを主張するために認識諸能力の一般的構造に訴えるのは批判期のカントの基本的戦略である。この意味で、『判断力批判』における感情の理論もまた『純粋理性批判』以来の超越論的哲学の方法を踏襲している。

「感じるわたし」と「思考するわたし」

しかし、そうすると個別はどこに行ったのかと思われるかもしれない。これまでの解釈から浮かびあがるのは「感じるわたし」と「思考するわたし」の同型構造とも言うべき類似性である。美感的判断の主体は美しいものを前にして想像力と悟性を調和させ、そのような調和の状態にあることを生命感情によって感じとる。誰であれ、主体は想像力を自由に行使することによって生命感情をみずから感じる主体となる。ここには「感じるわたし」

一般の成立があると言ってよい。だが、このことは『純粋理性批判』の自己意識論を通じて解明された「思考するわたし」一般の成立とどこが違うのだろうか。「思考するわたし」もまた想像力を自発的に行使する主体であり、この行使によってみずからを意識する。この場合もまた、誰であれ「思考するわたし」を意識することができるのである。本来、感情を伝達するという事態には何らかの「個別」のレベルが問われるはずであった（だからこそ美感的判断は「ただ特殊なものだけが与えられていて、判断力がこのもののために普遍的なものを見出さなければならない」反省的判断力に分類される（KU5: 179））。ところが『判断力批判』の感情論を読みとくと、結局のところ「感じるわたし」は「思考するわたし」と同様の「一般」のレベルにおいてのみ成立するのではないか、という疑念がわいてくる。こうした疑念は『判断力批判』が『純粋理性批判』の超越論的哲学から何を継承し、また何を新たに加えているのかという問題に関わる。

この問題を考えるために、『純粋理性批判』における「思考するわたし」と『判断力批判』における「感じるわたし」を（1）両者の想像力の及ぶ「範囲」、そして（2）両者の「身体」という二つの軸から比較したい。このうち「思考するわたし」については、（1）綜合に関する第１章の解釈と（2）自己意識に関する第２章の解釈を援用する。

（1）　想像力の範囲

「思考するわたし」とは認識判断の主体である。たとえば「机は四角い」という経験的判断を下すとき、判断の主体はわたしたちが「想像力の個別的綜合」と呼んだ作用を行使する。それは異なる時点を通じて与えられる対象の表象を「机」という概念の下にとりまとめ、「四角い」という概念に関係づけることを可能とする綜合である。ただし、この個別的綜合には「想像力の包括的綜合」と呼ばれる綜合が先行するのでなければならない。こちらの綜合は、ある時点において与えられる対象の表象が「一つの意識」において受容されるための一般的制約であり、この制約によってはじめて対象を法則的な連関において把握することが可能となる。こう言ってもよいだろう。法則的に連関した自然一般が思考されうるために、想像力の綜合は包括的であることを理論的に要請されている。ここで追究されているのは、つまるところ科学的思考の妥当性の問題であり、それはわたしたちの個別性から独立するものとみなされる。

他方、美感的判断の主体においては想像力にそのような要請は効いていない。カントの表現を借りるならば、美的経験に際して想像力は思考の一般的制約から「自由」である。『判断力批判』の「序論」七節ではこの「自由」が想像力の「純然たる反省」として表現され、「純然たる覚知」とも呼ばれていたことを思い出そう（KU5: 189–190）。そして「純然たる反省」において想像力が及ぶ対象はつねに個別的である。たとえば目の前のバラに対して美感的判断を下す場合、想像力の「純然たる反省」の範囲は概念的に規定されたバラ一般の共通表象ではなく、このバラの表象にとどまらざるをえない。このバラの表象にあたっては、包括的綜合によって可能となるような自然一般の法則的連関に服さなければならないわけではない。また、個別的綜合によって可能となるような「バラ」という概念の規定に服さなければならないわけでもない。それはいかなる概念的規定からも独立して、個別的表象に「純然と」働きかける。

したがって、「思考するわたし」と「感じるわたし」は想像力の作用の及ぶ範囲において異なる。後者の場合、想像力は概念による一般的思考から徹底して逃れてゆくため、この対象の表象に対して個別的な関係を結ぶことになる。

(2) 感じる身体

「思考するわたし」と「感じるわたし」は、それぞれの自己意識の容態においても比較することができる。『純粋理性批判』において論じられていたのは包括的綜合における自己意識である。認識判断の主体は想像力の包括的綜合を通じて、綜合を行使する作用主体としての自分自身に気づくことができる。ただし、ここで気づかれている自分自身とは、あらゆる個別性を剝ぎ取られたような「思考するわたし」一般のありようである（B135）。たしかに、わたしがあれこれの個別的対象について思考するとき、わたしにはしかじかの対象を思考するものとしての具体的な性質が帰属される。だが、包括的綜合とはそのような思考がそもそも可能になるための一般的制約であり、このわたしだけでなく、およそ思考するすべての人が共有するような想像力の根本的機能に過ぎない。したがって、包括的綜合において意識されている「わたし」にはいかなる具体的な性質も帰属されることはない。それは個別性を欠いた「わたし」一般である。

他方、美感的判断の主体は個別性を失うことはない。これまで指摘してきたように、美感的判断はその「根底」に認識判断と同じく心的能力の一般的構造を有している。それは「調和」と呼ばれる状態を目指して自由に戯れる想像力と悟性の相互関係にほかならない。しかし認識判断とは違い、このような「調和」の状態は美感的判断の主体にとって直接的に意識されるわけではない。美感的判断の主体は、みずからが「調和」の状態にあることを生命感情を通じて間接的に気づくに過ぎない。生命感情という特殊なタイプの「しるし」を解釈することによって、「感じるわたし」はかろうじて意識されるのである。そして感情の媒介において、このわたしの身体は自己意識の必要条件をなしている。『純粋理性批判』において「思考するわたし」が想像力の「機能」にまで切り詰められ、身体的条件までが捨象されていたことを思い出してほしい。反対に、『判断力批判』の「感じるわたし」は身体を要求する。

したがって、「思考するわたし」と「感じるわたし」の自己意識はこのわたしの身体の有無において異なる。後者の場合、「感じるわたし」はこのわたしの個別的身体を通じて、いわば身体的解釈を通じて自分自身が美感的判断の主体であることを意識しているのである。

このように「感じるわたし」は(1)想像力の働きかける表象の個別性において、そして(2)生命感情を感じる身体の個別性において理解されなければならない。なるほど「感じるわたし」が生命感情に動かされるのは調和と呼ばれる心的状態のただなかであり、それは誰であれ理性を有するもの一般にとっての理想的状態ではある。

だが、こうした状態に至るにはまずもって(1)対象の個別的表象に対して想像力を行使しなければならず、(2)この行使によって生命感情が喚起されるとき、それを感じるのはこのわたしの個別的身体を除いてほかにない。これら(1)と(2)の個別性を考慮すると、かつてアルフレート・ボイムラーが『判断力批判』における主体を「美感的人間という形態における個体（Individuum）」として表現したのはまったく正鵠を射ていると思われる（Baeumler 1967: 303）。ボイムラーの指摘する「美感的人間」は生命感情を通じて有機体としてのみずからの自発性、その有機的生命のありようを身体の全体で感じとる。超感性的な理性によって駆動され、想像することをやめない人間の精神の活動と、それを感じる身体の活動が生命感情において結びつくと言ってもよい。このことを『判断力批判』は身体をめぐるエピクロスの思想の部分的な承認によって示唆する。

エピクロスが主張したように、満足と苦痛はつねに、それらが想像からはじまるにせよ、それどころか悟性表象からはじまるにせよ、つまるところやはり身体的なものであるということすら否定することはできない。なぜなら、身体器官の感情を欠いた生命は、生命の現存のたんなる意識ではあるが、けっして快や不快といった感情、つまり生命諸力の促進や阻止の感情ではないからであって、というのも、心はひとりそれだけでまったくの生命（生命の原理そのもの）であり、障害や促進は心の外にと言ってもやはり人間そのものの内に、したがって〔心と〕人間の身体との結合の内に求められなければならないからである。（KU5: 277–278）

「〔心と〕人間の身体との結合」としての「わたし」。それは世界の一角に固有の位置を占め、みずからの身体を手がかりに生命を「感じるわたし」である。この「感じるわたし」は『純粋理性批判』における超越論的統覚のように、つまり「思考するわたし」一般の機能のように、世界の秩序を説明するために理論上想定されるゼロ地点ではありえない。むしろ『判断力批判』では世界内にとどめおかれ、互いに交渉する複数の「個体」こそが論じられている。カントが共通感覚の生成という表現に仮託していたのは、「生命感情」がそれぞれの身体の相対性を克服し、これらの「個体」のあいだに共有される可能性であったと思われる。

美と社会

さて、これまで『判断力批判』の感情論を「美感的」判断にそくして考察してきた。議論の焦点となってきたのは「美感的」人間による感情の共有可能性である。この共有可能性は美感的共通感覚（sensus communis *aestheticus*）の生成として論じられている（KU5:295）。

ただし、『判断力批判』は必ずしもその感情論を美的経験の分析に限定していないことに注意しておきたい。たとえば「美感的判断力の批判」の最終節、六十節において感情は「人間性（Humanität）」の構成要素として強調される。つまり、「人間とは何か」という批判哲学の根本問題に対して、カントは感情論的なアプローチを仕掛けるのである。次の引用では、人間なるものは感情を普遍的に伝達する（mitteilen）ことで「社会」を「共に（mit）」つくりあげ、社会の一部としてそれに「参画する（teilen）」ような存在者として理解されている。

> あらゆる美術の予備学は、美術の最高度の完全性が目指される限り、諸々の指令の内にあるのではなく、心の諸能力を人間的教養（humaniora）と呼ばれる基礎知識によって開化することにあると思われる。というのも、おそらく人間性とは一方では普遍的な共感の感情を意味し、他方では自分を心から、しかも普遍的に伝達することができる能力を意味するからである。これら二つの性質は共に結びつき、人間性にふさわしい社交性を形成し、この社交性によって人間性は動物的な狭隘性から区別される。（KU5:355）

一見すると美感的判断の主体は「社会」に背を向けている。その主体は対象の現存に無関心をつらぬき、外的世界のリアリティから撤退して生命感情と呼ばれるエネルギッシュな内的状態に没入しているように思われる。だが、生命感情はけっして主体を孤立させるものではない。むしろカントは、そのような没入において感じられる生命感情が自分以外の他人にもまた共有されうる、伝達されうるという可能性こそが「美」と「社会」、あるいは「趣味」と「社交性」のあいだの内的な関係を明らかにすると考えている。こうした関係は『判断力批判』においてはじめて論じられたわけではない。たとえば『人間学』は前批判期からおよそ三十年にわたって続けられた講義を編集し、公刊された著作であるが、その六十七節において「したがって趣味とは、想像力において外的な対象を社会的に判定する能力である」と述べられ、直後の文では次のように締められる。

この場合、心は想像の（したがって感性の）戯れにおいてみずからの自由を感じる。なぜなら、他人との社会的形成は自由を前提とするからである。そしてこの感情が快である。（VA7: 241）

「自由な戯れ」とは美感的判断の「根底」に想定される想像力の作用であるが（KU5: 217）、この作用は「社会的形成」の「前提」もなすと指摘されるのである。さらに、『純粋理性批判』以降の批判期に至っても「趣味」は「社会的形成」の文脈においてしばしば言及され、想像力を介して感情を伝達することが人間同士の重要な社会的相互作用として論じられる。本書の第4章はこのことを『普遍史の理念』や『憶測的始元』といった歴史哲学に関する批判期の著作の記述にしたがって示してきた。たとえ理性による相互尊重には到達していなかったとしても、人間は想像力によって共感を交わすことができる。それは「目的の国」の実現という究極目的の準備段階をなす。『憶測的始元』からもう一度引用しておこう。

たんに感覚的な刺激から観念的な刺激に移行し、たんに動物的な欲望から段階的に愛に移行し、この愛によって、たんに快適の感情から美に対する趣味に移行し、しかもはじめのうちはただ人間の美に対する趣味だったのが、やがては自然に対しても美を見出すようになる。礼節とは、よい作法（軽蔑の念を引き起こしうるものを隠すこと）によって、わたしたちに対する尊敬をほかの人々にも抱かせようとする傾向性であり、

あらゆる真の社交性の本来的な基礎である。(MA8: 113)

もちろん、『判断力批判』がこれらの歴史哲学の著作と同様の主張を繰り返しているわけではない。『判断力批判』において「趣味」は「社会的形成」の文脈からひとたび切り離され、超越論的哲学の方法にしたがってそのアプリオリな原理が探究される。だが、このことは両者の内的な関係を否定するものではない。「趣味」にせよ「社会的形成」にせよ、対象の直接的な魅力からあえて反省的な距離を取り、共有可能な心的状態をつくりだそうとする想像力の行使において変わりはない。だからこそ美感的判断の批判を通じて「趣味」の原理が見出されたとき、それは「社会的形成」の文脈と再び結びつけられることも可能となる。その結合にあたるのが前述の『判断力批判』の六十節である。美感的判断における感情の普遍的伝達は「人間性にふさわしい社交性を形づくる」。このことを指摘して『判断力批判』の前半部は締めくくられる(KU5: 355)。

こうした解釈は本書によってはじめて提示されるわけではない。もっとも重要な(そして著名な)先行研究を挙げると、ハンナ・アレントの『判断力批判』研究はいくつかの点で本書と同様の解釈を提示している。第一に、アレントは美感的判断の妥当性が「認識命題や科学的命題の持つ妥当性を有することは無い」ことを強調しており、美感的判断が反省的判断力として個別性から出発することを十分にわきまえている(Arendt 1992: 72(邦訳：111))。本書もまたこの個別性にそくして感情の伝達を論じてきたのだった(美の個別性)。第二に、アレントは個別性から出発して、美感的判断が一般性を目指すことができる理論的な根拠として想像力の「反省の作用」に注目する(Arendt 1992: 67(邦訳：101))。言うまでもなく、このことは想像力の「純然たる反省」を美感的判断の「根底」に据える本書の二層構造解釈と両立する(想像力の反省)。第三に、アレントは「反省の作用」に基づく感情の共有は美感的判断の特徴をなすのみならず、間主観的に「拡張された心性」に貢献することを指摘する(Arendt 1992: 73(邦訳：112))。この点に関しても、本書は美感的判断と社会的相互作用の内的関係を主張するものである(趣味と社交性の連関)。これらの論点は、アレントの『判断力批判』解釈が彼女の講義ノートから断片的に推察されるものであるにもかかわらず、現在まできわめて大きな影響力を持っている。ここでアレント流の解釈との違いを示しておくことは本書の立場を明らかにするためにも有効だろう。

(a) 共通感覚と想像力

まずは共通感覚と想像力の関係について考えよう。アレントは感情の普遍的伝達という「難題」を解決するために「二つの別個の能力」が要求されると指摘していた（Arendt 1992: 66（邦訳：101））。一つは想像力である。前述したようにアレントはカントの想像力の理論を「反省の作用」において捉えており、この点に関して異論は無い。問題は、この「反省の作用」からは独立した「別個の能力」として想定される共通感覚である。よく知られているように、アレントは『判断力批判』における共通感覚を「共同体感覚（community sense）」と解釈する。「道徳の問題において行為の格率が行為者の意志の質を証言するように、判断力の格率は、共同体感覚に支配された世俗的事柄に対するその人の「考え方」を証言する」（Arendt 1992: 71（邦訳：109））。

対して、わたしたちは共通感覚が想像力から独立して想定されうるとは考えていない。というのも、『判断力批判』において感情の普遍的伝達は美感的共通感覚にそくして論じられており、美感的共通感覚は「認識諸力の自由な戯れから生じる結果」として主張されるからである（KU5: 238）。また、「理性のいっそう高次の原理が〔…〕共通感覚をわたしたちの内に生みだす」という表現も重要だろう（KU5: 239–240）。いずれにせよ、カントは共通感覚を想像力の「反省の作用」から独立するものではなく、この作用によって「生成される」ものと捉えている。この点、アレントの解釈は伝達可能性を心的能力ではなく「共同体」に基づけることで、カントの批判する「卑俗な」共通感覚論に接近するおそれがある。

(b) 共通感覚の超越論的性格

カントは伝達が「普遍的に」なされうることを主張するために、理性、悟性、想像力といった認識諸能力の一般的構造が伝達を支えることを想定する。わたしたちはこのような議論の運びが『純粋理性批判』以来の超越論的哲学に特有の方法であると指摘してきた。とすると、アレントが共通感覚を想像力とは「別個の能力」と考え、これをあえて「共同体感覚」として読み替えたことは『判断力批判』の共通感覚論を経験主義的な発想に引きおろす危険を伴うことになるだろう。ジャン・フランソワ・リオタールの表現を借りるならば、アレントは「カント的〈共通感覚〉の不当な社会学的読解という代価を払っている」(Lyotard 1991: 86 (邦訳：120))。

対して、わたしたちは共通感覚を美感的判断の二層構造にそくして解釈し、この判断の「根底」にアプリオリな心的能力の構造、すなわち「認識一般に関して二つの〔想像力と悟性の〕心の力にとってもっとも有効な連関」を見出してきた (KU5: 238)。次節で考察するとおり、たしかに『判断力批判』は「趣味」と「社交性」の関係を現実の社会的相互作用にしたがって論じることがある。だがカントによれば、感情を共有し、共感を交わす社会的相互作用の経験はあくまで「感情の普遍的伝達」という規範的目標によって統整されなければならない。共通感覚を「理念」として理解せよ、というカントの言明はまさにそれを要求している (KU5: 293)。そしてこの要求が、カントの共通感覚論を経験主義から区別する条件なのである。

(c)　生命感情と身体

最後に、これはアレントの解釈に限ったことではないが、美感的判断の主体の「生命感情」、そしてそれを感じとる「身体」の要素が看過されていることが問題である。公共性をめぐるアレントの思想にとって「身体」の問題が批判的な論点になってきたことは周知のとおりである。『判断力批判』の解釈に関しては、彼女が美感的判断の主体を「注視者 (spectator)」(「鑑賞者」とも訳すことができる) という概念の伝統にしたがって理解していることに「身体」の欠落の一つの背景があると言ってよいだろう。「趣味あるいは判断力は天才の特権ではない。美的対象の現存にとっての不可欠の条件は伝達可能性である。つまり、鑑賞者の判断力が、それを欠いてはいかなる美的対象もまったく現象できなくなるような空間をつくりだすのである」(Arendt 1992: 63 (邦訳：95))。

対して、わたしたちは普遍的伝達可能性が帰属されるのが生命感情と呼ばれる特殊なタイプの感情であること、そしてこの感情は調和と呼ばれる心的状態の「しるし」として主体に解釈されることを明らかにしてきた。しかも、それは生命感情が主体の「身体」全体を震わせることによって、いわば有機的個体としての主体自身の「生命」を自覚させることによって成り立つような解釈なのである。なるほど、カントは美的経験をときに「平静な観照の心（Gemüt in ruhiger Kontemplation）」と表現する（KU5:247, 258）。これだけを読めば「注視者」の観想的態度が思い浮かぶかもしれない。だがマックリールが指摘するように、カントにとって「平静さとは受動性を強いるものではなく、そこにおいて特定の活動のバランスが取れているような均衡状態（Zustand des Gleichgewichts）にほかならない」（Makkreel 1997: 126）。

6・3　人間の能力としての想像力

社交的伝達

以上、長い道のりだったが、ようやく「感情はいかにして普遍的に伝達されうるのか」という問いに答えることができる。6・1節では、カントがこの問いを共通感覚の思想に重ねて提起していることを確認した。『判断力批判』において共通感覚とは「健全な常識」ではなく、想像力、悟性、理性といった認識諸能力の自発性によって生成される理念である。だが、共通感覚が「生成される」とはいかなる事態を意味しているのだろうか。6・2節では、このことを生命感情と呼ばれる特殊なタイプの感情の共有可能性として解釈してきた。生命感情は主体が調和と呼ばれる理想的状態にあることを、それを通じて主体自身に感じさせるような「しるし」である。この感情は心的能力の一般的構造に対する「応答」である限り、このわたしの身体だけでなく、他人の身体にとってもまた感じられうる。すなわち、共通に感覚されうるのである。

ただし、アレント流の解釈との比較によって強調されたように、こうした主張が超越論的哲学の水準において提示されていたことにいま一度、注意を払っておこう。カントによれば「共通感覚というもので理解されなければならないのは、ある共通の「感」の理念」である（KU5: 293）。人間は意志によってつねに道徳法則を立法し、それにしたがうことができるわけではない。自律とはあくまで理念である。同様に、人間はつねに純粋な美感的判断を下し、それぞれの感情を普遍的に伝達できるわけではない。感情を普遍的に伝達できること、共有できることは美感的判断の目的因に位置づけられ、有限な理性的存在者としての人間にとっては「理念」にとどまる。ならば、この「理念」はいかにして実現されるのか。ここに本章が最後に取り組む問いがある。

この問いに対して、カントは啓蒙の思想に訴えることができる。第４章で述べたように、自律を目指す実践理性の発展は自然素質の自然目的論として歴史的な啓蒙のプロセスから捉えなおされていた（4・1節）。同様に、共通感覚の生成も個体としての「美感的人間」ではなく、それらの個体の集合としての、すなわち類としての人間の歴史的な啓蒙のプロセスとして捉えなおされる余地がある。実際、カントは『判断力批判』のさまざまな箇所で社会的かつ歴史的な共通感覚の生成を論じている（そして超越論的／歴史的な観点の無造作にも思われる混在こそ、『判断力批判』の共通感覚をめぐる解釈上の難点だったとも言える）。たとえば自然美に対する関心についてカントの記述を見ていこう。本書は『判断力批判』の四十二節における自然美に対する理性の純粋な関心に繰り返し言及し、これを美感的判断の発生因として重視してきた（KU5: 299）。だがその直前の四十一節では美に対する経験的な関心が論じられている。カントによれば、この関心は経験的に社交性を促し、「社会に向けて規定された被造物としての人間の要件」を構成するという[5]。

美しいものが経験的に関心を引くのは、ただ社会においてのみである。そして社会への衝動が人間にとって自然なものであり、他方、また社会に対する適合性と性癖、すなわち社交性が、社会に向けて規定された被造物としての人間の要件として、それゆえ人間性に属する特性として容認されるなら、趣味もまた、人がそれによって自分の感情すらもほかのあらゆる人に伝達できるすべてのものの判定能力として、したがって各

人の自然的な傾向性が要求するものの促進手段として見られるということは間違いないだろう。(KU5: 296–297)

これまで本章では共通感覚を理念として位置づけ、これを美感的判断のアプリオリな原理にそくして解釈してきた。これより、理念としての共通感覚を実現するための社会的かつ歴史的なプロセスに目を転じることにしよう。それは「啓蒙の循環」をめぐる本書全体の探究にとっても重要である。

手がかりは四十一節に与えられている。おおまかに述べるならば、それは感情の相互伝達に基づく人間の社交である。『判断力批判』の五十三、五十四節はこのような伝達のありさまを再び「生命の原理」にそくして説明する。注意したいのは、カントが生命感情の喚起を経験的な美感的判断においても認めていることだろう。そこでは生命感情は超感性的な理性の要求に対する応答ではなく、「人間の総体的な生命の、したがってまた身体的な健在の、つまり健康の促進の感情」として捉えられている(KU5: 330–331)。いわば、不純な美感的判断においてなお沸きあがってくる生命の感覚が経験的な伝達の局面において論じられているのである。音楽鑑賞を例にとろう。理想的な鑑賞者は音楽作品を「反省」によって「諸感覚の美しい戯れ」として判断することができるが、現実の鑑賞者はときに「振動が〔…〕身体の弾力的部分に及ぼす効果」に影響され、作品を「快適な諸感覚の戯れ」として受容する(KU5: 324–325)。おそらくカントは後者のような受容を典型として音楽鑑賞を捉えており、「諸美術の価値をそれらが心に与える開化にしたがって評価する」ならば、「音楽はそのなかで最低の地位を占める」と述べる(KU5: 329)。だが、音楽の「快適な技術」に容赦のない非難をあびせておきながら、カントはこの技術が心に「開化を与える」可能性を否定しない。というのも、音楽のもたらす「身体の振動」は「諸器官の平衡の回復を促進に、健康に有益な影響を及ぼす」、つまり鑑賞者の生命感情を喚起する役割を担うからである(KU5: 332)。

音楽において、この戯れは身体の感覚から美感的諸理念（情動に対する諸客観）へと進み、これらの諸理念から再び身体へと、だが合一された力をもって戻って行く。冗談（これは音楽とまったく同様に、美しい技術というより快適な技術に数えられるに値するが）では、戯れはさまざまな思想からはじまり、それらがみずからを感性的に表現しようとする限り、それらは一緒になって身体をも働かせる。（KU5: 332）

卑近な例になるが、たとえばライブハウスの大騒ぎでさえ、それが鑑賞者の心身を等しく活性化させ、等しく生命を促進する限りにおいて、そこで喚起される感情を（少なくともそのとき、そのライブハウスに居合わせた鑑賞者のあいだに）伝達させる。カントによれば、「いっさいの思想には同時に身体器官の何らかの動きが調和的に結びついている」のである（KU5: 334）。この文は、「いっさいの思想（の伝達）」という言葉を補うことでその意図がより明確になるだろう。

カントが社交をけっしておだやかな会話の場面として描き出していないことの背景には、こうした伝達の理論がある。従来の研究ではほとんど指摘されてこなかったが、社交は『判断力批判』において「冗談」、「哄笑」、「軽妙さ」の交錯において論じられており、これらの「笑い」は有機的生命の「内的な運動」として理解されている。カントによれば、「その〔夜会の〕際に希望や恐れや喜びや嘲笑といったさまざまな感情が瞬間ごとに役割を交代しながら戯れるが、これらの情動はきわめて生き生きとしているから、これらによって、一つの内的な運動として、身体における全生命活動が促進されるように思われる」（KU5: 331–332）。同様の記述は公刊された『人間学』にも指摘することができる。カントは雑誌の記事から「紐を指に巻きつけるのが好きな弁護士」のエピソードを取り上げ、社交的伝達における想像力の役割を論じる。記事によれば、弁護士の会話の相手が「その紐をこっそりとそのポケットから抜きとってしまったので、その弁護士はまったく狼狽してしまい、無意味なことばかりしゃべりたてた」（VA7: 174）。この場合、カントは弁護士の紐が「心の内で興じ、また熟考に沈んだりすることができるよう、想像力を楽しませる」ものだったと考えている。実のところ、カントにとって想像力は天才の創造力のような孤立したものではなく、身体をくすぐる遊びの感覚、身体を震わせる笑いの感覚と結びついているのである（ここで、カントが活発な社交家として知られていたことを想起してよいだろう）。

念のため繰り返すと、こうした社交が身体の局所的部分としての器官感覚に依存する限り、必ずしも感情の普遍的な伝達は実現されていない。カントが述べているのは、それでもなお、わたしたちは音楽、夜会、歓談といったものを通じて想像力を楽しませ、生命を活性化させることによって、自分たちの感情を限られたサークルのなかに伝達させるということである。それは段階的に「考え方の拡張」を進めてゆくということ、あるいは理念としての「公衆」に向けてこのわたしのプライベートな身体のありよう、感情の内容を「方向づけ」てゆくということだろう。「美しい技術はそれだけで合目的であり、目的を欠いていても、それでも社交的伝達にむけて心の諸力を開化することを促進する」（KU5: 306）。

非社交性と共感

とはいえ、社交はこのように順風満帆に、よどみなく進められるものではない。『普遍史の理念』に提示された「非社交的社交性」の議論に立ち戻ろう。そこで人間の社交は明暗の二面性によって理解されていた。わたしたちは夜会のユーモアにあふれた会話をたのしみながら、反面、ときに会話の相手と自分を比較し、ねたみに苦しめられ、ひとりきりになりたいとさえ感じる（ID8: 20–21）。カントによれば、社交はわたしたちの競争心をあおりたて、「他人と比較することでのみ自分の幸・不幸を判定する自己愛」をもたらす（R6: 27）。

では、この非社交的傾向性をいかにして克服できるだろうか。それは社交のもたらす自己愛に巻きこまれつつ、それでも社交を通じて共通感覚を獲得しようとする人間の道程を示そうとする問いかけである。この問いに答えるための一つのヒントを与えてくれるのが、『判断力批判』の七年後に公刊された『道徳形而上学』における共感（teilnehmende Empfindung）の理論だろう。そこでは社交性と道徳性の関係が『判断力批判』と同じように感情の伝達の場面にそくして論じられる。カントによれば「共に喜び（Mitfreude）、共に苦しむ（Mitleid）ことは感性的感情であり、他人の満足や苦痛の状態に対する〔…〕快・不快の感情（同情、共感の感覚である）」（MS8: 456）。共感は「たんなる感受性」ではなく、互いの感情を伝達しようとする「能動性」によって特徴づけられる。わたしたちは「想像力を介して」互いの快と不快の感情をともにすることができる（MS8: 457）。この自発性が共感の本質にある。

しかし、能動的で理性的な好意を促進するための手段としてこの感受性を使用することは、条件つきではあるが特別の義務で、それは人間らしさ（Menschlichkeit, humanitas）の名で呼ばれる。〔…〕ところで、この人間らしさは、自分の感情を相互に伝達する能力や意志の内に置かれうるか（実践的人間性）、あるいは自然そのものから与えられた、満足や苦痛という共通の感情に対するたんなる感受性の内におかれうるか（美感的人間性、である。前者の感情は自由であり、それゆえ参画的（teilnehmend）と呼ばれ（感情の自由な共有（communio sentiendi liberalis））、そして実践理性に基づいている。（MS8: 456）

ここから二つの論点を抽出したい。共感における（1）自己愛からの脱却、そして（2）心的諸能力の開発である。

（1）まず、共感は自己愛に対する「抵抗力」としての役割を果たす。わたしたちは社交によって非社交的傾向性を呼びさまされ、「他人と比較することでのみ自分の幸・不幸を判定する自己愛」を抱くようになる。自己愛に基づく敵対関係に陥ると、わたしたちはそれぞれの幸福だけを優先し、他人の幸福を阻害するようになる。他方、共感によって「相互に伝達」されるのが快と不快の感情であることに注目しよう。カントによれば、快は欲求をもたらし、欲求が習慣化すると傾向性となる。そして幸福とは傾向性の充足である（A806/B834）。そうすると、わたしたちは共感によって「共に喜び、共に苦しむ」ことで、自他の幸福を同じように表象し、その充足を「共にする」可能性にひらかれる。ここに示されるのは自己愛からの脱却の可能性である。

ただし、カントは幸福を傾向性の充足であると同時に、願望の対象でもあると論じている。幸福は行為の因果的連関の向こうに想定され、欲求されるものの、その完全な実現はそれぞれの行為者にとってはかなわないものと表象される（つまり、願望の対象として表象されるほかない）（MS8: 213）。なぜなら、幸福を構成する傾向性はきわめて多様であり、かつ移ろいやすく、傾向性を充足するための行為の因果的連関もまた複雑をきわめるからである（G4: 399）。「不幸なことに、幸福の概念はきわめて曖昧な概念であって、人間は誰でも幸福を得たいと願望するが、かれが本来願望し意欲しているのが何であるかを、はっきりと自分自身にも納得するかたちで述べることはけっしてできない」（G4: 417–418）。したがって、いかにわたしたちが互いの感情を「想像力を介して」伝達しようとしても、つまり共感しようとしても、なお幸福の表象は「想像力の理想」にとどまる（G4: 418）。

(2) だからこそ、カントは共感を「開発」すること、正確には共感の条件となる心的諸能力を「開発」することの必要性を主張する。それは「間接的な義務」であるとさえ述べる。共感が「たんなる感受性」に過ぎないならばこのような開発の必要性は主張されることはない。共感は状況や身体の類似性にしたがって「近くに暮らしている人間のところに自然に広がってゆく」だろう。対して、『道徳形而上学』において主張されているのは明らかに規範的な事態であり、心的能力の自発性に基づく普遍的な感情の伝達である。普遍的な伝達とはつまり、見知らぬ「病室や罪人の獄舎」に住まう他人とさえ、「共に喜び、共に苦しむ」ことにほかならない（MS8: 457）。

> 他人と共に苦しむこと（そしてまた、共に喜ぶこと）は、それ自体としては義務ではないにせよ、わたしたちの内にある、共に苦しむという自然な（美感的）感情を開発し、そしてその感情を道徳的原則と、それに適合した感情とに基づく共感への十分な手段として利用することは、他人の運命に対する能動的な参画であり、それゆえ結局のところ間接的な義務である。（ebd.）

わたしたちは、批判期のカントのさまざまなテクストの解釈を通じて心的諸能力が「（美感的）感情」の伝達によって開発されることを示してきた。すでに『普遍史の理念』では「あらゆる才能が少しずつ伸ばされ、趣味が形成され、繰り返される啓蒙によって思考方法がつくりあげられる」自然目的論が言及されていたことを思い出そう（ID8: 21）。『判断力批判』では、「思考方法がつくりあげられる」その道程が美感的感情の社交的伝達として示された。もう一度『判断力批判』から引用すると、「美しい技術はそれだけで合目的的であり、目的を欠いていても、それでも社交的伝達にむけて心の諸力を開化することを促進する」のである（KU5: 306）[6]。これらの記述では、たとえ思想を概念によって普遍的に伝達できなかったとしても、なお感情を公衆に向けて方向づけ、共感することの可能性が語られている。たとえ自然素質としての実践理性が完全な発展を遂げていなかったとしても、想像力と身体をそなえた人間は社交的伝達を通じて共同体を段階的に拡張させることができる。それは完全な理性的存在者を構成員とする「目的の国」から区別されながら、なお「目的の国」の理念に向けて漸進的に接近してゆき、その実現を「準備する」有限な理性的存在者の共同体である。

もちろん『啓蒙とは何か』が強調するように、趣味を通じた社交的伝達の拡張は一つの世代、一人の個人によってのみ達成されうるものではない。集団的かつ長期的に啓蒙は進展する。類としての人間は社交において自己愛に基づく諸目的の比較をおこなうが（非社交性）、趣味を通じた諸能力の開発によって共感に基づく自他の幸福の実現に方向づけられ、そして幸福の実現のために自他の諸目的の促進に向かうのである（社交性）。

非社交的社交性と人間性

最後に、以上の議論を「人間性（Menschheit）」と「人間らしさ（Menschlichkeit）」の観点から考察しておきたい。本書の第3章で論じられたように、カントは人間性を動物性と人格性との比較によって特徴づけている（3・1節参照）。動物性はわたしたちの本能的な欲求に関わる。これを充足しようとする衝動はいかなる理性の発揮にも先行しており、この充足は「理性を必要としていない」（R6: 26）。他方、人格性は「それだけで実践的な、すなわち無制約に立法する理性」に基づく（R6: 28）。それは自律が実現された状態であり、理念としての「目的の国」の構成員に帰属される。これら、動物性と人格性の中間に人間性はある。わたしたちはこの中間的性格を目的の設定という実践の局面に見出してきた。カントによれば、人間は目的の設定を通じて人間性の「技術的素質」だけでなく「実用的素質」を発揮する（VA7: 323–324）。後者の素質はすなわち、社会関係において互いの目的を比較し、諸目的を体系的に把握しようとする人間の「怜悧」である。この怜悧には、もはや本能にしたがった「理性を必要としない自己愛」は見出されない。人間は「他人と比較することでのみ自分の幸・不幸を判定する自己愛」に基づき、「他人の意見において自分に価値を与えようとする傾向性」を抱くようになる。つまり、非社交的になるのである。

人間性（Menschheit）の素質は、自然的ではあるが比較する自己愛という一般的項目に入れることができる。つまり他人と比較することでのみ自分の幸・不幸を判定する自己愛である。この自己愛からくるのが他人の意見において自分に価値を与えようとする傾向性であって、しかも、もともとは平等という価値を与えようとして、自分に対する優越を誰にも認めようとしない傾向性で、これには、自分に対する優位を他人が獲得したがっているかもしれないという懸念がたえず結びついており、ここから、他人に対する優越を得ようとする不当な欲望が次第に生じてくる。（R6: 26）

人間性（Menschheit）における非社交的傾向性を克服する過程の一つの可能性を、本書は第4章から第6章にかけて検討してきた。簡潔に述べると、それは想像力と身体に基づき、感情が社交的に伝達される過程である。そして興味深いのは、このような感情の社交的伝達が批判後期のテクストにおいて人間の人間らしさ（Menschlichkeit）として表現されていることだろう。再び『道徳形而上学』から引用したい。

〔共感の義務は〕人間らしさ（Menschlichkeit, humanitas）の名で呼ばれる。なぜなら人間はこの場合、たんに理性的存在者としてだけでなく、理性を与えられた動物としてみられるからである（als mit Vernunft begabtes Tier betrachtet wird）。ところで、この人間らしさは、自分の感情を相互に伝達する能力や意志の内に置かれうるか（実践的人間性）、あるいは自然そのものから与えられた、満足や苦痛という共通の感情に対するたんなる感受性の内におかれうるか（美感的人間性）、である。（MS8: 456）

Menschheit と Menschlichkeit はいずれもラテン語の humanitas に由来するものでありながら、一方は人間の非社交性を、他方は人間の社交性を示唆している。ここに人間をめぐるカントの洞察がある。この洞察が看過された結果、しばしばカントの実践哲学は感性的な欲求と理性的な義務の単純な二分法において理解されてきた。二分法から導かれるのは実践理性の自律によって感性的な傾向性を克服するという無時間的な道徳形而上学の構想である。それは古くはショーペンハウアーやシラー、近年ではマッキンタイアやブラックバーンによって揶揄されるカント的義務論に過ぎない。実際のカント、とりわけ『判断力批判』以降のカントは違う。カントの批判哲学はそのような二分法の「中間」のありよう、そして一方から他方への「移行」の過程を humanitas にそくして明らかにしている。たとえば公刊された『人間学』では、人間が「理性能力を与えられた動物（animal rationabile）」として「理性的動物（animal rationale）」から区別されていた（VA7: 321）。この区別について、クラウス・コンハルトは animal rationabile が「理性を持ってはいるけれども、言葉の完全な意味で「有限な理性的存在者」というステータス、すなわち animal rationale のステータスに到達するために何よりもまず努めなければならない生物」であると指摘している（Konhardt 2004: 418）[7]。本書はこの到達に至る過程を共感に基づく感情の社交的伝達として提示したのだった。それは animal rationabile が Menschlichkeit によって共通感覚を獲得しようと努める相互作用の過程である。

ただし、Menschlichkeit が『基礎づけ』や『実践理性批判』では主題化されていないことに注意しよう。感情の社交的伝達は、感情をめぐる批判後期の思想の変化を待ってはじめて示される。この意味において、実践理性の目的設定としての Menschheit から感情の相互伝達としての Menschlichkeit への移行は、批判哲学の深化の過程でもあった。

いまや、このような批判哲学の深化の背景に想像力の理論的進展があったことは明らかだろう。異なる二者の「中間」あるいは二者の「媒介」という論点は、少なくともカントの理論哲学に関しては『純粋理性批判』において確立されていた。この論点に応えたのは感性と悟性のあいだの中間的能力としての想像力の綜合であり、綜合によって産出される図式の理論である（第1章、第2章参照）。他方、想像力の理論はひとたび綜合の作用に中心化されたために、かえって『基礎づけ』や『実践理性批判』といった実践哲学の著作においては後景に退き、主題として論じられることはなかった。結果としてカントの実践哲学は「啓蒙の循環」、あるいはその一種としての「自律の循環」の問題を抱えこむことになる（第3章参照）。だが、カントの想像力の理論は実践哲学の主著よりも、むしろ歴史哲学の小論において進展を遂げた。すでに『普遍史の理念』では自然素質としての実践理性の発展が論じられ、『憶測的始元』や『方位論文』ではこの発展に想像力が貢献しうることが示唆される。これらの小論では、想像力の反省によって感情が公衆に向けて方向づけられ、人間同士の社交的伝達が可能となる見通しが語られるのである（第4章参照）。そしてこの見通しを超越論的哲学の立場から根拠づけたのが『判断力批判』だった。カントは美感的判断において綜合の理論とは異なる「想像力の自由」を主張し、そこでは美的対象の合目的性を反省しようとする心の自発性が提示される（第5章参照）。本章はこの自発性に対する「気づき」、あるいは「応答」として『判断力批判』の感情の理論を解釈してきた。人間は感情的反応に支配された動物でも、肉体から解放された神聖な理性的存在者でもない。その「中間」である。カントによれば、人間とは想像力と身体をそなえた有限な理性的存在者として、普遍的伝達を目指す animal rationabile なのである。

ここに至って批判哲学は啓蒙の循環という課題に応答する。人間は根源悪としての自己愛を克服するためにあらかじめ完全な理性的存在者でなくてよい。目的の国を実現するためにあらかじめ目的の国の構成員でなくてもよい。根源悪が「人間性」によって生まれるのならば、やはり「人間らしい」感情の相互伝達によってそれは克服されうる。本書冒頭にも掲げたように、カントは批判哲学全体を牽引する問いとして(1)わたしは何を知りうるか、(2) わたしは何をなすべきか、(3) わたしは何を望むことが許されるか、という三つを挙げ、これらがいずれも(4) 人間とは何か、という問いに「関係する」と主張した (JL9: 25)。本書は想像力と感情に照明をあてることによってこの最後の問いを検討してきた。それなりに長い道程ではあったが、その成果は一言に要約できるだろう。人間とは想像力と身体を介して相互作用を継続し、他人と共に時間をかけてみずからを啓蒙することのできる存在者である。

結論　想像力の哲学

本書は二つの目的を持っていた。一つは「啓蒙の循環」と呼ばれる問題を指摘し、この問題に対する応答をカントの著作から抽出すること。もう一つはカントの批判哲学における「想像力」の全体像を示すことである。二つの目的は不可分に結びついており、想像力という能力を考察することなくカントの啓蒙思想を解釈することも、啓蒙の思想と関係を結ぶことなく想像力の理論を理解することもできない。序論で予告されたように、本書は後者の「想像力」の問題をカントの理論哲学、実践哲学、そして『判断力批判』の構想にしたがって考えることによって前者の「啓蒙の循環」の問題の解決を試みてきた。最後に本書全体の成果を集約した上で、あらためてカントの批判哲学を「想像力の哲学」として提示しよう。

想像力の射程

多くの著作をひもとき、多くの議論を検討してきた。結局のところ想像力とはいかなる能力だったのだろうか。一言で述べるなら、想像力とは異なる二者を媒介する能力である。ただし、「異なる二者」の内容は一義的に定まってはいない。人間が認識、実践、あるいは美といった多様な領域をまたいで活動する存在者である限り、その活動に応じて「異なる二者」の内容も多様である。したがって、人間の想像力はさまざまに「異なる二者」を媒介する多元的な能力であることになるだろうし、ひるがえってこの能力から、人間という多面的な存在者に迫ることもできるだろう。

そのために、人間の認識の活動に焦点を絞ることから始めたのが本書の第一部である。ここでは認識の自発性としての「理性的なもの」、そして認識の素材を受容する能力としての「感性的なもの」が「異なる二者」として前提される。ただし、これらの二者は想像力によってただ媒介されるだけではない。むしろ「理性的なもの」と「感性的なもの」が、いずれも想像力の媒介によってはじめてそれぞれの能力の働きを実現させる、という主張に想像力の「綜合」の理論の独創性があった。理性的に何かを推論するためには、そして感性的に何かを受けとめるためには、まずもって「世界」の経験を可能とする想像力の全体論的な綜合が機能していなければならない。超越論的、とも形容される批判哲学の方法の核心に綜合の理論が据えられているのである。さらに本書の解釈によれば、想像力が綜合によって「世界」の現象に働きかけようとするとき、そのような働きかけの主体としての「わたし」もまた意識される。そこで意識されるのは、何かに動かされるのではなく、みずから動くことのできる主体性の萌芽としての「わたし」である。この「わたし」はあらゆる個性を剥ぎ取られ、身体的条件まで捨象された「純然たる想像力の主体」に過ぎない。それだけのものに過ぎないからこそ、「わたし」を実体化する従来の形而上学の誤謬を免れることができる。「世界」の秩序ある現象だけでなく、批判的に制御された「わたし」の主体性の意識をもたらすのが想像力の綜合なのである。

したがって、カントの想像力に関する通説とは異なり、想像力の理論は実践哲学の構想から排除されているわけではない。それどころか、想像力を行使する人間の主体性から実践の活動は論じ起こされていると言ってよい。本書の第二部はこのことを確認した上で、しかし実践的活動の規範的な目標は想像力の理論に依拠していないことに注意を促した。なぜなら、カントは実践の最高原理としての「自律」の理念が感性を有し、想像力を働かせる人間の現実的制約からさしあたっては独立すると考えているからである。つまり、人間がなすべき行為の規範は「理性的なもの」の立法によってのみ定められる。では、実践哲学は人間の心のもう一方の能力、すなわち「感性的なもの」を行為の局面において媒介する必要はないのだろうか。そうではないことを本書は示してきた。

歴史をめぐるカントの思考を追跡しつつ、本書の第二部は規範的目標そのものではなく、この目標に対する漸進的接近において想像力が役割を担うという解釈を擁護した。人間は「目的の国」と呼ばれる理想的な共同体の構成員では（今のところ）ない。だが「わたし」が孤立した行為者として未成熟であったとしても、「わたしたち」は想像力を介して他人と社会関係を結び、相互理解を通じて理念としての「目的の国」に接近することができる。このプロセスにおいて、想像力は行為者の「感性的なもの」に働きかけ、社会関係を「理性的なもの」に方向づける。ここに啓蒙の社会的かつ歴史的な性格がある。

しかし、このように「感性的なもの」との媒介に訴えることはカントのアプリオリズムを骨抜きにしてしまい、その実践哲学を経験主義に引きずりおろすことにならないだろうか。この疑念に対して、本書の第三部は「自律」への漸進的接近を可能とする社会的共同性に超越論的な根拠を与えることによって答えた。『判断力批判』によれば、美的経験に際してわたしたちは感情を普遍的に伝達することができる。ただし、感情を伝達することができるという理論的想定、あるいは伝達されなければならないという規範的主張は共同体の慣習や、健全な常識によって経験的に正当化されるものではない。普遍的に伝達されうる感情の「根底」には想像力の自由な行使があり、このことは経験的事実から独立した美感的判断の原理であるとされる。想像力は普遍性を志向する理性と、身体に根ざした感情という「異なる二者」を媒介するのである。こうした主張は美的経験にそくして提示されているが、啓蒙の思想においてそれ以上の射程を有する。事実、『判断力批判』は社会関係の基礎に感情の普遍的伝達可能性を見出し、この可能性に人間の人間性を認めている。理性によって理性を啓蒙するという自己言及的な思想は、未成熟な理性的存在者としての「人間」を循環に巻きこむかに見えた。だが未成熟であったとしても、人間は想像力を媒介として感情を交わし合い、社会関係の形成を通じて啓蒙をなお前進させることができる。このように想像力を「原動力」とすることによって、啓蒙の思想は本来のダイナミズムを獲得するのである。

二重のコペルニクス的転回

こうして本書の成果を振り返ると、あらためて想像力が人間のさまざまな活動に領域横断的に働きかける能力であることが明らかとなる。この点、現在に至るまでカントの想像力研究にもっとも大きな影響力を及ぼしてきたハイデガーの解釈は、想像力の多様な働きをあえて超越論的な「綜合」に切り詰め、これを「統一と全体性とにおける人間的主体性の根源的根拠」として抽出しようとする「形而上学的」解釈によって特徴づけられる(Heidegger 1929: 172)。他方、この解釈に対して批判的な態度をつらぬいたのは（近年あまり顧みられることがないが）カッシーラーのカント研究である。[1] カッシーラーはハイデガーと同様に「人間学的」解釈に対する「形而上学的」解釈の優位を認めながら、「カントの新しい形而上学」を「根底にあるもの（Zugrundeliegende）」ではなく、むしろ「機能的な規定と意義を有する多面体（Mannigfaltigkeit von funktionellen Bestimmungen und Bedeutungen）」から理解することを提案する。「コペルニクス的転回の新しさは、もはや諸々の存在構造のうちただ一つのものだけが存在するのではなく、わたしたちがさまざまな存在構造を持つという点にあると思われる。新しい存在構造のすべてはそれぞれ新たにアプリオリな前提を持つのである」[2]。カッシーラーは批判哲学における「コペルニクス的転回」を、人間と世界の関係の回転だけではない、いわば人間という多面体そのものをくるくると回転させる「二重の回転運動」に見て取ろうとしていた。このような示唆の延長線上に本書の解釈はある。本書もまた想像力を理論理性、実践理性、そして美感的判断（反省的判断力）との関係において領域横断的に論じることを通じて、想像力をそなえ、行使する人間をその「多面性」において考えてきたのだった。

この観点から、わたしたちは人間の想像力の特徴として「異なる二者」の媒介に加え、さらに二点を挙げることができるだろう。

一つは、その生産的性格である。想像力の「綜合」にせよ「反省」にせよ、人間はそれらの作用によってみずからの心の機能を複雑に分化させ、新たな秩序を獲得することができる。これまで多くの『純粋理性批判』研究が指摘してきたように、現象の総体に「自然」と呼ばれる合法則的な連関を与えるのも、また心の機能に「わたし」としての同一性の意識を与えるのも想像力の「生産的綜合」にほかならない。ただし本書の検討から示されるのは、人間の多面的な活動に目を転じるとき、想像力の生産的性格は理論哲学の枠を超えて広くカントの批判哲学にゆきわたっていることである。たとえば「傾向性」と表現される人間の行為指針の傾きは、けっして本能の直接性によって規定されているわけではない。むしろカントの洞察によれば、傾向性とは想像力を介して対象の直接的な魅力から反省的な距離を取ることではじめて獲得されるものであり、未成熟であれ、そこには行為者の理性的な自己支配の芽生えが見出される。また「共通感覚」という謎めいた、しかし『判断力批判』の感情論にとって決定的な概念を分析すると、それもやはり想像力と悟性の行使によって生成されることが見えてくる。何かを共通に感覚することができるためには想像力を自由に行使することができなければならず、その行使がわたしたちを独りよがりな視野狭窄の状態から解放し、それぞれの実践理性を「普遍的な立場」に向けて拡張してゆくとカントは考えているのである。

生産的な、つまりクリエイティブな想像力という発想自体はパンタシアー、イマギナティオー以来の知的伝統にしたがったものであり、必ずしもカントの独創ではない。カントの生きた十八世紀においても、バウムガルテン、テーテンスといった哲学者はそれぞれの表象理論において「創作能力（facultas fingendi）」あるいは「創作力（Dichtungskraft）」への考察を深めていた。これらの哲学者の分析を継承しつつ、想像力の生産的性格を「実践理性の発展」という啓蒙の思想の中心問題に結びつけたところに批判哲学の着想がある。

カントにおける想像力の特徴として、もう一つ挙げられるのはその歴史的性格である。「実践理性の発展」が個人の努力ではなく、あくまで集団的かつ歴史的な前進として想定されていたことを思い出してほしい。『憶測的始元』で述べられるように、人間の人生はあまりにも短い（MA8: 122）。わずかな人生のなかでなしうることなど知れている。それでも人間は、想像力によって可能となる社会的共同を通じて個人の有限な生を超出しようと試みる。「歴史の始元」において原初的な結合としてのみ認められた社会関係は、想像力を交わし合い、共感を働かせる人間同士の相互作用を通じて段階的に洗練され、やがてコスモポリタン的な共同体の理念に方向づけられるのである。ここに至って、想像力の中間的性格もまた新たな意味を帯びるだろう。それはヴォルフが述べたような（そして前批判期のカントも踏襲したような）、上位認識能力と下位認識能力の中間に位置するだけの能力ではない。認識の活動のみならず、行為の実践、そして美の経験にも注目するならば、想像力の中間的性格は歴史的な時間軸から捉えなおされることになる。それは「歴史の始元」と「歴史の終わり」の中間、「自然の後見」と「自由の状態」の中間にあって、前者から後者への「移行」を促すことのできる能力である。

カントの想像力の理論はその社会性においてヒュームやスミスを受け継ぎ、また歴史性においてディルタイを準備する。本書では十分に論じることができなかったが、十八世紀から十九世紀に至る想像力の思想史からカントの批判哲学を再考することは今後の課題である。

想像力の哲学

楽観と悲観、その両極に奇妙にも分裂しているかのようなカントを描き出すことから本書の考察は始まった。実践理性の発展を主張する一方、人間本性の堕落について嘆息する。共和制の政治的理念をかかげる一方、人類史の災悪に「悲しみを感じる」ことを告白する（MA8: 120–121）。道徳法則のリアリティを疑わない一方、「モラリストたちのお人好しな仮説」は退ける（R6: 20）。一方だけに光をあて、カントを楽観的な理性主義者として論じることも、あるいは他方の悲観的な、ほとんど厭世的にも見えるカントの人間嫌いを語ることもできるかもしれないが、いずれも俗説にありふれた単純化ではある。

しかし、カントの著作を注意深く読み進めていくと、その哲学の実態は両極のいずれにもないことがわかる。人間に胚胎する悪、そして文明社会の堕落、これらに直面することによって批判的に抑制された啓蒙の思想がカントの哲学を動かしている。楽観的にも見える理性主義と、悲観的にも思われる文明批判は、互いにせめぎ合い、あるいは牽制しつつ、きわどいところで理念への現実的な接近の道を残している。

この接近はもちろん個人の意識と無関係なものではない。また、個人を法的に強制し、教育的に矯正する社会制度の立案や改善とも深く関与しているだろう。生涯にわたって政治上の諸制度、あるいは教育上の諸問題に関心を寄せ、苛烈な論争を通じて具体的な提言をやめなかったカントは「啓蒙の制度論」とも言うべき理論を組み立てていた。ただし、本書がその上でカントの著作から読み取ってきたのは、たとえ制度上の改善がなされたとしてもなお消去することのできない人間の傾向性、すなわち制度を蹂躙し、市民社会の秩序を分断しようとする非社交性の危機である。それは理性に基づく人間性に「芽生える」傾向性であるからこそ、理性によっては容易に取り除くことができない。非社交性の問題は、社会契約論の伝統にしたがって述べるならば「契約後の脅威」ということになるだろうし、二十一世紀を生きるわたしたちにとっては「相互不信の危機」とも表現されうるものだろう。カントはなぜこの危機を感知することができたのか。それは「理性の世紀」とも呼ばれる輝かしい時代にあって、善意志だけなく、根源悪もまた理性から発芽することを鋭敏に察知していたからである。その意味で、カントの理性主義は規範を立法する理性の力、そして規範から逸脱する非社交性のいずれも胚胎した緊張のただなかにある。

「想像力の哲学」はこのような緊張から生まれてくる。感性と理性を兼ねそなえた中間的存在者としての人間の、やはり中間的な能力として想像力は行使される。それは一方では感性に働きかけ、感情を喚起するが、他方では理性の力にしたがい、欲求を制御する。想像力を行使することによって人間は社会的共同におもむき、非社交性の危機を乗り越えようとする。

たしかにカントの批判哲学において、とりわけ実践哲学の構想において想像力の意義はこれまで看過される傾向にあった。一つの背景として、自律の理念的性格が強調されるあまり、その実践哲学がしばしば個人主義的かつ無時間的な構想として解釈されてきたことを指摘できるだろう。しかし、実践哲学をつらぬく啓蒙のプロジェクトが個人ではなく集団によって遂行され、しかもその遂行が歴史的な時間軸にしたがってなされる以上、社会的かつ歴史的な能力としての想像力がこのプロジェクトにおいて決定的な役割を担うことは不思議なことではない。だからこそカントは『判断力批判』、『道徳形而上学』といった晩年の著作を中心に、想像力を媒介とした感情の伝達可能性、また伝達に支えられる社会的共同性を人間の人間性として捉えなおそうとする。ここには、感情、身体、生命といったトピックを含む広義の感性論を、人間がみずからに課す規範との関わりにおいて再考しようとする批判哲学の思想的な深化がある。本書の試みは想像力を基軸としてその深化の過程を裏づけ、いわば Ästhetik と Ethik の交わるところにカントの啓蒙の思想を位置づけることにあった。

「想像力の哲学」とは何か。それは媒介するダイナミズムの哲学である。あるものとあるものを分化させ、切り分けるカントの批判哲学は、ひとたびは分け隔てられたものを再び媒介し、統合することを目指す。この要請に応えるのが想像力である。想像力はそれ自体として心的能力でありながら、認識能力、欲求能力、感情といった多面的な人間の心的能力のシステムにまたをかけ、それらを媒介する力を持っている。そして、このシステムを潜在させるそれぞれの個人を社会的共同に媒介し、さらに普遍的な共同体の理念へ方向づけてゆく。幾重にも媒介する想像力の運動こそ啓蒙の起点であり、啓蒙の推進力なのである。

謝辞

本書は京都大学大学院文学研究科に提出された博士学位請求論文に修正をほどこし、加筆したものである。指導教官であった水谷雅彦先生には、本書の主題の一つである「啓蒙の循環」の着想を与えていただいた。理性主義と呼ばれる立場に（子供じみた）反発を覚え、感情主義の哲学に傾斜していたわたしにとって、啓蒙思想の急所をとらえ「理性」なるものの再考を促す水谷先生の洞察は、まさしく研究の道しるべとなるものだった。長年にわたる、厳しくも愉快なご指導に心より感謝申し上げる。

哲学に触れるようになってから、数多くの方々に出会い、教えを受けてきた。文体の面でどうしても折り合いの悪いカントの文章を、それでも読みつづけることができたのは、原典の解釈をめぐって学友と議論を重ねることができたからである。研究を支えてくださった人々の名前をすべて挙げることはできないが、まだ十代だったわたしを『純粋理性批判』の読書会に招き入れ、緻密な解釈の凄みをはじめて教えてくれた秋葉剛史さん、植村玄輝さん、村井忠康さん、そしてカントの実践哲学の魅力を、ご自身の実践の迫力とともに伝えてくださった樽井正義先生に、この場を借りて御礼を申し上げたい。

慶應義塾大学出版会の片原良子さんには、「想像力」という本書のもう一つの主題に関心を寄せてもらい、出版に至るまで並走していただいた。片原さんの明晰なコメント、あたたかな励ましがなければ、新しい読者に向けて博士論文を書きなおすことはできなかっただろう。本書の執筆にあたっては、三年前に京都市立芸術大学に赴任して以来、毎日のように交わした学生の皆さんとの会話がいちばんの力の源になっている。虚飾なく考え、地道に手を動かすことの難しさも、楽しさも、制作や研究に打ちこむ学生たちから教わった。

最後に、本書の出版に際しては京都大学総長裁量経費・若手研究者出版助成事業、ならびに京都大学大学院文学研究科の「卓越した課程博士論文出版助成制度」による助成を受けた。ここに謝意を表する。

永守 伸年（ながもり のぶとし）

1984年生まれ。京都市立芸術大学美術学部講師。京都大学大学院文学研究科博士後期課程修了。博士（文学）。専門は18世紀ヨーロッパ哲学のほか，信頼研究，障害学，現代倫理学など。著書に『モラルサイコロジー――心と行動から探る倫理学』（共著，春秋社，2016），『信頼を考える――リヴァイアサンから人工知能まで』（共著，勁草書房，2018），『メタ倫理学の最前線』（共著，勁草書房，2019）。

カント　未成熟な人間のための思想
　――想像力の哲学

2019年9月30日　初版第1刷発行

著　者――――永守伸年
発行者――――依田俊之
発行所――――慶應義塾大学出版会株式会社
〒108-8346　東京都港区三田2-19-30
TEL〔編集部〕03-3451-0931
〔営業部〕03-3451-3584〈ご注文〉
〔　〃　〕03-3451-6926
FAX〔営業部〕03-3451-3122
振替　00190-8-155497
http://www.keio-up.co.jp/
装　丁――――岡部正裕（voids）
印刷・製本――株式会社理想社
カバー印刷――株式会社太平印刷社

Printed in Japan　ISBN 978-4-7664-2627-4

事項索引

◈タ行

◈ナ行

人名索引

注

第1章

1 カントの判断論は『イェッシェ論理学』の十七節においても的確に要約されている。「判断とはさまざまな表象についての意識の統一を表象すること、あるいはさまざまな表象が一つの概念を形成する限りで、そうした諸表象のあいだの関係を表象することである」(JL9: 101)。

2 ただし、『純粋理性批判』の「演繹論」と「パラロギスムス」でなされる議論を詳細に分析するならば、綜合と自己意識の関係はここに「「一つの意識」の条件」として示される内容よりも複雑である。この点について本書の第2章では、カントの記述から「綜合が自己意識にとって必要条件である」という主張と「綜合が自己意識にとって十分条件である」という主張の二つを引き出し、その上で両者が両立可能であることを示す(2・2節参照)。

3 包括的/個別的綜合の区別は、アンドリュー・ブルックの『純粋理性批判』研究における包括的/個別的表象の区別を援用したものである。ブルックは「一つの経験(one single experience)」(A110)というカントのアイデアを説明するために、この経験を「包括的表象(global representation)」と解釈する。それは「さまざまな特殊的諸表象ならびに/あるいはその諸表象内容・諸表象対象を、一つの包括的対象(single global object)として有するような表象」として定義される(Brook 1994: 33)。

4 第一版と第二版の違いについては、本書は少なくとも想像力の理論に関して、両版のあいだに決定的な違いは無いという解釈を採用しておきたい。しばしば第一版の心理学的な要素を払拭したと言われる「演繹論第二版」においてさえ、二十四節では「悟性的結合(synthesis intellectualis)」から区別されて「形象的綜合(synthesis speciosa)」の意義が打ち出される(B151)。本書の1・2節では、この「形象的綜合」を想像力に帰属させた上で、「演繹論第二版」における想像力の作用にも言及する。

5 従来「条件の遡及」は、主としてカントの実践哲学における道徳の最高原理の導出に関して読みこまれてきた議論の手続きである。詳細は『道徳形而上学の基礎づけ』の議論構造をめぐる本書の第3章、とりわけ3・2節の議論を参照。

6 ハイデガーによれば、このように根源的な自発性を表現する言葉としては、「概観(Synopsis)」よりもむしろ「統与(Syndosis)」という言葉が語源的にふさわしい(Heidegger 1977: 135)。

7 「形式的直観」と「直観形式」の区別に関する重要な先行研究として、パウル・ナトルプ(Natorp 1923)、マイケル・フリードマン(Friedman 1992)、山根雄一郎(山根 2005)の研究を参照。

8　ワックスマンは、受容性としての概観が「空間・時間というもっとも純粋で最初の基本表象」（A99）に先立って、「絶対的に形式を欠いた、表象の原初の質料（representational primary matter）」を与えると解釈する。ワックスマンはこの「原初の質料」という所与性を認めることが、「カントが矛盾に陥ることなく〔観念論と実在論という〕二つの要求を満たしうる唯一の道」であると主張する（Waxman 1991: 220）。

9　ヒューム（Hume 1748: 15, 24）を参照。当時のドイツ語圏におけるヒュームの著作の出版状況については、（増山 2013）がゆきとどいた分析を加えている。

10　本書ではカントの想像力の理論に及ぼしたテーテンスの影響を考察することはできないが、テーテンスの『人間本性とその展開に関する哲学的試論』については、（辻 2013）における解説と抄訳を参照。

11　マックリールはバウムガルテンの『形而上学』における phantasia と前批判期のカントの形而上学講義における Bildungsvermögen を詳細に比較検討し、前者から後者への影響関係を裏づけている（Makkreel 1997: 22–29）。

12「わたしは構想を結びつけることによって、また分離することによって、つまり、ある知覚の一つの部分にだけ注意を向けることによって、創作する（fingo）。それゆえにわたしは創作能力（facultas fingendi）、すなわち創作力（poetica）を持っている」（Baumgarten 1779: § 589）。バウムガルテンの『形而上学』の検討にあたっては、『アカデミー版カント全集』十五巻ならびに十七巻に収録されているテクストも参照した。また、この引用部の重要性は松本長彦の論文に教えられた（松本 2008: 97）。

13　本章はカントの判断論を解釈するにあたって、とりわけ二つの研究に影響を受け、その成果を部分的に援用している。一つは、連想と判断を区別するセバスティアン・レードルの指摘（Rödl 2013: 214）、もう一つは判断と推論の関係をめぐるベアトリス・ロングネスの指摘である（Longuenesse 1998: 91）。

14　前述したように、この区別はアンドリュー・ブルックの研究を援用したものである（Brook 1994: 33）。本書がこの区別を援用するのは、「再認の綜合」と「再生の綜合」はしばしば超越論的綜合と経験的綜合として区別されるが、実は「再認の綜合」においてもさらに個別的綜合と包括的綜合が見出されること、そして包括的綜合こそ超越論的統覚との関係において論じられるべきことを明らかにするためである。

15　ストローソンの論文「想像力と知覚」における綜合の理論については（永守 2009）を参照。

第 2 章

1　ただし正確に述べるならば、本書は(5)の純粋趣味判断の主体についてはその想像力の働きにおいて、そして感情を感じとる身体において個別性を失わないと考えている。この点については本書の 6・2 節を参照。

2 「理性の公的使用」については3・1節参照。

3 本書は自己意識をめぐる二つの主張を抽出するにあたって、ベアトリス・ロングネスが (Longuenesse 2017) で提示した『純粋理性批判』における「SY→I原則」と「I→SY原則」を参照している。ただし、二つの原則の定式化にあたっては、本書の第1章で導入された想像力の個別的／包括的綜合がそれぞれの原則の内容と対応するよう改変した。

4 カントの自己意識論はP. F. ストローソンの「演繹論」解釈以降、経験の客観性との結びつきにおいて盛んに論じられてきた。この論点に関する「オックスフォード新カント主義」の議論の内容、そしてその批判的検討については（村井 2015）を参照。

5 この状況は、ジョン・ペリーの挙げる事例を引用している（Perry 1993: 33)。

6 第一版「パラロギスムス」の第三誤謬推理では、小前提が「ところで、魂は云々（Nun ist die Seele usw)」という表現において省略されているため、第一誤謬推理、第二誤謬推理の小前提の内容と対応させつつ省略部を補った。

7 カントのデカルト解釈の批判的検討として（Beyssade 2008）を参照。

8 「演繹論」と「パラロギスムス」の内的な関係は多くのコメンタリーにおいてすでに指摘されてきた。一例として、ケンプ・スミスの研究を挙げておきたい（Kemp Smith 1918: 456)。

9 もちろん、批判期におけるカントの自由概念は本章で列挙したものに限定されるものではない。たとえ『道徳形而上学の基礎づけ』に限定したとしても、明示的に語られるわけではないが、いわゆる「選択意志の自由」が見出されることが指摘されてきた。この自由については第3章で論じる。

10 オノラ・オニールは、『道徳形而上学の基礎づけ』第三章でなされているカントの論証をいわゆる二世界説の存在論（two worlds theory）ではなく、自然主義的観点から実践的観点への批判的転換としてみなしている。そのような批判的転換がオニールの述べるようにわたしたち人間の行為者性（agency）によって要求されるならば、この解釈は行為者の一人称的自己理解に基づく本書の解釈と親和性を持つことになるだろう（O'Neill 1989: 62–63)。

第3章

1 「怜悧の命法」については3・2節での説明も参照。

2 カントの「自己愛」概念をめぐるルソーの影響について、本書はこの引用箇所の重要性を含め（齋藤 2014）の論考に多くを依拠している。

3 カント自身は「歴史哲学」ではなく、「哲学的歴史（philosophische Geschichte)」という表現を用いている（ID8: 31)。

4 正確には、カントは欲求の下級能力として「欲望（Begierde)」を認めており、習慣的な欲望が「傾向性」と呼ばれる。本書は「欲求（Begehren)」という概念を「欲望」を含む広義において用いることにしたい。

5 実践理性をめぐるカントの倫理学とヒュームの倫理学、あるいはカント主義のメタ倫理学

とヒューム主義のメタ倫理学の比較については、（永守 2019）を参照。

6　本書は6・3節においてカントの幸福論を共感の観点から再検討する。

7　他方、第一方式、とりわけ「自然法則の方式」を重視するのが「CI手続き」に基づくジョン・ロールズの構成主義的解釈である。この解釈に対する批判的検討はロールズの弟子筋によってなされている（O'Neil 1989: chap.5–7; Herman 1993: chap.6–7; Korsgaard 1996: chap.3–5）。また、ロールズ解釈の強い影響下にあった二十世紀後半の英米系カント実践哲学研究において、「自律の方式」の意義を打ちだした研究としてトーマス・ヒル・ジュニアの解釈を参照（Hill 1991）。

8　カント実践哲学の研究史において、二つの矛盾の区別はオニールの著作『原理に基づいて行為する』によってはじめて明確に指摘され、以後の標準的解釈となった（O'Neill 1975: chap.1）。

9　たとえばバーバラ・ハーマンは、定言命法の手続き主義的解釈は「道徳的知覚」や「道徳的感受性」の次元を看過している点において決定的に不十分であると批判する（Herman 1993: chap.4）。また、アレン・ウッドはCI手続きに基づくロールズ解釈の直観主義的性格を指摘した上で、それがカントの実践哲学の構想と根本的に相容れないことを主張する（Wood 2008: 53–54）。

10　「条件の遡及」をめぐるコースガードの論証の成否については、（永守 2019）の検討も参照。

11　コースガードの「規範的コミットメント」の主張に対するアクラシアの観点からの批判的検討として、ジェイ・ウォレスの論文「規範性・コミットメント・道具的理性」を参照した（Wallace 2006: 82–92）。

12　『基礎づけ』では「意志」と「選択意志」が明示的に区別されていないが、少なくとも（G4: 412）においては後に「選択意志」として論じられる能力が示唆されている。この点については、アンドリュース・リースによる『基礎づけ』の解釈を参照した（Reath 2006: 161）。

13　カントの述べる「消極的な」自由とは外的な原因性からの独立性を、「積極的な」自由とは自分に法則を与える自発性をそれぞれ意味しており（G4:446）、有名なアイザイア・バーリンの消極的／積極的自由の区別とは関係がない。以後、本書はこの区別をカントの『基礎づけ』の記述にそくして用いる。

第4章

1　マックス・ラウピヒラーは、すでに『基礎づけ』においてカントの実践哲学の構想がその経験的・実質的な部門を要求していることを指摘している（Laupichler 1931）。道徳形而上学と人間学の関係をめぐる包括的な解釈としてヨハネス・シュヴァルトレンダーの研究を参照（Schwartländer 1968）。また、歴史哲学の観点からカントの意志の理論に経験的、実質的な要素が付与されると考える解釈としてイルミヤフ・ヨーベルの研究を参照（Yovel 1980）。

2　本書と同様にカントの批判哲学における「歴史」を理論的な理解可能性にそくして考察し、これを道徳的目的論から区別する解釈としてルイス・ホワイト・ベックとアレン・ウッドの研究が挙げられる（Beck 1963; Wood 2006）。他方、カール・アメリクスはシュルツ書評に注目しつつ、少なくとも『普遍史の理念』の時点においてそのような区別はいまだに主張されていなかったと指摘する（Ameriks 2009）。本書はこの論争を詳細に検討できないが、第三部ではカントの歴史哲学の最終的な形態が『判断力批判』（1790）の記述に認められること（そしてそれが道徳的目的論を「準備する」こと）を示したい。

3　この点について、ジェローム・B・シュニーウィンドは次のように述べる。「カントはプーフェンドルフやビュルラマキとは違い、社交性から道徳法則や国家の法を導出しようとはしない。〔…〕カントにとって非社交的社交性の主要な役割は、個人ないし社会のたえざる改善に向けられた拍車としての役割である」（Schneewind 2009: 104）。

4　この点についてケアスティングは「カントのホッブズ化」を批判し、「〔『道徳形而上学』の『法論』で論じられる〕自然状態において自分にとって正しくまた善いと思われることを行う、という各人の権利は、ホッブズの自然権と混同されるべきではない」と主張する。「ここで問題になっているのは、自己保存に必要なあらゆる手段に対する権利ではなく、理性に基づく私法上の権能を主観的に適用し解釈する権利である」（Kersting 1984: 205（邦訳 : 254））。

5　第六命題以降は政治的体制として国家だけでなく「対外的国家関係」が論じられるが、そこでも基本的なロジックは変わらない。「併存する多くの国家間には彼ら国家の自由から生じるそれ自身で利益をもたらす抗争があっても、人類はこの抗争に対して力を均衡に保つ法を探し求めざるをえなくなる」（ID8: 26）。

6　二つの自然状態の異同については、（菅沢 2012）と（齋藤 2014）の研究に多くを教えられた。齋藤拓也はカントが「法的自然状態」と「倫理的自然状態」の区別においてホッブズとは異なる問題に取り組んでいること、そして「倫理的自然状態」という発想の背後にルソーの影響があることを明晰に分析している（齋藤 2014: 20–21）。

7　カントは『憶測的始元』において「有名なJ.J.ルソーの主張がしばしば誤解されている」ことを指摘しつつ、「彼の主張を〔…〕相互に調和させ、理性と一致させることができる」ことを示そうとする（MA8: 116）。カントの実践哲学の形成過程にルソーの与えた影響については、浜田義文の研究を参照（浜田 1981）。

第5章

1　以降、本書は判断力をカントの記述にそって「規定的判断力（bestimmende Urteilskraft）」と「反省的判断力（reflektierende Urteilskraft）」に区別し、「美感的判断（ästhetisches Urteil）」ないし「趣味判断（Geschmacksurteil）」を後者の一種とみなす。

2　アリストテレス流の四原因説に基づく美感的判断の説明は、ジル・ドゥルーズの解釈を参照しながら、本章で提示される二層構造解釈を反映させたものである（Deleuze 1963）。本章

はその結論部分において、発生因を含めた美感的判断の四原因をあらためて分析したい(5・3節参照)。

3　ハインツ・ハイムゼートはカントの体系概念を前進的に探究されるべき「必然性の連関(Notwendigkeitszusammenhang)」として理解する（Heimsoeth 1969: 558)。

4　『純粋理性批判』における理性の仮説的使用と『判断力批判』の反省的判断力について、シュタットラーは前者が後者に「対応する」と述べる（Stadler 1874: 43)。この問題についてはポール・ガイヤーの研究も参照（Guyer 2005: chap.2)。

5　反省的判断力のいわゆる「かのように（als ob)」性がもっとも明確に述べられているのは「序論」四節である。そこでは(1) 反省的判断力が「ある悟性（たとえわたしたちの悟性ではないとしても)」であるかのように行使されることによって、(2) 自然を合目的的に「考察する（betrachten)」ことが主張される（KU5: 180)。二点に注意しよう。(1) まず、「わたしたちの悟性ではない」悟性としてカントが想定しているのは七十七節において言及されている「直覚的（原型的）悟性（intellectus archetypes)」である（KU5: 408)。(2) ただし、反省的判断力はそのような悟性のように自然に対して「立法」をおこなうことはなく、自然を合目的的な仕方で「考察」するに過ぎない。(1)と(2)の論点を集約するのは次のような記述である。「自然はこの〔合目的性という〕概念によって、あたかもある悟性が自然の経験的諸法則の多様の統一の根拠を含んでいるかのように表象される」(KU5: 180–181)。

6　この難問に関する論点整理として、ガイヤー、ロジャーソン、そしてヴェンツェルの研究を参照（Guyer 2005; Rogerson 2009; Wenzel 2000)。また、これらの研究の論争状況を概観したものとして、(永守 2013）を参照。

7　このような解釈は反省概念をめぐる当時の一般理解にも適合しており、ボイムラーによれば、反省とは類概念の形成に先行する主体の熟考、比較を意味するものだった（Baeumler 1967: 274)。

8　ロングネスは(1)と(2)の二層に合致する仕方で「一階の感情」と「二階の感情」を区別しており、二階の感情においてはじめて普遍的妥当性をめぐる規範的主張が見出されると考える。「わたしの読解では、対象の覚知によって引き起こされた心的状態の普遍的共有可能性に対して、わたしたちは快を抱く。そしてこの快を引き起こす心的状態とは〔…〕わたしたちの認識諸能力の「自由な戯れ」であり、これはそれ自体として快い状態なのである」(Longuenesse 2005: 279)。

9　ただし、アリソンはギンスボルグとの論争において自分の立場を次のように整理している。「自由な戯れにおける想像力と悟性の関係は反省の対象であって、反省をおこなう当のものではない。さて、だとすると、わたしはこの主張によって「「趣味判断は二つの（あるいはそれ以上の）異なった判断に関与するものとして分析されなければならない」という見解にコミットすることになるだろうか？　おそらくそうなのだが、このことには問題もあると考える点においては、そうではない」(Allison 2003: 191)。ここでアリソンはロングネスのよう

に美感的判断を「二つの異なった判断」から捉えるのではなく、むしろ「二つの異なった仕方」から解釈することを提案している。

10　反対に不快の感情は判断主体の心的状態が合目的的でないことを示すものであり、したがって判断対象に対する否定的な美感的判断を帰結させるものである。

11　アリソンの解釈をめぐる論争の詳細は『インクワイアリー』誌におけるギンスボルグとロングネスの批判を参照（Longuenesse 2003; Ginsborg 2003）。

12　ロングネスは『プロレゴーメナ』二十節の脚注を手がかりに、全体性のカテゴリーが実際は単称判断ではなく、全称判断に対応していることを主張している（Longuenesse 1998: 249）。

13　カール・ヘプファーは前批判期の形象諸能力において、「時間的に（zeitlich）」離散する表象の結合と、「内容的に（inhaltlich）」異なる表象の結合の二つの系列が認められることを的確に指摘している（Hepfer 2006: 48–49）。

14　たとえば二十三節では「美しいものはある無規定的な悟性概念と表出と、だが崇高なものはそうした〔無規定的な〕理性概念の表出とみなされるように思われる」と述べられる（KU5: 244）。二十七節でも「美しいものの判定においては想像力と悟性とがそれらの一致を通じて心の諸力の主観的合目的性を生み出すが、ここ〔崇高の経験〕では想像力と理性とはそれらの抗争を通じてそうした主観的合目的性を生み出す」と明記される（KU5: 258）。ただし「美の分析論」の二十二節では美感的判断と理性の関係がほのめかされ、四十二節はこの示唆を明確化する役割を担っているとも解釈できる。

15　認識能力をめぐる思弁的関心として、カントは『イェッシェ論理学』において(1) 理性認識の十分な貯蓄と(2) 認識の体系的連関または全体の理念における認識の綜合を挙げている（JL9: 24）。これら二つの思弁的関心を『純粋理性批判』の記述にそくして検討したものとして、御子柴善之の研究を参照（御子柴 1992）。

16　カントによれば、自然の形成活動に対する理性の関心、その拡張運動は道徳法則に対する関心と同様であり、その限りにおいて美と道徳は類比的に捉えられる。ここから「崇高の分析論」と同様のロジックが繰り返される。すなわち、主体が美的経験を通じて「理性の声」に耳をすませ、自身の超感性的な能力を自覚するというロジックである。「わたしは自然美に対して直接的な関心を抱くことは（たんにそうした美を判定するために趣味を持つだけではなくて）、つねに善い心を示す一つの特徴であり、またこの関心が習性的になると、それが自然の観照と好んで結びつく場合、少なくとも道徳的感情に好都合な心の情調を示している、と主張する」（KU5: 298–299）。

17　美感的判断の本来的な対象が「かたち」をなす以前の、感覚の「深さ」であるという指摘はいくつかの『判断力批判』研究によってなされている。たとえばメアリー・グレゴールは、判断主体に普遍的に共有されうる要素には空間時間というアプリオリな外延的形式だけでなく、感覚内容における内的複雑性が挙げられることを主張する。そして批判期のカント哲学はそのような複雑性を内包量として示しており、それは測定可能である限り、わたしたちの

あいだの伝達可能性をもつというのである。グレゴールによれば、「形式に対する反省を促すような対象は、その内在的構造において相当に複雑なはずである（Gregor 1985: 196）。同様の議論は、美感的判断の対象を外延的形式ではなく「内包的形式」において特徴づけるメリッサ・ジンキンの解釈にも見出される（Zinkin 2006: 149–156）。

第６章

1　コモンセンスの概念史については小谷英生の研究を参照。（小谷 2018）では、本書が検討することのできなかった前批判期のカントのコモンセンスをめぐる思索にもスポットがあてられ、その変遷が同時代の通俗哲学との関係から明らかにされている。

2　浜野喬士は、本書に先立って「共通感官」の「理念性、規範性」を強調した上で、「認識および判断の普遍的伝達の必然性を問題とするためには、そもそも「認識の主観的条件」〔V 238〕としての「認識諸力の調和」〔V 238〕が成立している必要がある」ことを指摘している（浜野 2014: 100）。

3　マルコ・スガルビの述べるように、カントの生命論は古代ギリシア、新プラトン主義にさかのぼる生命の哲学史に根ざしており、とりわけ前批判期のカントは自発性をめぐるライプニッツの表象理論に大きな影響を受けていた。ただし、やはりスガルビが指摘しているように、少なくともライプニッツにとって自発性は作用の原理が作用する実体の内部にあること、つまり実体がそのものによって自己決定されていることを意味するに過ぎない（Sgarbi 2012: 19–27）。自発性は人間の実践に限定されるべきものではないのである（「あらゆる個体的実体は完全な自発性（une parfaite spontanéité）を持っていて、悟性を具した実体においては、その自発性は自由（la liberté）となっている」）（Leibniz 1929: 85（邦訳：147））。他方、批判期のカントは「生命の原理」を心の自発性にそくして論じつつ、自発性をあくまで欲求能力の行使として実践の領域に限定している。すでに『視霊者の夢』に示唆されているように、この限定の背景には理性と身体を兼ねそなえた人間の中間的性格があった。批判期のカントが人間の生命を探究するとき、生命の自発性は動物の arbitrium ではなく、人間の arbitrium liberum として発揮されるのである。

4　以下、『人間学』における内感の理論を説明するにあたっては、この理論に「時間と内感の非線形モデル（nichtlineares Modell der Zeit und des inneren Sinn)」を読みこもうとするマックリールの研究を援用している（Makkreel 1997: 124）。

5　たしかに、カントはこの文章の直後に、経験的関心を否定しているように見える。「社会への傾向性によって美しいものに間接的に付属し、したがって経験的であるこうした関心は、ここでわたしたちにとって何ら重要性を持っていない」（KU5: 297）。だが、「何ら重要性を持っていない」と言われるのは「アプリオリな人間諸能力」に基づく美感的判断の演繹という当面の目的に照らしたからである。本章ではむしろ演繹の課題を離れ、経験的なレベルにおける「快適なものから善いものにむけてのきわめて曖昧な移行」を考察する（KU5: 298）。

6　八十三節には次のような記述もある。「美術と学は普遍的に伝達される快によって、また社交に向けての彫琢や洗練によって、たとえ人間を道徳的に改善はしないにしても、しつけのよいものにするが、こうした美術と学は、感性的な性癖の暴政からきわめて多くのものを奪い、このことによって人間を理性のみが権力を持つことになる支配へと準備する〔…〕」(KU: 433)。

7　「人間らしさ」をめぐるコンハルトの研究の意義については御子柴善之の論文に教えられ、本章の説明はその記述に依拠している（御子柴 2011: 67)。さらに、御子柴論文では「人間らしさ」の内実が公刊されたカントのテクストに加えて「徳論の形而上学的原理」準備原稿にそくして検討されている（御子柴 2011: 67)。

結論

1　カッシーラーのハイデガー批判としては、『カント書』の公刊直前におこなわれたいわゆる「ダヴォス討論」の記録（Heidegger 1929: 271–296)、そして『カント書』に対する『カント研究』誌上での書評を参照した（Cassirer 1931)。

2　これは「ダヴォス討論」でのカッシーラーの発言を訳出したものである（Heidegger 1929: 294)。形而上学的解釈の妥当性については（Cassirer 1921）を、「コペルニクス的転回の二重の回転運動」については（Cassirer 1931）も参照。

参考文献

❖原典ならびに原典翻訳文献

Kant, Immanuel（1900–）*Kants Gesammelte Schriften*, Königlich Preußische Akademie der Wissenschaften（Hg.）, Berlin.

――（1998）*Kritik der reinen Vernunft*, Jens Timmermann（Hg.）, Hamburg: Felix Meiner.

――（1999）*Grundlegung zur Metaphysik der Sitten*, Bernd Kraft und Dieter Schönecker（Hg.）, Hamburg: Felix Meiner.

――（2006）*Kritik der Urteilskraft. Beilage: Erste Einleitung in die Kritik der Urteilskraft*, Heiner. F. Klemme（Hg.）, Hamburg: Felix Meiner.

坂部恵・有福孝岳・牧野英二編（1999–2006）『カント全集　全二十二巻』、岩波書店。

イマヌエル・カント（2004）『純粋理性批判』宇都宮芳明訳、以文社。

――（2004）『道徳形而上学の基礎づけ』宇都宮芳明訳、以文社。

――（2004）『判断力批判』宇都宮芳明訳、以文社。

❖外国語文献

Adickes, Erich（1889）*Immanuel Kant's Kritik der reinen vernunft. Mit einer Einleitung und Anmerkungen*, Berlin: Mayer & Müller.

Allison, Henry（1990）*Kant's Theory of Freedom*, New York: Cambridge University Press.

――（2001）*Kant's Theory of Taste: A Reading of the Critique of Aesthetic Judgment*, Cambridge: Cambridge University Press.

――（2003）"Reply to the Comments of Longuenesse and Ginsborg," *Inquiry* 46, 182–194.

――（2004）*Kant's Transcendental Idealism: An Interpretation and Defense*, revised and enlarged edition, New Haven / London: Yale University Press.

――（2006）"Transcendental Realism, Empirical Realism and Transcendental Idealism," *Kantian Review* 11, 1–28.

Ameriks, Karl（2009）"The Purposive Development of Human Capacities," in Amélie Rorty and James Schmidt（eds.）, *Kant's "Idea for a Universal History with a Cosmopolitan Aim": A Critical Guide*, Cambridge: Cambridge University Press.

Aquila, Richard（1982）"A New Look at Kant's Aesthetic Judgments," in Ted Cohen and Paul Guyer（eds.）, *Essays in Kant's Aesthetics*, Chicago: University of Chicago Press.

――（1989）*Matter in Mind: A Study of Kant's Theory of Knowledge*, Bloomington: Indiana University Press.

Arendt, Hannah（1992）*Lectures on Kant's Political Philosophy*, edited and with an Interpretive Essay by Ronald Beiner, Chicago: University of Chicago Press（ハンナ・アーレント『カント政治哲学の講義』伊藤宏一訳、法政大学出版局、1987 年）.

Baeumler, Alfred (1967) *Das Irrationalitätsproblem in der Ästhetik und Logik des 18. Jahrhunderts bis zur Kritik der Urteilskraft*, Darmstadt: Wissenschaftliche Buchgesellschaft.

Baumgarten, Alexander Gottlieb (1779) *Metaphysica*, ed.7, Nachdruckauflage der Ausgabe Halle.

Beck, Lewis White (1963) "Editor's Introduction," in *Kant on History*, edited, with an introduction by Lewis White Beck, Indianapolis: Bobbs-Merrill.

Beyssade, Jean-Marie (2008) "Descartes' "I Am a Thing That Thinks" versus Kant's "I Think"," in Daniel Garber and Beatrice Longuenesse (eds.), *Kant and the Early Moderns*, Princeton: Princeton University Press.

Blackburn, Simon (1998) *Ruling Passions*, Oxford: Clarendon Press.

Brook, Andrew (1994) *Kant and the Mind*, Cambridge: Cambridge University Press.

Cassam, Quassim (1997) *Self and World*, Oxford: Oxford University Press.

Cassirer, Ernst (1921) *Kants Leben und Lehre*, Berlin: B. Cassirer（E・カッシーラー『カントの生涯と学説』門脇卓爾・高橋昭二・浜田義文監修、みすず書房、1986 年）.

——(1931) "Kant und das Problem der Metaphysik," *Kant-Studien* 36, 1–26.

——(1932) *Die Philosophie der Aufklärung*, Tübinen: Morh（エルンスト・カッシーラー『啓蒙主義の哲学』中野好之訳、紀伊國屋書店、1997 年）.

Cohen, Hermann (1889) *Kants Begründung der Aesthetik*, Berlin: F. Dümmler.

Croce, Benedetto (1922) *Aesthetic: as Science of Expression and General Linguistic*, London: Macmillan.

Deleuze, Gilles (1963) *La philosophie critique de Kant*, Paris: PUF（ジル・ドゥルーズ『カントの批判哲学』國分功一郎訳、筑摩書房、2008 年）.

Dostal, Robert J. (2001) "Judging Human Action: Arendt's Appropriation of Kant," in Ronald Beiner and Jennifer Nedelsky (eds.), *Judgment, Imagination, and Politics: Themes from Kant and Arendt*, New York: Rowman & Littlefield Publishers.

Düsing, Klaus (1968) *Die Teleologie in Kants Weltbegriff*, Bonn: Bouvier.

Freydberg Bernard (2005) *Imagination in Kant's Critique of Practical Reason*, Bloomington / Indianapolis: Indiana University Press.

——(2013) "Functions of Imagination in Kant's Moral Philosophy," in Michael L. Thompson (eds.), *Imagination in Kant's Critical Philosophy*, Berlin: Walter de Gruyter.

Friedman, Michael (1992) *Kant and the Exact Science*, Cambridge: Harvard University Press.

——(2006) "Kant, Skepticism, and Idealism," *Inquiry* 49, 26–43.

Gadamer, Hans-Georg (1960) *Wahrheit und Methode*, in *Gesammelte Werke*, Bd.1, Tübingen: Mohr Siebeck, 1986（ガダマー『真理と方法 I』轡田収・麻生建・三島憲一・北川東子・我田広之・大石紀一郎訳、法政大学出版局、1986 年）.

Garrett, Don (1997) *Cognition and Commitment in Hume's Philosophy*, Oxford: Oxford University Press.

Gasche, Rodolphe (2003) *The Idea of Form: Rethinking Kant's Aesthetics*, Stanford: Stanford University Press.

Gibbons, Sarah (1994) *Kant's Theory of Imagination: Bridging Gaps in Judgement and Experience*, Oxford: Oxford University Press.

Ginsborg, Hannah (1991) "On the Key to Kant's Critique of Taste," *Pacific Philosophical Quarterly* 72, 290–

313.
——(1997) "Lawfulness without a Law: Kant on the Free Play of Imagination and Understanding," *Philosophical Topics* 25, 37–81.
——(2003) "Aesthetic Judging and the Intentionality of Pleasure," *Inquiry* 46, 164–181.
——(2015) *The Normativity of Nature: Essays on Kant's Critique of Judgement*, Oxford: Oxford University Press.

Giordanetti, Piero (1999) "Kants Entdeckung der Apriorität des Geschmacksurteils. Zur Genese der 'Kritik der Urteilskraft'," in Heiner F. Klemme (Hg.), *Aufklärung und Interpretation*, Würzburg: Königshausen & Neumann.

Gregor, Mary, J. (1983) "Baumgarten's *Aesthetica*," *Review of Metaphysics* 37, 357–385.
——(1985) "Aesthetic Form and Sensory Content in the Critique of Judgment: Can Kant's 'Critique of Aesthetic Judgment' Provide a Philosophical Basis for Modern Formalism?," in Richard Kennington (eds.), *The Philosophy of Immanuel Kant*, Washington: The Catholic University of America Press.

Guyer, Paul (1989) "Psychology and the Deduction," in Eckart Föster (eds.), *Kant's Transcendental Deductions*, Stanford: Stanford University Press.
——(1997) *Kant and the Claims of Taste*, Cambridge: Cambridge University Press.
——(2005) *Kant's System of Nature and Freedom*, Oxford: Oxford University Press.
——(2006) "The Harmony of the Faculties Revisited," in Rebecca Kukla (eds.), *Aesthetics and Cognition in Kant's Critical Philosophy*, Cambridge / New York: Cambridge University Press.
——(2008) *Knowledge, Reason, and Taste: Kant's Response to Hume*, Princeton and Oxford: Princeton University Press.

Habermas, Jürgen (1962) *Strukturwandel der Öffentlichkeit. Untersuchungen zu einer Kategorie der bürgerlichen Gesellschaft*, Neuwied / Berlin: Luchterhand（ユルゲン・ハーバーマス『公共性の構造転換——市民社会の一カテゴリーについての探究』細谷貞雄・山田正行訳、未来社、1994 年）.

Hegel, Georg Wilhelm Friedrich (1802) *Glauben und Wissen: oder die Reflexionsphilosophie der Subjektivität in der Vollständigkeit ihrer Formen als Kantische*, Jacobische und Fichtesche Philosophie, Hamburg: Felix Meiner, 1962（G. W. F. ヘーゲル『信仰と知』上妻精訳、岩波書店、1993 年）.

Heidegger, Martin (1927) *Sein und Zeit*, Tübingen: Max Niemeyer Verlag, 1967（ハイデガー『存在と時間』原佑・渡邊二郎訳、理想社、2003 年）.
——(1929) *Kant und das Problem der Metaphysik*, Frankfurt: Vittorio Klostermann, 1991（マルティン・ハイデッガー『カントと形而上学の問題』木馬深定訳、理想社、1967 年）.
——(1977) *Phänomenologische Interpretation von Kants Kritik der Reinen Vernunft*, Frankfurt: Vittorio Klostermann（ハイデッガー『カントの純粋理性批判の現象学的解釈』石井誠士・仲原孝訳、創文社、1997 年）.

Heimsoeth, Heinz (1969) *Transzendentale Dialektik. Ein Kommentar zu Kants Kritik der reinen Vernunft*, Dritter Teil, Berlin: Walter de Gruyter.

Henrich, Dieter (1955) "Über die Einheit der Subjektivität," *Philosophische Rundschau* 3, 28–69.

——(1973) "Der Begriff der sittlichen Einsicht und Kants Lehre vom Faktum der Vernunft," in Gerold Prauss (Hg.), *Kant. Zur Deutung seiner Theorie von Erkennen und Handeln*, Köln: Kiepenheuer & Witsch.

——(1976) *Identität und Objektivität, Untersuchung über Kants transzendentaler Deduktion*, Heidelberg: C. Winter.

——(1989) "Kant's Notion of Deduction and the Methodological Background of the First *Critique*," in Eckart Förster (eds.), *Kant's Transcendental Deductions*, Stanford: Stanford University Press.

——(1992) *Aesthetic Judgment and the Moral Image of the World, Studies in Kant*, Stanford: Stanford University Press.

Hepfer, Karl (2006) *Die Form der Erkenntnis: Immanuel Kants theoretische Einbildungskraft*, Freiburg / München: Verlag Karl Alber.

Herman, Barbara (1993) *The Practice of Moral Judgment*, Cambridge: Harvard University Press.

Hill, Thomas E. Jr. (1991) *Autonomy and Self Respect*, Cambridge: Cambridge University Press.

Höffe, Otfried (1979) "Zur vertragstheoretischen Begriindung politischer Gerechtigkeit: Hobbes, Kant und Rawls im Vergleich," in Höffe, *Ethik und Politik: Grundmodelle und -probleme der praktischen Philosophie*, Frankfurt: Suhrkamp.

Hume, David (1738–40) *A Treatise of Human Nature*, L. A. Selby-Bigge (eds.), 2nd ed., Oxford: Clarendon Press, 1978（ディヴィッド・ヒューム『人間本性論　第 1 巻–3 巻』木曾好能・石川徹・中釜浩一・伊勢俊彦訳、法政大学出版局、2011–2012 年）.

——(1748) *An Enquiry Concerning Human Understanding*, Tom, L. Beauchamp (eds.), Oxford / New York: Oxford University Press, 1999（ディヴィッド・ヒューム『人間知性研究——付・人間本性論摘要』斎藤敏雄・一ノ瀬正樹訳、法政大学出版局、2011 年）.

Kaulbach, Friedrich (1984) *Ästhetische Welterkenntnis bei Kant*, Würzburg: Königshausen & Neumann.

Kemp Smith, Norman (1918) *A Commentary to Kant's Critique of Pure Reason*, London: Macmillan.

Kersting, Wolfgang (1984) *Wohlgeordnete Freiheit. Immanuel Kants Rechts- und Staatsphilosophie*, Berlin / New York: Walter de Gruyter（ヴォルフガング・ケアスティング『自由の秩序　カントの法および国家の哲学』舟場保之・桐原隆弘・寺田俊郎・御子柴善之・小野原雅夫・石田京子訳、ミネルヴァ書房、2013 年）.

Kim, Soo Bae (1994) *Die Entstehung der Kantischen Anthropologie: und ihre Beziehung zur empirischen Psychologie der Wolffschen Schule*, Frankfurt.

Kitcher, Patricia (1982) "Kant's Paralogisms," *Philosophical Review* 91, 515–547.

——(1990) *Kant's Transcendental Psychology*, New York / Oxford: Oxford University Press.

Klemme, Heiner F. (1996) *Kants Philosophie des Subjekts: Systematische und entwicklungs-geschichtliche Untersuchungen zum Verhältnis von Selbstbewusstsein und Selbsterkenntnis*, Hamburg: Felix Meiner.

Konhardt, Klaus (2004) *Endlichkeit und Vernunftanspruch. Die Urkonstellation des Menschen im Lichte der Philosophie*, Berlin: Duncker & Humblot.

Korsgaard, Christine M. (1996) *Creating the Kingdom of Ends*, Cambridge: Cambridge University Press.

——(1997) "The Normativity of Instrumental Reason," in Garrett Cullity and Berys Gaut (eds.), *Ethics and*

Practical Reason, Oxford: Clarendon Press.

——(2009) *Self-Constitution: Agency, Identity, and Integrity*, Oxford: Oxford University Press.

Laupichler, Max (1931) *Die Grundzüge der materialen Ethik Kants*, Berlin: Verlag Reuter & Reichard.

Leibniz, Gottfried Wilhelm (1929) *Discours de Métaphysique*, Edition collationnée avec le texte autographe, présentée et annotée par Henri Lestienne, Paris（ライプニッツ『形而上学叙説』河野与一訳、岩波書店、1950 年）.

Longuenesse, Beatrice (1998) *Kant and the Capacity to Judge*, trans. C. Wolf, Princeton: Princeton University Press.

——(2003) "Kant's Theory of Judgment, and Judgments of Taste," *Inquiry* 46, 143–163.

——(2005) *Kant on the Human Standpoint*, Cambridge: Cambridge University Press.

——(2017) *I, Me, Mine: Back to Kant, and Back Again*, Oxford: Oxford University Press.

Lyotard, Jean-François (1991) *Lectures d'enfance*, Paris: Galilée（ジャン・フランソワ・リオタール『インファンス読解』小林康夫・根本美佐子・竹内孝宏・竹森佳史・高木繁光訳、未来社、1995 年）.

MacIntyre, Alasdair. C. (1984) *After Virtue*, Indiana: Notre Dame University Press（アラスデア・マッキンタイア『美徳なき時代』篠崎栄訳、みすず書房、1993 年）.

Makkreel, Rudolf (1997) *Einbildungskraft und Interpretation: Die hermeneutische Tragweite von Kants Kritik der Urteilskraft*, München: Schöningh.

Mörchen, Hermann (1930) *Die Einbildungskraft bei Kant*, Tübingen: Max Niemeye.

Natorp, Paul (1923) *Die logischen Grundlagen der exakten Wissenschaften*, Leipzig / Berlin: B.G. Teubner.

Nuzzo, Angelica (2006) "Kant and Herder on Baumgarten's Aesthetica," *Journal of the History of Philosophy* 44, 577–597.

O'Neill, Onora (1975) *Acting on Principle: An Essay on Kantian Ethics*, New York: Columbia University Press.

——(1989) *Constructions of Reason: Explorations of Kant's Practical Philosophy*, Cambridge: Cambridge University Press.

Paton, Herbert, James (1936) *Kant's Metaphysic of Experience: A Commentary on the First Half of the Kritik der Reinen Vernunft*, London: George Allen & Unwin.

——(1948) *Categorical Imperative: a Study in Kant's Moral Philosophy*, Chicago: University of Chicago Press.

Perry, John (1993) *The Problem of the Essential Indexical and Other Essays*, Oxford: Oxford University Press.

Porcheddu, Rocco (2012) "Das Verhältnis von theoretischer und praktischer Freiheit in der Deduktion des kategorischen Imperativs," *Internationales Jahrbuch des Deutschen Idealismus* 9, 79–99.

Posy, Carl (1991) "Imagination and Judgment in the Critical Philosophy," in Ralf Meerbote (eds.), *Kant's Aesthetics*, Atascadero: Ridgeview.

Reath, Andrews (2006) *Agency and Autonomy in Kant's Moral Theory: Selected Essays*, Oxford: Oxford University Press.

Richards, Robert J. (1980) "Christian Wolff's Prolegomena to Empirical and Rational Psychology: Translation and Commentary," *Proceedings of American Philosophical Society* 124, 227–239.

Ritter, Christian (1971) *Der Rechtsgedanke. Kants nach den frühen Quellen*, Frankfurt: Vittorio Klostermann.

Ritter, Joachim (1974) *Historisches Wörterbuch der Philosophie*, Band 3, Basel: Schwabe.

Rödl Sebastian (2013) "The Single Act of Combining," *Philosophy and Phenomenological Research* 87, 213–220.

Rogerson, Kenneth F. (2009) *The Problem of Free Harmony in Kant's Aesthetics*, New York: State University of New York Press.

Rorty, Richard (1979) "Verificationism and Transcendental Arguments," in Peter Bieri, Rolf-P. Horstman and Lorenz Krüger (eds.), *Transcendental Arguments and Science: Essays in Epistemology*, Dordrecht: D. Reidel.

Rousseau, Jean-Jacques (1755) *Discours sur l'origine et les fondements de l'inégalité parmi les hommes*, in Œuvres complètes, La Pléiade III, 1964（ジャン・ジャック・ルソー「人間不平等起源論」原好男訳、『ルソー全集　第四巻』白水社、1978 年）.

Schneewind, Jerome. B. (2009) "Good Out of Evil: Kant and the Idea of Unsocial Sociability," in Amélie Rorty and James Schmidt (eds.), *Kant's "Idea for a Universal History with a Cosmopolitan Aim": A Critical Guide*, Cambridge: Cambridge University Press.

Schopenhauer, Arthur (1819) *Die Welt Als Wille und Vorstellung*, Gesamtausgabe, 1998（ショーペンハウアー『意志と表象としての世界 (1)–(3)』西尾幹二訳、中央公論新社、2004 年）.

Schwartländer, Johannes (1968) *Der Mensch ist Person. Kants Lehre vom Menschen*, Stuttgart / Berlin: W. Kohlhammer（J. シュヴァルトレンダー『カントの人間論――人間は人格である』佐竹昭臣訳、成文堂、1986 年）.

Sellars, Wilfrid (1978) "The Role of the Imagination in Kant's Theory of Experience," in Henry W. Johnstone, Jr. (eds.), *Categories: A Colloquium*, College Park: Pennsylvania State University Press.

Setiya, Kieran (2016) *Practical Knowledge: Selected Essays*, New York: Oxford University Press.

Sgarbi, Marco (2012) *Kant on Spontaneity*, London: Bloomsbury.

Shoemaker Sydney (1968) "Self-Reference and Self-Awareness," *Journal of Philosophy* 65, 555–567.

Simmel, Georg (1917) *Grundfragen der Soziologie*, Berlin: Göschen（ジンメル『社会学の根本問題――個人と社会』清水幾太郎訳、岩波書店、1979 年）.

Smith, Adam (1759) *The Theory of Moral Sentiments*, Raphael, D. and MacFie, A. (eds.), Oxford: Clarendon Press, 1976（アダム・スミス『道徳感情論』村井章子・北川知子訳、日経 BP 社、2014 年）.

Stadler August (1874) *Kants Teleologie und ihre Erkenntnisstheoretische Bedeutung*, Berlin: F. Dümmlers.

Strawson, Peter. F. (1966) *The Bounds of Sense*, London: Methuen（P・F・ストローソン『意味の限界――『純粋理性批判』論考』熊谷直男・鈴木恒夫・横田栄一訳、勁草書房、1987 年）.

――(1982) "Imagination and Perception," reprinted in Ralph Walker (eds.), *Kant on Pure Reason*, Oxford / New York: Oxford University Press.

Thompson, Michael, L. (2013) *Imagination in Kant's Critical Philosophy*, Berlin: Walter de Gruyter.

Tonelli, Giorgio (1957/1958) "Von den verschiedenen Bedeutungen des Wortes Zweckmäßigkeit in der Kritik der Urteilskraft," *Kant-studien* 49, 154–166.

――(1966) "Die Anfänge von Kants Kritik der Kausalbeziehungen und ihre Voraussetzungen im 18. Jahrhun-

dert," *Kant-Studien* 57, 417–456.

Wallace, R. Jay (2006) *Normativity and the Will: Selected Essays on Moral Psychology and Practical Reason*, Oxford: Oxford University Press.

Waxman, Wayne (1991) *Kant's Model of the Mind: A New Interpretation of Transcendental Idealism*, Oxford: Oxford University Press.

Wenzel, Christian (2000) *Das Problem der subjektiven Allgemeingültigkeit des Geschmacksurteils bei Kant*, Berlin / New York: Walter de Gruyter.

Wood, Allen (1998) "Kant on Duties Regarding Nonrational Nature," *Proceedings of the Aristotelian Society Supplement* 72, 189–210.

——(1999) *Kant's Ethical Thought*, Cambridge: Cambridge University Press.

——(2006) "Kant's Philosophy of History," in *Toward Perpetual Peace and Other Writings on Politics, Peace, and History*, edited and with an introduction by Pauline Kleingeld, New Haven: Yale University Press.

——(2008) *Kantian Ethics*, Cambridge: Cambridge University Press.

Wunsch Matthias (2007) *Einbildungskraft und Erfahrung bei Kant*, Berlin / New York: Walter de Gruyter.

Young, Michael J. (1988) "Kant's View of Imagination," *Kant-Studien* 79, 140–164.

Yovel, Yirmiyahu (1980) *Kant and the Philosophy of History*, Princeton: Princeton Univercity Press.

Zammito, John, H. (1992) *The Genesis of Kant's Critique of Judgment*, Chicago: The University of Chicago Press.

Zinkin, Melissa (2006) "Intensive Magnitudes and the Normativity of Taste," in Rebecca Kukla (eds.), *Aesthetics and Cognition in Kant's Critical Philosophy*, Cambridge: Cambridge University Press.

❖邦語文献

網谷壮介（2018）『共和制の理念——イマヌエル・カントと一八世紀末プロイセンの「理論と実践」論争』法政大学出版局。

小谷英生（2018）「カントとコモンセンス」『思想』第 11 号、43–61 頁。

齋藤拓也（2014）「カントにおける自然状態の概念——批判期における概念の起源について」『European Studies』第 13 号、15–27 頁。

坂部恵（1993）「構想力の射程」竹市明弘・坂部恵・有福孝岳編『カント哲学の現在』世界思想社。

島内明文（2009）「スミスの道徳感情説における共同性の問題——ヒュームとの比較を軸にして」『倫理学研究』第 39 号、3–13 頁。

白水士郎（1996）「力と理性——カントの倫理思想と自然哲学」『実践哲学研究』第 19 号、1–21 頁。

菅沢龍文（2012）「カントの共和制国家における法と倫理——義務論の観点から」『法政大学文学部紀要』第 65 号、15–30 頁。

田辺元（1931）「総合と超越」『朝永博士記念論文集』岩波書店。

辻麻衣子（2013）「J. N. テーテンス『人間本性とその展開に関する哲学的試論』」『上智哲学誌』

第 25 号、27–38 頁。

中畑正志（2011）『魂の変容――心的基礎概念の歴史的構成』岩波書店。

中村雄二郎（2000）『共通感覚論』岩波書店。

永守伸年（2009）「総合の理論をときほぐす――『純粋理性批判』における想像力の多層的活動」『実践哲学研究』第 32 号、1–35 頁。

――（2011a）「カント「美の分析論」における形式主義と構想力の自由」『日本カント研究』第 12 号、177–192 頁。

――（2011b）「構想することと、判断すること――批判期カントの道徳判断論」『倫理学研究』第 41 号、78–89 頁。

――（2013）「カント「美感的判断力の批判」における合目的性概念の所在」『アルケー』第 21 号、134–145 頁。

――（2016）「感情主義と理性主義」『モラルサイコロジー――心と行動から探る倫理学』太田紘史編、春秋社、187–218 頁。

――（2018）「ヒュームとカントの信頼の思想」『信頼を考える――リヴァイアサンから人工知能まで』小山虎編、勁草書房、25–52 頁。

――（2019）「カントの倫理学とカント主義のメタ倫理学」『メタ倫理学の最前線』蝶名林亮編、勁草書房、67–96 頁。

浜田義文（1981）『カント倫理学の成立――イギリス道徳哲学及びルソー思想との関係』勁草書房。

浜野喬士（2014）『カント『判断力批判』研究――超感性的なもの、認識一般、根拠』作品社。

福谷茂（2010）『カント哲学試論』知泉書館。

増山浩人（2013）「カント批判哲学の前史――18 世紀ドイツにおけるライプニッツ受容とヒューム受容」『研究論集』第 13 号、43–61 頁。

松本長彦（2008）「カント批判哲学に於ける構想力概念の成立（上）」『愛媛大学法文学部論集』第 25 号、89–103 頁。

御子柴善之（1992）「カントの「関心」の概念」『哲學』第 42 号、157–168 頁。

――（2011）「カントにおける規範的人間学の可能性」『生命倫理研究資料集 V――生命・環境倫理における「尊厳」・「価値」・「権利」に関する思想史的・規範的研究』61–83 頁。

三木清（1967）『三木清全集　第八巻　構想力の論理』岩波書店。

水谷雅彦（2008）「だれがどこで会話をするのか――会話の倫理学へむけて」『実践哲学研究』第 31 号、1–18 頁。

村井忠康（2015）「自己意識への二つのアプローチ――オックスフォード新カント主義からカントへ」『現代カント研究 13　カントと現代哲学』加藤泰史・舟場保之編、晃洋書房、118–133 頁。

山根雄一郎（2005）『〈根源的獲得〉の哲学――カント批判哲学への新視角』東京大学出版会。

Kant's Theory of Imagination: From Immaturity to Enlightenment

Nobutoshi Nagamori

This book is written with two goals in mind: (1) to clarify and develop Immanuel Kant's overall theory of the imagination (*Einbildungskraft*); and (2) to better understand "the circulation of enlightenment" in Kant's critical philosophy.

Introduction: The Circulation of Enlightenment

Kant's critical philosophy is characterized by the concept of enlightenment as a process of circulation. According to Jurgen Habermas' interpretation, Kant claims that when members of the public communicate freely with one another they are enlightened by their own ability to reason. This free and open communication presupposes the individual's ability to reason and this is called "the circulation of enlightenment." Both reason and sensibility are utilized through imagination.

Since Martin Heidegger's crucial work interpreting Kant's *Critique of Pure Reason*, there has been a lot of ink spilled on Kant's theory of the imagination, especially concerning the theoretical role of the transcendental synthesis of imagination. However, there are surprisingly few examinations into the practical role of imagination as reflected in *Kant's Critique of Practical Reason*, *Critique of Judgment*, as well as other moral and historical works. This thesis investigates the theory of imagination as the missing link between Kant's theoretical and practical philosophies. First, I extend Kant's theory of the imagination beyond its theoretical function and shed light on other formative functions that have been ignored. Then, I reconstruct the imagination as the faculty that socially and historically cultivates morality and I explain how it contributes to Kant's "circulation of enlightenment." The theory of the imagination is the core of Kant's critical philosophy.

Part I: Imagination and Theoretical Reason

The first section considers Kant's *Critique of Pure Reason*, which revolutionized Western philosophy, especially the theory of imagination. Kant understood the concept of imagination as the ability to "synthesize" objects rather than simply recalling or associating objects. The synthesis of imagination does not necessarily entail empirical observation in order to be performed. Theoretically, as long as the order of experience is established, this act is a fundamental function of the mind. The theory of synthesis is at the heart of a transcendental philosophy that addresses conditions that concern the possibilities of experience.

This book interprets the *Critique of Pure Reason* in order to distinguish the overall function of imagination from "local synthesis" and "global synthesis" by posing two questions. The first question asks how the synthesis of imagination creates the order of the "world" we experience (Chapter 1). The second question explores how the subject of synthesis becomes self-aware when they experience the "world" (Chapter 2). By

delving into these questions, this book develops a basic theory of imagination based on Kant's philosophy. It is a theory of productive imagination that creates the self-consciousness of "I" as well as the fundamental order of the "world." Kant's "Enlightenment Project" progressed from the concept of synthesis and the relationship between the "world" and "I."

Part II: Imagination and Practical Reason

The second section considers Kant's writings on practical philosophy to understand what it means in the context of his critical philosophy. In this book, "practical philosophy" is interpreted as a multilayered structure where morality is gradually realized. In the "grounding" stage of Kant's practical philosophy, he attempted to establish an a priori foundation of morality by abstracting empirical conditions, such as the psychology of human nature and a person's social environment. However, in the steps that follow the "grounding" stage, Kant explores how morality may be realized in accordance with real human conditions. Once the practical philosophy of "grounding" is clarified, I discuss why imagination was not the chosen subject (Chapter 3). Then, I consider imagination's role in the context of enlightenment during the developmental stage of practical philosophy (Chapter 4).

Although the relationship between Kant's practical philosophy and imagination has rarely been discussed, practical philosophy entails imagination as an intermediary force between sensibility and reason that is indispensable for enlightenment. In this sense, imagination is the engine of enlightenment that also serves to elucidate a more holistic understanding of Kant's practical philosophy.

Part III: Imagination and *Critique of Judgment*

The final section addresses the fundamental problem of the "circulation of enlightenment." Kant's later work, *Critique of Judgment*, deepened understanding of critical philosophy and the theory of imagination. In this work, imagination is no longer considered a "synthesis" operation. According to Kant, the imagination is "free," even when it exercises itself against beautiful objects. This "freedom of imagination" results in a universal "feeling of life." Kant suggests that enlightenment is based on a universal communication of feelings. He develops an emotional approach to the "Enlightenment Project" as a result. To illustrate this approach, I analyze the theory of imagination in aesthetic experiences, following the discussion of *Critique of Judgment* (Chapter 5). Then, I demonstrate that imagination enables the communication of feelings "universally" and how this is significant for enlightenment (Chapter 6).

Kant changes the conception of enlightenment by envisioning an empathetic community where feelings are shared universally through imagination. The *Critique of Judgment* is a rich, esoteric description of humanity existing as a union of perfect rational beings and imperfect sentient beings with imagination and feeling.

（英文要旨）